Ethnopsychoanalyse 7

*Solidarität, Individualität,
Emanzipation*

Im Werk Parins, dem Begründer der Ethnopsychoanalyse, der im September 2006 seinen 90. Geburtstag begeht, befindet sich das »Subjekt im Widerspruch«: in einem Spannungsverhältnis, was seine eigene Wirklichkeit betrifft, seine Möglichkeiten der Emanzipation von Herrschaftsverhältnissen, sein Scheitern oder – historisch selten – das Zusammentreffen von individueller und kollektiver Emanzipation, von gelebter Solidarität.

Würden die Subjekte auf ihrer Individualität beharren und solidarisch handeln, wäre dann ein Weg zu einer gerechten Welt möglich? Gibt es eine Rettung vor der Ökonomisierung, gibt es Emanzipation? Die Beiträge befassen sich mit diesem komplexen Feld aus ethnopsychoanalytischer Sicht, sie tragen Fremdes zusammen und verfremden Vertrautes. Damit eröffnen sie Perspektiven – ganz wie Paul Parin das in seinem Leben und mit seinem Werk getan hat.

Bereits erschienen:

Glaube, Magie, Religion. **Ethnopsychoanalyse 1**
3. Auflage 1997, 224 S., Paperback, ISBN-13: 978-3-925798-20-7

Herrschaft, Anpassung, Widerstand. **Ethnopsychoanalyse 2**
248. S., vierf. Paperback, ISBN-13: 978-3-925798-10-8

Körper, Krankheit und Kultur. **Ethnopsychanalyse 3**
256 S., vierf. Paperback, ISBN-13: 978-3-86099-113-8

Arbeit, Alltag, Feste. **Ethnopsychoanalyse 4**
256 S., vierf. Paperback, ISBN-13: 3-86099-114-5

Jugend und Kulturwandel. **Ethnopsychoanalyse 5**
264 S., vierf. Paperback, ISBN-13: 3-86099-115-2

Forschen, erzählen und reflektieren. **Ethnopsychoanalyse 6**
248 S., Paperback, ISBN-13: 3-86099-116-9

Zu Ehren von Paul Parin zum 90. Geburtstag

(Foto: Suzanne Schwiertz, Zürich. Mit freundlicher Genehmigung.)

Ethnopsychoanalyse 7

Solidarität, Individualität, Emanzipation

Herausgegeben von Roland Apsel

Brandes & Apsel

Sie finden unser Gesamtverzeichnis mit aktuellen Informationen im Internet
unter: *www.brandes-apsel-verlag.de*
Wenn Sie unser Gesamtverzeichnis in gedruckter Form wünschen, senden Sie
uns eine E-Mail an: *info@brandes-apsel-verlag.de* oder eine Postkarte an:
Brandes & Apsel Verlag, Scheidswaldstr. 22, 60385 Frankfurt a. M., Germany

Herausgeber und Redaktion Roland Apsel
Redaktionsadresse: Redaktion Ethnopsychoanalyse
c/o Brandes & Apsel Verlag, Scheidswaldstr. 22, 60385 Frankfurt a. M.

Wissenschaftlicher Beirat: Vincent Crapanzano, New York;
Mario Erdheim, Zürich; Peter Fürstenau, Düsseldorf; Utz Jeggle, Tübingen;
Peter Möhring, Gießen; Maya Nadig, Bremen; Johannes Reichmayr, Wien
Florence Weiss, Basel.

1. Auflage 2006
© Brandes & Apsel Verlag GmbH, Frankfurt am Main
Alle Rechte vorbehalten, insbesondere das Recht der Vervielfältigung und
Verbreitung sowie der Übersetzung, Mikroverfilmung, Einspeicherung und
Verarbeitung in elektronischen oder optischen Systemen, der öffentlichen
Wiedergabe durch Hörfunk-, Fernsehsendungen und Multimedia sowie der Be-
reithaltung in einer Online-Datenbank oder im Internet zur Nutzung durch
Dritte.
DTP: Antje Tauchmann, Frankfurt a. M.
Umschlaggestaltung: Brandes & Apsel Verlag, Franziska Gumprecht
Druck: Tiskarna Ljubljana d. d., Ljubljana, Printed in Slovenia
Gedruckt auf säurefreiem, alterungsbeständigem und
chlorfrei gebleichtem Papier.

Bibliografische Information *Der Deutschen Nationalbibliothek:*
Die Deutsche Nationalbibliothek verzeichnet diese Publikation in der
Deutschen Nationalbibliografie; detaillierte bibliografische
Daten sind im Internet über http://dnb.ddb.de abrufbar.

ISBN-10:   3-86099-117-5
ISBN-13: 978-3-86099-117-6

Inhalt

Roland Apsel
Vorwort 9

Paul Parin / Daniel Weber
Der Gelassene 11

Mario Erdheim
*Innere psychische Räume und der Antagonismus
von Familie und Kultur* 19

Beate Schnabel
Adoleszenz zwischen Kreativität und Anpassung 38

Sibylle Trumpp von Eicken / Peter Trumpp
»Wir alle sind eine schöne Torte!« 61

Susanne Ogris
*Minderheiten – Leben und Überleben in einer globalisierten Welt.
Identitäten, Anpassung und Widerstand
am Beispiel der Kärntner SlowenInnen* 96

Sigrid Awart
*Lebenswelten Südafrikas
Die Regenbogennation im Widerspruch* 133

Ketajun Dörfler
*Lunchtime
Ein Blick in die sozialen Welten des Iran* 159

Elisabeth Reif
*Von Bollywood bis Kerala
Filmstars, Heilige und Götter in Indien* 183

Henning Melber
»*Die Welt hat den Sinn, den man ihr gibt*«
Das Herz als Maß aller Dinge:
Albert Camus und die Menschlichkeit 201

Heinz Kohut
Selbstwertgefühl und Ideale 223

Die Autorinnen und Autoren 238

ROLAND APSEL
Vorwort

Dieser Band Ethnopsychoanalyse erscheint zu Ehren von Paul Parin. Der Begründer der Ethnopsychoanalyse feiert seinen 90. Geburtstag im selben Jahr, in dem der 150. Geburtstag von Sigmund Freud, dem Begründer der Psychoanalyse, begangen wird. Schon Sigmund Freud hat mit seinen bahnbrechenden Werken *Das Unbehagen in der Kultur* und *Massenpsychologie und Ich-Analyse* sowie *Die Zukunft einer Illusion* der Psychoanalyse den Blick auf Gesellschaft und Kultur gewiesen. Paul Parin und seiner Frau Goldy Parin-Matthèy sowie Fritz Morgenthaler verdanken wir die Weiterführung dieses Auftrages mit ihren großen *Studien Die Weißen denken zu viel* und *Fürchte deinen Nächsten wie dich selbst.*

Mit diesem Band ehren die Autorinnen und Autoren den kulturkritischen Forscher und Psychoanalytiker, den ethnopsychoanalytischen Theoretiker und den Reiseschriftsteller. Dabei gilt ihr Interesse der Gegenwart, einer Gegenwart, in der auch *Paul Parin* lebt: In dem offenen Gespräch mit *Daniel Weber* erleben wir ihn als nüchternen, illusionslosen Idealisten, dessen Klarheit beeindruckt. *Mario Erdheim* weist uns in seinem Beitrag darauf hin, dass die Psychoanalyse auch Ethnopsychoanalyse ist, wenn sie über Kultur nachdenkt, und dass die Ethnopsychoanalyse auch Psychoanalyse ist, wenn sie den Adoleszenzkonflikt als notwendige konflikthafte Aneignung der Kultur versteht. Es gelingt *Beate Schnabel*, in ihrem Beitrag diesen Konflikt bei zwei Jugendlichen anschaulich zu machen. Daran schließt sich die beeindruckende Darstellung einer Psychotherapie mit einem Sinticlan durch *Sibylle Trumpp von Eicken* und *Peter Trumpp* an, die Wechselwirkung von Kultur und Psyche und ihrer Veränderungen einbeziehend.

Dass eines der schönsten Werke Paul Parins – *Zu viele Teufel im Land* – den Beginn seiner reiseschriftstellerischen Tätigkeit markiert, ist wohl wenig bekannt. Doch scheint es, als würde über den ethnopsychoanalytischen Reisereflexionen von *Susanne Ogris* über die Kärntner SlowenInnen, von *Sigrid Awart* über die Lebenswelten Südafrikas, von *Ketajun Dörfler* über die sozialen Welten des Iran und von *Elisabeth*

VORWORT

Reif über die Traumfabrik Bollywood der Geist jener Erzählungen aus Westafrika schweben.

Am Ende des Bandes ruft uns *Henning Melber* Albert Camus wieder in Erinnerung. In seinem Beitrag verschränken sich die Themenkreise aufs Beste und beschwören die Geschichte herauf, gedacht als Ausblick im Rückblick – und so ist auch der Beitrag von einem anderen Großen ganz am Ende des Bandes zu verstehen: *Heinz Kohut*. Er wagte kurz vor seinem Tod eine ethnopsychoanalytische Sicht auf die eigene Kultur und die Perspektiven wider die Barbarei.

Dieses kurze Vorwort soll nicht beendet werden, ohne auf den nächsten Band hinzuweisen. *Krieg, Trauma und Politik* heißt der nächste Band. Vielleicht konnten die Beiträge dieses Bandes ja etwas Mut geben, bevor sich die des nächsten Bandes dem Abgrund nähern. Für den Band *Krieg, Trauma und Politik* mögen Autorinnen und Autoren Beiträge senden, in denen sie das Individuum in seinen Verstrickungen und den Auswirkungen politischer Gewalt beleuchten bzw. wie Kriegspolitik den Menschen gebraucht und welche unbewussten Motivationen den Menschen zum Krieg führen.

PAUL PARIN / DANIEL WEBER
Der Gelassene*

Herr Parin, gab es einen Moment in Ihrem Leben, als Sie merkten: Jetzt werde ich alt?

Ja, ich erinnere mich genau daran, da war ich 63. Meine Frau und ich waren 1979 vom Goethe-Institut in Algier eingeladen worden, und nach unseren Vorträgen machten wir eine Rundreise mit dem Mietwagen. Am ersten Abend waren wir in einer Oase ohne Hotel, also fuhren wir hinaus auf einen Hügel und legten uns auf eine Wiese, eigentlich war es harter Lehm mit etwas Gras. Wir hatten nur unsere Schlafsäcke dabei. Aber obwohl wir todmüde waren, konnten wir nicht schlafen. Am nächsten Morgen, als wir in einem Lokal heißen Tee tranken, sagte ich zu meiner Frau: Jetzt beginnen wir alt zu werden. Wir konnten nicht mehr einfach irgendwo Halt machen, wir mussten nun schauen, dass wir ein Bett hatten.

Anders als bei Ihren Forschungsreisen in den 1950ern?

Da waren wir unter sehr primitiven Verhältnissen unterwegs und schliefen oft im Freien. Aber zur Zeit des Kolonialismus war das Reisen in Afrika leichter als in den 1960er Jahren. Das französische Militär hat zum Beispiel unsere Reise durch die Sahara überwacht. Es gab auch einfache Rasthäuser – die verschwanden nach 1960.

Und als Sie dann 63 waren, fühlten Sie sich wirklich alt?

Nein, eigentlich gar nicht. Ich wusste zwar, dass ich alt werde, aber ich habe mich erst spät darauf eingestellt. Die Praxis gaben wir erst auf, als ich 74 war, und ich habe bis zum Schluss gern behandelt. Ich hatte keinen Grund, mich für alt zu erklären. Erst als meine Frau, die fünf Jahre älter war als ich, ein Altersleiden bekam und immer schlechter sah, fand ich: Nun sind wir ins Greisenalter eingetreten.

---

* aus: NZZ Folio 4/06. Mit freundlicher Genehmigung.

DER GELASSENE

Diese Erkenntnis war vor allem verbunden mit einem Gefühl von Verlust?

Ich erlebte vor allem die physischen Folgen der Alterung. Das Alter ist an und für sich nichts Gutes. Als Leitspruch habe ich bis heute den Satz des italienischen Philosophen Norberto Bobbio: Wer das Alter lobt, der hat ihm nie ins Antlitz geschaut.

Sie wirken aber nicht verbittert.

Gezwungenermaßen habe ich auch die guten Seiten des Alters entdeckt. Das Wichtigste für mich war, dass ich anfing, literarisch zu schreiben. Es gibt ja bedeutende Autoren, die erst im Alter zum Schreiben gefunden haben. Da habe ich mir gesagt: Es hat also auch Vorteile, wenn man sich zur Ruhe setzt. Man kann erzählend gestalten, was man in seinem Leben erfahren hat.

Von manchen Leuten sagt man, sie könnten nicht alt werden.

Ich kenne einige, auf die dies zutrifft. Fritz Morgenthaler etwa, mit dem wir die Praxis hatten und viele Expeditionsreisen unternahmen, lebte immer so, als sei er 20. In seinem letzten Lebensjahr, er war 65, machte er eine große Reise in Jemen und logierte nur in One-Dollar-a-Night-Hotels. Nicht aus Geldmangel oder Geiz, ihm gefiel es, so zu tun, als sei er ein 20-jähriger Abenteurer. Er ist dann, wie man es ihm vorausgesagt hatte, an einem Herzinfarkt gestorben, in Addis Abeba. Es gibt Menschen, deren Selbstgefühl ihnen auch im Alter sagt, sie seien in ihren allerbesten Jahren. Nicht in ihren besten, in ihren allerbesten.

Ist das nicht eine Wahnvorstellung?

Es gibt Menschen, die die Aussage »Ich bin alt« schlicht nicht akzeptieren, die sich ewig jung fühlen. Die hatten gewöhnlich schon in der Kindheit und Adoleszenz ein gutes Selbstwertgefühl, waren einverstanden mit sich und ihrem Leben und ihren Wünschen. Sie haben auch wenig Ängste und keine Angst vor dem Tod – oder zumindest eine gute Abwehr gegen diese Angst. Einige meiner Freunde hatten auch im Greisenalter noch nicht begriffen, dass sie alt geworden waren.

Bei Ihnen war das nie der Fall?

Ich habe meine Alterserscheinungen nicht negiert, das kann man ja gar nicht, wenn man Schmerzen hat. Aber als Mediziner hatte ich zum Beispiel die Möglichkeit, den Zeitpunkt selber zu bestimmen, wann ich mein künstliches Hüftgelenk bekam. Die Hüftgelenkarthrose hatte ich schon lange, aber ich ließ mich erst operieren, als ich nicht mehr zur Tramstation gehen konnte. Die Ersatzgelenke hatten damals eine Lebenszeit von 15 Jahren, darum wollte ich möglichst spät eins, weil ich ja nicht wusste, wie lange ich leben würde.

Sie sind jetzt 90 und verlieren Ihr Augenlicht. Woher nehmen Sie Ihre Gelassenheit? Haben Sie gar keinen Groll?

Nein, wenn man so alt wird, muss man Beschwerliches in Kauf nehmen. Man sagt mir, es sei mutig, wie ich mich auf das Blindwerden einstelle. Aber von Mut kann keine Rede sein. Wenn Sie mit dem Rücken zur Wand stehen, können Sie nicht fliehen. Entweder muss ich sterben oder mich irgendwie anpassen. Und ich habe das große Glück, Freunde zu haben, die mich besuchen, die mir im Alltag helfen. Das gibt mir Zeit, mich an die tausend Schwierigkeiten zu gewöhnen, mit denen ein Blinder lebt. Ich bin ein ausgesprochener Augenmensch, ich habe mit Büchern und dem Schreiben gelebt. Im Alter, als das Gedächtnis nachließ, habe ich mit Notizen mit mir selber verkehrt. Notieren kann ich noch knapp, aber selber lesen kann ich es nun nicht mehr.

Bereuen Sie es, keine Kinder gehabt zu haben?

Meine Frau und ich haben diese Frage oft diskutiert und im gemeinsamen Einverständnis auf Kinder verzichtet. Kinder hätten Goldy von dem isoliert, was sie am meisten interessierte, von ihrer Arbeit. In Afrika waren wir ein paarmal der Versuchung ausgesetzt, ein Kind zu adoptieren, aber wir wussten um die Schwierigkeiten, die ein Kulturwechsel für ein Kind bedeuten würde.

Wie wichtig ist eigentlich Sex im Alter noch?

Die Bedürfnisse kommen noch, aber man misst den Sex ja am Ideal der besten Jugend, und daran reicht er im Alter nicht heran, er ist weniger lustvoll. Daran ändert auch Viagra nichts. Für Frauen ist das Problem im Übrigen ebenso groß wie für Männer. Es ist einfach eine der Frustrationen des Alters, ähnlich wie die, dass man sich nicht mehr so gut bewegen kann. Zum Glück ist das Tabu der Selbstbefriedigung aus der Welt geschafft worden. Die Masturbation als Ersatzbefriedigung ist nicht mehr so verpönt, wie sie das früher war.

Würden Sie von sich sagen, Sie seien auf eine gute Art alt geworden?

Nein. Wirklich gut lebte ich, solange meine Frau gelebt hat. Wir waren 58 Jahre zusammen, sie war 86, als sie starb. Solange sie noch am Leben war, bin ich gut gealtert. Als sie starb, wurde ich schlagartig zum Greis. Und die Gebresten begannen sich zu häufen.

Sie haben vor Jahren Aufsehen erregt, als Sie die Drogenfreigabe für alte Menschen forderten, weil es unsinnig sei, sie leiden zu lassen.

Ja, der Aufsatz »Weise Pharmagreise« hat mehr Echo gehabt als alles andere, was ich geschrieben habe. Dabei ist meine Forderung doch nur vernünftig: Wieso sollen alte Menschen Leiden und Schmerzen ertragen müssen? Es ist ein großes Verdienst der Pharmakologie, dass wir Schmerzen in Grenzen halten können. Oft ist man da zurückhaltend aus Furcht, ein Patient könnte zum Beispiel morphiumsüchtig werden. Das ist doch egal, wenn er dafür ein besseres Alter hat! Man sollte alles einsetzen, was die Beschwerden des Alters erleichtert.

Sie sprechen aus eigener Erfahrung.

Nicht nur. Einer meiner Lehrer, der Medizin-Nobelpreisträger Otto Loewi, nahm im Alter morgens Speed, abends Morphium, daneben die übliche Droge Alkohol – er wurde fast 90 und war ein sehr jugendlicher, leistungsfähiger Greis. Ich selber trinke Alkohol, nehme viele Medikamente, auch Schmerz- und Schlafmittel. Und ich rauche, seit ich 16 bin. Ich habe nie versucht, es aufzugeben.

Können Sie mit dem Begriff »in Würde altern« etwas anfangen?

Die Würde ist wie andere abstrakte Begriffe derart breitgetreten worden ... Ich hatte Freunde, die ich im Altersheim besucht habe, die im Spital lagen: da musste man den Begriff des würdigen Alters schon sehr dehnen. Ich habe für das sogenannte Altern in Würde die wichtigste Voraussetzung: Ich kann von den Ersparnissen leben, meine Frau und ich haben beide gearbeitet, und wir haben keine Kinder gehabt. Von der AHV allein könnte ich mir diese große Wohnung, in der ich seit über 50 Jahren lebe, nicht leisten. Auch nicht Frau Bitterlin, die seit 54 Jahren meine Sekretärin ist, oder die Putzfrau.

Haben Sie auch unwürdige Situationen erlebt?

Als ich noch tramfahren konnte, bin ich zweimal beim Einsteigen zusammengebrochen, meine Beine knickten einfach weg. Beim ersten Mal half mir eine Zugewanderte, ich glaube, eine Ukrainerin, ganz selbstverständlich. Das habe ich sehr geschätzt. Beim zweiten Mal waren ein paar Schüler im Tram, die schauten zu und taten nichts.

Wie erklären Sie den Unterschied?

Es gibt Kulturen, in denen bei der Erziehung Wert darauf gelegt wird, dass man den Alten Rücksicht entgegenbringt. In Afrika zum Beispiel ist dieser Respekt in der Familienstruktur angelegt: Die Gesellschaft ist clanmäßig organisiert, die erweiterte Familienstruktur ist die funktionierende soziale Einheit. Und da haben die Clanführer natürlich eine hohe Stellung. Ihre Würde leitet sich also aus ihrem sozialen Status ab – es ist schlecht verstandene Völkerkunde, wenn man meint, das Alter sei generell mit Würde verbunden.

Welche gesellschaftliche Rolle sollten die Alten heute bei uns spielen?

Traditionsgemäß ist es so, dass die Alten den Jungen weitergeben sollten, was sie erfahren haben in ihrem Leben, was falsch war und was gut. Aber es gibt einen Unterschied zwischen Gesellschaften, die einem schnellen Kulturwandel unterworfen sind, und solchen, die eine große Konstanz haben. Der Ethnologe Claude Lévi-Strauss hat die Gesellschaften eingeteilt in kalte und warme. In den kalten, die sich nur langsam verändern, ist es erstrebenswert, dass der Enkel genau gleich lebt wie sein Großvater.

Das ist bei uns offensichtlich nicht der Fall.

Wir gehören einer enorm heißen Gesellschaft an, die sich sehr schnell verändert. Heute können darum alte Leute nicht kommen und sagen: Nach meiner Lebenserfahrung ist das so und so. Was soll ein alter Mann den Enkeln also raten? Er soll sagen: Macht es nicht wie wir,

DER GELASSENE

denn ihr lebt in einer Gesellschaft, deren Voraussetzungen sich ständig ändern – in eurem Lebenslauf sind meine Erfahrungen nicht mehr gültig.

Aber das gilt doch wohl nicht für grundlegende ethische und moralische Werte?

Nur dann nicht, wenn sich die Alten klar darüber sind, woher sie ihre Erfahrungen haben, was sie und ihre Wertvorstellungen geprägt hat. Das ist bei einem protestantischen Landpfarrer in Baselland ganz anders als bei einem Fabrikarbeiter in Genf. Die alten Leute sind nicht überflüssig, aber ihre Rolle als Bewahrer einer allgemeingültigen Überlieferung hat sich erledigt.

Wenn die Alten den Jungen nichts mehr raten können, was ist dann ihre Rolle?

Das Ziel muss sein, dass man im Alter ein subjektiv sinnvolles, meinetwegen würdevolles Leben führen kann. Dazu braucht man eine gute Schulbildung, die einen lehrt, für vieles offen zu sein. Aber das wird zusehends schwieriger. Sogar die Universitäten wollen den Studenten heute in erster Linie möglichst schnell den Einstieg in die kommerzialisierte Welt ermöglichen. Wichtig wäre, dass die Ausbildung über das jetzt und hier zweckmäßige Wissen hinaus etwas vermitteln könnte. Damit man später, wenn man im Produktionsprozess nicht mehr integriert und akzeptiert ist, für sich noch etwas daraus machen kann.

Haben Sie als junger Mensch eigentlich die Alten geehrt?

Nein. Ich habe meinen Vater nicht geehrt, er war bei meiner Geburt 40, in seiner Familienmoral lebte er noch im 19. Jahrhundert, das war sogar damals unmodern. Einen meiner Großväter mochte ich sehr, der war liebevoll zu seinen Enkeln, menschenfreundlich, tüchtig. Der ist in Würde gealtert, aber mit dem Begriff hätte er nichts anfangen können. Geehrt habe ich ihn dennoch nicht. Ich war immer skeptisch gegenüber Autoritäten.

PAUL PARIN / DANIEL WEBER

Die Lebenserwartung steigt stetig an: Müsste man die Leute nicht viel später pensionieren, statt sie in den so genannten Ruhestand zu schicken?

Die Einhaltung starrer Altersgrenzen ist natürlich ein Unsinn. Aber genauso unsinnig ist es, diejenigen, die früher pensioniert werden wollen, als Drückeberger zu bezeichnen. Die Vorstellung, dass sich unser Lebensalter unbegrenzt erhöht, halte ich im Übrigen für falsch.

Trotzdem stellen sich medizinische und ethische Fragen: Soll man etwa bestimmte Operationen an über 90-Jährigen noch durchführen?

Die Naturwissenschaften sind zu einseitig auf das Machbare ausgerichtet. Die Sinnfrage wird an die Religion und die Philosophie delegiert. In der Medizin führt die hohe Spezialisierung weg von der Beantwortung der Sinnfrage. Aber darum kommen wir nicht herum! Bei alten Leuten stößt auch die hochentwickelte Gelenkchirurgie oft an ihre Grenzen – was nützt es, jemandem mit über 80 ein künstliches Schultergelenk einzusetzen, wenn man dabei riskiert, dass er durch die lange Narkose eine Hirnschädigung erleidet? Den Fortschritt soll man nicht aufhalten wollen, aber man muss darauf bestehen, dass man den ganzen Menschen dabei im Auge behält.

Was geschieht mit der Zukunft, wenn man alt ist?

Man macht keine Zukunftspläne mehr, eher hat man Phantasien: Es wäre schön, wenn ich noch dieses Buch lesen, diese Reise machen könnte. Solche Sachen. Aber da sind die körperlichen, geistigen und finanziellen Hindernisse. Für viele ist es auch ganz wichtig, dass sie ihren Nachkommen etwas vermachen können, sie leben übertrieben sparsam, weil sie das Ersparte vererben möchten.

Warum leben viele Menschen im Alter so sehr in der Vergangenheit?

Sie wird immer wichtiger, weil das Frischgedächtnis nachlässt, die Merkfähigkeit für Neues. Das ist ein hirnphysiologisches Faktum. Das subjektive Zeitgefühl für die letzten Jahre wird sehr kurz. Meine Frau ist seit neun Jahren tot, aber es kommt mir vor, als sei es erst zwei Jahre her. Und ich erinnere mich an viel mehr aus der früheren gemeinsamen Zeit als aus diesen letzten neun Jahren.

DER GELASSENE

In Ihren Büchern schildern Sie Erlebnisse aus Ihrer Jugendzeit außerordentlich plastisch.

Meine Erinnerungen sind lückenhaft, aber ich habe ein ausgeprägtes Gestaltgedächtnis: Ich erinnere mich an Licht, Farben, akustische Eindrücke, Orte, Gefühle. Ich könnte den Ort genau zeichnen, wo ich mit meinem Bruder die erste Schnepfe schoss, diese Auenlandschaft, die Büsche, die Wiesen, den Sumpf – heute ist das eine Industrielandschaft.

Kann man im Alter besser mit Verlusten umgehen?

Man kann nicht sagen: man. Das ist bei jedem anders. Ich bin über den Tod meiner Frau noch heute so traurig wie vor neun Jahren. Der einzige Trost ist, dass ich sicher bin, dass sie meinen Tod noch schwerer ertragen hätte als ich den ihren. Wir waren der seltene Fall von zwei Menschen, die wirklich gut zusammenpassten – nicht symbiotisch, sondern in beweglicher Auseinandersetzung. Wir mussten voneinander auch ziemlich viel hinnehmen.

Auch Untreue?

Wir verstanden uns sexuell sehr gut, aber das bedeutete nicht, dass wir uns treu sein mussten. Treue und Eifersucht, überhaupt diesen Absolutheitsanspruch, lehnten wir ab. Wir waren da ganz offen miteinander. Natürlich machte das einen auch traurig. Aber es war kein Verrat. Entscheidend für uns waren die gemeinsamen Ideale und Werte.

Welche Ideale waren das?

Ganz wichtig war der Glaube an eine gerechtere Welt, in der weniger Grausamkeit herrscht, als sie die Zivilisation hervorbringt. Nicht dass ich geglaubt hätte, ich könnte die Welt verbessern. Jeder Intellektuelle tut Dinge, von denen er weiß, dass sie nichts bewirken. Er tut sie trotzdem, weil er weiß, dass die Welt noch schlechter wäre, wenn niemand sie täte.

MARIO ERDHEIM
Innere psychische Räume und der Antagonismus von Familie und Kultur

Psychoanalyse und Ethnopsychoanalyse

Die Ethnopsychoanalyse steht in einem gespannten Verhältnis zur Psychoanalyse. Sie gilt als »Anwendung«, d. h., sie verwendet Theorie und Methode der klinischen Psychoanalyse, um fremde Kulturen zu verstehen. Dies scheint sich auf einer Art Einbahnstraße zu vollziehen: der Weg zurück – von den Erkenntnissen über fremde Kulturen zur Theorie und Methode der Psychoanalyse – scheint verbaut zu sein. Als ob die klinische Psychoanalyse von der Ethnopsychoanalyse nichts lernen könnte – außer vielleicht im Bereich der Migration, wo es ja auch um das Fremde geht, da ist die Ethnopsychoanalyse hin und wieder ein Ansprechpartner. Diese weit verbreitete ablehnende Haltung hat sich auch auf die Rezeption von Paul Parins Werk ausgewirkt. Sogar seine zusammen mit Goldy Parin-Matthèy verfassten Aufsätze über »Gesellschaftskritik im Deutungsprozeß« (1975)[1] oder »Der Widerspruch im Subjekt. Die Anpassungsmechanismen des Ich und die Psychoanalyse gesellschaftlicher Prozesse« (1976)[2], die spannende und weitreichende Konsequenzen auch für die klinische Psychoanalyse haben würden, hatten weder intensive Diskussionen noch eine Weiterentwicklung von Konzepten zur Folge.

Die Ethnopsychoanalyse entsteht in einer Pendelbewegung zwischen dem Eigenen und dem Fremden: Indem man sich mit dem Fremden vertraut macht, verändert sich das Bewusstsein des Eigenen und dieses veränderte Eigene erlaubt neue Zugänge zum Fremden. Auch Freud bediente sich solcher Denkbewegungen, um das Unbewusste zu erfas-

---

[1] Parin, P. (1978): Der Widerspruch im Subjekt. Ethnopsychoanalytische Studien. Frankfurt a. M. Syndikat, S. 34-54.
[2] Ebd., S. 78-111.

INNERE PSYCHISCHE RÄUME UND DER ANTAGONISMUS

sen. In seinem Werk *Totem und Tabu* (1912/13)[3] taucht ein Konzept auf, das von außerordentlichem Interesse ist und bis anhin viel zu wenig Beachtung fand: das Konzept vom unauflösbaren Widerspruch zwischen Familie und Kultur, den Freud später in »Das Unbehagen in der Kultur« (1930) auch als Antagonismus zwischen Familie und Kultur bezeichnete.

Am Anfang war die Urhorde, deren Wachstum lediglich durch Geburts- und Sterberate bestimmt war. Sie folgte dem Naturgesetz und kannte keine Kultur. Erst nach der Tötung des Urvaters durch seine Söhne kam es zu einer Differenzierung zwischen Familie und Kultur, zur Setzung des Inzestverbots als Grundlage der Kultur und damit auch zur Setzung des Antagonismus zwischen den beiden Instanzen. »Wir haben bereits erraten, daß es eine der Hauptbestrebungen der Kultur ist, die Menschen zu großen Einheiten zusammenzuballen. Die Familie will aber das Individuum nicht freigeben. Je inniger der Zusammenhalt der Familienmitglieder ist, desto mehr sind sie oft geneigt, sich von den anderen abzuschließen, desto schwieriger wird ihnen der Eintritt in den größeren Lebenskreis. Die phylogenetisch ältere, in der Kindheit allein bestehende Weise des Zusammenlebens wehrt sich von der später erworbenen kulturellen abgelöst zu werden«.[4] Familie und Kultur stehen also in einem konflikthaften Zustand zueinander. In diesem Modell entwickelt sich nicht die Kultur aus der Familie als deren Keimzelle, sondern beide existieren gleichzeitig und folgen verschiedenen Gesetzmäßigkeiten: Die Familie tendiert darauf, sich inzestuös abzuschließen, während die Kultur auf die Bildung größerer Einheiten tendiert und deshalb das Inzestverbot durchsetzt. Nicht der Vater und nicht die Mutter verkörpern somit »das« Gesetz, sondern die Kultur und ihre Institutionen müssen es gegen den Wunsch von Vater, Mutter und Kinder durchsetzen. Auf diese Weise kommt es zu einer neuartigen, nämlich kulturellen Form des Wachstums. Die aufrührerischen Söhne mussten ihre Frauen nun außerhalb ihrer Verwandtschaft suchen und dazu mit anderen Clans oder Familien Heiratsbündnisse eingehen. Eros war am Werk und verband zunehmend fremde Menschen mitein-

---

[3] Freud, S. (1912/13): Totem und Tabu. Einige Übereinstimmungen im Seelenleben der Wilden und Neurotiker. Gesammelte Werke, Bd. 9.

[4] Freud, S. (1930): Das Unbehagen in der Kultur. In: Gesammelte Werke Bd. 14, S. 462-463.

ander, und aus deren Zusammenleben entsprang eine Vielfalt kultureller Formen. Die Urhorde mit dem inzestuösen Vater war demgegenüber das Modell einer Gesellschaft, die das Fremde meiden musste und infolgedessen nur biologisch, aber nicht kulturell wachsen konnte. Sie stand unter dem Gesetz der Gewalt und des Wiederholungszwanges, der Wiederkehr des Immer-Gleichen: Einer der Söhne wird den Tyrann töten und sich an dessen Stelle setzen, bis er eines Tages dasselbe Schicksal erleiden wird.

Totem und Tabu enthält also eine Konstruktion des Verhältnisses zwischen Familie und Kultur. Die Familie ist der Ort des Aufwachsens, der Tradition, der Intimität im Guten und im Bösen, der Pietät und der Verfemung. Die Kultur hingegen ist der Ort der Innovation, der Revolution, der Öffentlichkeit und der Vernunft. Man darf diese Gegenüberstellung nicht als Wertung missverstehen. Es wäre verfehlt, die Familie zum Hort der Stagnation und die Kultur zu dem der Freiheit zu machen. Sprechen wir von Antagonismus, so sind damit auch die Gleichwertigkeit und das Aufeinanderangewiesensein der beiden Prinzipien impliziert. Der Antagonismus zwischen diesen beiden Ordnungen stellt gewissermaßen eine Weiterentwicklung der Ambivalenz dar. Und ebenso wie die Ambivalenz notwendig ist, um unsere Autonomie zu ermöglichen, indem sie Fixierungen verhindert, zwingt uns der Antagonismus, unseren Geist lebendig zu erhalten und zwischen dem Fremden und dem Eigenen zu pendeln.

Die Schwierigkeiten der Psychoanalytiker mit dem Antagonismustheorem und ihre Vorliebe für die Keimzellentheorie hängen mit dem vorherrschenden Familien- und Kulturbegriff zusammen. »Kultur« wird statisch aufgefasst, praktisch mit »Tradition« gleichgesetzt und Innovation ebenso wie Wandel werden kaum berücksichtigt. Bemerkenswerterweise scheinen viele Psychoanalytiker einem Kulturbegriff anzuhängen, der zu einer traditionellen Stammeskultur viel besser passt als zur modernen Industriekultur. Man könnte also vermuten, dass die verdrängte oder zum exotischen Steckenpferd herabgewürdigte Ethnologie verzerrt ins psychoanalytische Denken zurückkehrt. Es gehört zu den Verdiensten Paul Parins ebenso wie Goldy Parin-Matthèys und Fritz Morgenthalers, der Ethnologie den Platz wiedergegeben zu haben, der ihr im Rahmen der Psychoanalyse gebührte.[5] Aber es ist nicht nur der Kulturbegriff, der den Psychoanalytikern Schwierigkeiten bereitet, sondern auch der Familienbegriff. Pointiert ausgedrückt könnte man sagen, dass der von vielen Psychoanalytikern verwendete Familienbegriff sich aus dem Erleben des Kindes ergibt. Es besteht deshalb eine gewisse strukturelle Ähnlichkeit zwischen den kindlichen Sexualtheorien, die Freud 1908 beschrieb, und manchen psychoanalytischen Vorstellungen über die Familie.

Obwohl sich die Psychoanalyse als Konfliktpsychologie begreift, scheint es schwer zu fallen, das Verhältnis zwischen Familie und Kultur als Konflikt zu begreifen. Psychoanalytiker meinen, sich auf den Konflikt zwischen Individuum und Kultur (Gesellschaft) beschränken zu können und versuchen diesen Konflikt, der das »Unbehagen in der Kultur« produziert, als einen Konflikt zwischen Trieb und Kultur zu begreifen. Aber dieser Konflikt ergibt sich aus einem Triebkonzept, das die triebhafte Seite des Menschen zur Natur zählt und die Verwobenheit von Trieb und Kultur außer Acht lässt. Hinzu kommt, dass sich der Trieb zusammen mit dem Ich entwickelt, wächst, neue Objekte sucht und findet, aber dass dies durch die Annahme einer »konservativen Natur« der Triebe negiert wird. Demnach soll der Trieb dazu tendieren, einen früheren Zustand wiederherzustellen.[6] Der Trieb jedoch entwickelt sich, und das Gleis, auf dem er sich entwickelt, ist die Kultur. Die Entwicklung der Kultur ist ohne die Entwicklung des Triebes nicht zu denken. Und umgekehrt: Unter dem Einfluss der Kultur hat sich auch der Trieb gewandelt.

Das Unbehagen in der Kultur ergibt sich meiner Meinung nach aus dem Antagonismus, aus dem Umstand, dass man Familie und Kultur nicht auf einen Nenner bringen kann. Es handelt sich also nicht um das Unbehagen *in* der Kultur, sondern um das Unbehagen, in zwei im Widerstreit stehenden Systemen leben zu müssen. Es ist sowohl ein Unbehagen in der Kultur als auch ein Unbehagen in der Familie, und zwar weil jeder Bereich auf den anderen verweist, und der Wunsch, alles unter einen Hut zu bringen, am Alltag zerschellt.

---

[5] Vgl. Parin, P. (1978): Warum die Psychoanalytiker so ungern zu brennenden Zeitproblemen Stellung nehmen. In: Der Widerspruch im Subjekt, S. 7-19.
[6] Freud, S. (1921): Jenseits des Lustprinzips. In: Gesammelte Werke, Bd. 13, S. 39 ff.

MARIO ERDHEIM

Einige weitere Schwierigkeiten mit dem Antagonismus zwischen Familie und Kultur ergeben sich aus der Weite der beiden Begriffe. »Kultur« und »Familie« sind ebenso vieldeutig wie »Liebe«. Schon die Entgegensetzung von Familie und Kultur schafft Verwirrung: Soll »Familie« nicht zur »Kultur« gehören, soll sie bloße Natur sein? Hat nicht jede Familie ihre eigene Kultur, nämlich ein bestimmtes Normen- und Symbolsystem ebenso wie ein ihr zugehöriger Verhaltenscode? Ist Familie ohne Kultur überhaupt denkbar? Solche Fragen drängen sich auf, und man kann versuchen, sie entweder mit Hilfe von Definitionen zu beantworten oder aber das Problem aufzuzeigen, das durch das Antagonismustheorem untersucht werden soll. Menschliche Probleme nehmen oft den Charakter von Geschichten an. Ich resümiere im Folgenden zwei derartige Erzählungen; die eine stammt aus dem Kulturkreis der Arowaken, einem Stamm von Ackerbauern, die an der Küste zwischen Trinidad und Marajo lebten[7]; die andere – Shakespeares »Romeo und Julia« – stammt aus dem England des 16. Jahrhunderts, spielt aber im mittelalterlichen Verona.

Zwei Liebesgeschichten

»In uralter Zeit, als die Großmütter unserer Großmütter noch nicht geboren waren, war die Welt ganz anders als heute«, beginnt die Erzählung der Arowaken. »Die Bäume trugen unaufhörlich Früchte das ganze Jahr hindurch. Die Tiere lebten in vollkommener Eintracht... Die Schlangen hatten kein Gift... Selbst das Wasser der Kaskaden glitt langsam und sachte von der Höhe der Felsen. Mit einem Wort, alles war ganz anders als heute.«

Die Gottheit bedauerte, dass es keine Menschen gab, und so schuf sie aus dem Kaiman, einer Art Krokodil, die ersten Menschen. Es gab zwei Geschlechter. Die Frauen waren alle bezaubernd schön, aber unter den Männern gab es mehrere mit abscheulichen und abstoßenden Zügen. Das war die Ursache von Zwietracht. Die schönen Menschen konnten

---

[7] Koch-Grünberg, Th. (1921): Indianermärchen aus Südamerika. Jena (Eugen Diederichs), S. 40-52.

INNERE PSYCHISCHE RÄUME UND DER ANTAGONISMUS

mit den Hässlichen nicht zusammenleben. Die Schönen zogen mit ihren Frauen nach Westen und die Hässlichen nach Osten. Dann verging die Zeit, viele Jahrhunderte zogen durchs Land und die Menschen vergaßen, was einst geschehen war. Es lebte unter den schönen Menschen, zusammen mit seiner bejahrten Mutter, ein junger Mann, Makonaura. Er war außerordentlich anmutig und ein großer Jäger und erfolgreicher Fischer. Sie lebten glücklich dahin. Eines Tages aber, als er seine Fische einsammeln wollte, stellte er fest, dass seine Reuse zerstört worden war und dass die Fische, die sich dort verfangen hatten, halb aufgefressen worden waren. Makonaura dachte sofort an Rache, aber er kannte den Täter nicht und so bat er die Vögel um Hilfe. Ein Specht versprach, sobald er jemanden Fremden sähe, würde er durch Schläge mit dem Schnabel auf einen Baumstamm Makonaura warnen. Beim ersten Mal funktionierte es nicht, aber beim zweiten Mal klappte es: Makonaura fand einen Kaiman und tötete ihn mit seinem Pfeil. Es war kaum eine Stunde vergangen, als Makonaura wieder den Warnruf hörte. Er eilte zur Reuse.»*Welche Überraschung! Ein junges Mädchen von blendender Schönheit war dort, ganz in Tränen. Gerührt von ihren Tränen, fragte er sie nach der Ursache ihres Kummers. ›Ich kann es dir nicht sagen‹, antwortete sie und bat ihn, sich zu entfernen.*« Makonaura nahm die junge Frau in seine Hütte zu seiner Mutter. Diese nahm die kleine Fremde gütig auf. Anuanaitu, so hieß sie, blieb bei den beiden, aber verweigerte jede Auskunft über ihren Stamm und ihren Geburtsort. Es kam wie es kommen musste: Makonaura entbrannte in Liebe zu ihr. Er wagte es ihr aber nicht zu sagen, sondern gestand es bloß seiner Mutter. Voller Freude wollte die Mutter die beiden miteinander verloben, aber Anuanaitu brach in Tränen aus und bat die Gastfreunde, sie lieber in ihre Heimat zurückzuschicken. Schließlich willigte sie doch in die Heirat ein, wollte aber nach kurzer Zeit des Glücks doch zu ihrem Stamm – es war der Stamm der Hässlichen – zurück. Als Anuanaitu mit Makonaura in ihrem Dorf ankam, musste er verschiedene Prüfungen ablegen, bis auch Anuanaitus Vater die Ehe akzeptierte. Eine Zeit lang lebte das Paar nun im Dorf von Anuanaitu, bis Makonaura Sehnsucht nach seiner Mutter verspürte. Er beschloss, allein zu seinem Stamm zurückzugehen. Es war eine rührende Begegnung mit der Mutter, aber nach zwei Wochen wollte Makonaura wieder zum Stamm der Hässlichen, ins Dorf seiner Frau zurück. Obwohl sein Medizinmann ihm davon abriet, begab er sich auf die Reise und kurz nach seiner Ankunft wurde er vom Vater seiner Frau getötet.

Ein Vogel überbrachte Makonauras Mutter die traurige Nachricht. Diese begab sich zum Stamm der Hässlichen, um die Überreste ihres Sohnes zu holen und in ihr Dorf zurückzubringen. Bei der Totenfeier schrie die Mutter nach Rache. Zwei Männer traten *»ganz nahe an den Sarg heran und stimmten den schrecklichen Kenaimu an, den wilden Rachegesang. Singend tanzten sie auch den Tanz der Rache. – Makonaura wird gerächt werden! – Die Seele einer Riesenschlange war eingedrungen in den einen der Männer und in den andern die Seele eines Jaguars.«* Wenig später wurde im Dorf der Hässlichen ein großes Fest gefeiert. Als die Trunkenheit den Höhepunkt erreicht hatte, tauchten plötzlich die zwei Rächer auf und töteten alle Männer, die mit Anuanaitu verwandt waren. Darauf stimmte Anuanaitu den Rachegesang an: *»Ihre milde Stimme sang klagend das Lob des Opfers lange, lange Zeit. Plötzlich erhob sie sich, die Haare verwirrt, das Gesicht brennend, und mit vibrierender Stimme hob sie den schrecklichen Kenaimu an zu singen. Sie tanzte ihn auch. Die Seele einer Klapperschlange hatte von ihr Besitz genommen!«* So begab sie sich ins Dorf der Schönen, wo gerade der Sieg der beiden Rächer gefeiert wurde.

Als sie dort Makonauras Hütte betrat, wurde sie von Erinnerungen überwältigt und sie fühlte, *»wie sich in ihrer Seele ein furchtbarer Kampf erhob, ein Kampf der Liebe mit dem, was sie ihre Pflicht nannte.«* Als sie aber sah wie Makonauras Mutter dem Triumph der Rache auskostete, warf sie sich auf sie und tötete sie. Dazu sagte sie:

> »Der Kaiman, den dein Sohn bei seiner Reuse tötete, war mein Bruder! Wie mein Vater hatte auch er den Kopf eines Kaimans. Ich verzieh. Mein Vater hat seinen Sohn gerächt, indem er deinen Sohn tötete. So sprach sie, stieß einen furchtbaren Schrei aus und floh in den Wald. Bei diesem Schrei trat eine unerhörte Veränderung in der Natur ein. (...) Eine Sintflut von Regen mischte sich mit dem Austreten der Quellen. Die Tiere, bisher friedlich, töteten einander. Die Schlange begann zu beißen; der Kaiman ließ seine schrecklichen Kinnbacken erschallen; der Jaguar zerriss und verschlang das unschuldige Aguti.«

INNERE PSYCHISCHE RÄUME UND DER ANTAGONISMUS

Die Geschichte erzählt von einer Urzeit, in der alles harmonisch war, die aber ein Ende nahm, als die Gottheit den Menschen schuf. Was Zwietracht in die Welt brachte, war ein ästhetischer Unterschied – also nicht wie in der Bibel die Neugierde und die verführerische Schlange. Die Frauen waren alle bezaubernd schön, aber unter den Männern gab es schöne und hässliche und diese hielten es nicht miteinander aus. Die Menschen trennten sich in zwei Kulturen, in die Schönen, die in den Westen zogen, und die Hässlichen, die sich im Osten niederließen. Voneinander abgeschieden, entwickelten sie sich und wussten nichts mehr von ihrer einstigen gemeinsamen Geschichte. Wir dürfen annehmen, dass jeder Stamm seine Angehörigen so erzog, dass sie mehr oder weniger den Normen entsprachen, die die Tradition vorschrieb. Eines Tages aber kam es wieder zum Kontakt zwischen den getrennten Kulturen und sofort war Gewalt im Spiel. Makonaura tötet den Fremden, der seine Fischreuse ausraubt, und dieser Fremde erscheint in der feindlichen, hässlichen und furchterregenden Gestalt des Kaimans. Die alte Feindschaft zwischen den Schönen und Hässlichen lebt also wieder auf. Es tritt aber auch eine neue Macht auf: die Liebe. Die Fremde bekommt nun eine andere Bedeutung: Sie ist kein Feindin, die man töten müsste, sondern ein Wesen, das begehrt wird. Aber Anuanaitu hält es in der ihr fremden Kultur nicht aus und möchte in ihre Heimat zurück. Aus Liebe zu ihr, nimmt Makonaura die Migration auf sich und wandert in die Kultur Anuanaitus aus, wo er nun selber zum Fremden wird. Die Hässlichen prüfen ihn und anerkennen schließlich die Ehe zwischen den beiden an. Aber nun ist es Makonaura, den das Heimweh und die Sehnsucht nach seiner Mutter packen. Er muss allein zurück und kann doch nicht in der alten Heimat bleiben. Er kehrt in die Fremde zurück, wo ihn der Vater Anuanaitus tötet. Es folgen Blutrache, Mord und eine »unerhörte Veränderung der Natur«, die nun auch zu einer Stätte der Gewalt wird.

Der für unsere Fragestellungen wichtige Satz handelt vom »*Kampf der Liebe mit dem, was sie ihre Pflicht nannte*« – Anuanaitus Pflicht zur Blutrache. Die beiden Liebenden kommen von ihren Familien, bzw. Stämmen nicht los, immer wieder zieht es sie dahin zurück. Damit ist eine historische Wirklichkeit beschrieben. Es handelt sich hier um Stammesgesellschaften, die sich aufgrund von Verwandtschaftsbeziehungen organisieren. Es gibt keine übergeordnete Instanz. Und es ist unmöglich, sich vom eigenen Clan bzw. der Familie abzulösen – das würde heißen ›vogelfrei‹ zu sein. Dieser Indianermythos ist wie ein Modell, das zeigt, wie eine Gesellschaft aussieht, in der es nicht zur Ausbildung des Antagonismus zwischen Familie und Kultur kommt – das Individuum kann sich nicht von seiner Familie ablösen und ist deshalb auch außerstande, sich auf Fremde einzulassen. Aber auch wenn die Hässlichen bei den Hässlichen und die Schönen bei den Schönen blieben, die Liebe treibt das Individuum an, die Grenzen zu überschreiten und Abgespaltenes wieder zu vereinigen. Weil es aber jenseits des Clans, d. h. der Familie, keinen (antagonistischen, Distanz schaffenden) Bezug gibt, kann sich die Liebe nicht durchsetzen. Der Rest ist Rache, Mord und Hass. Deshalb muss jede Gesellschaft darum bemüht sein, den Antagonismus aufzubauen, zumindest in seinem Kern, dem Inzestverbot.

Bei der zweiten Geschichte kann ich mich kurz fassen, denn sie gehört zur Allgemeinbildung. Shakespeares »Romeo und Julia« spielt in Verona und handelt von den zwei verfeindeten Clans der Capulet und Montague. Wer die alten oberitalienischen Städte kennt, weiß von den Türmen, die die rivalisierenden Familien bauten, um ihre Macht und Größe auch optisch zu beweisen. Das Gesetz der Blutrache regelt die Beziehungen zwischen den verfeindeten Familien, die danach streben, sich voneinander abzuschließen. Romeo gehört zu den Montague, Julia zu den Capulet. Wir dürfen annehmen, dass beide dazu erzogen worden sind, im anderen Clan den Inbegriff der Niedertracht zu sehen. Wäre die familiäre Sozialisation allein ausschlaggebend, dann hätte es nie zu einer Beziehung zwischen den beiden kommen können. Das entscheidende an Shakespeares Geschichte ist, wie die beiden Jugendlichen das von der Familie gesetzte Verbot durchbrechen. Ihre Liebe ist eine im Sinne Freuds *kulturelle* Macht, insofern sie neue, den Partikularismus der Familie überwindende Normen setzt. Ihre Liebe gilt dem der eigenen Familie Fremden. Indem Romeo und Julia sich einander zuwenden, müssen sie sowohl die Sicherheit und Geborgenheit, die der Clan spendet, als auch die Größe, die er für sich beansprucht, aufgeben.

Julia: *O Romeo, Romeo! Warum bist du Romeo?*
Verleugne deinen Vater, deinen Namen,
Oder wenn nicht, schwör nur, daß du mich liebst

INNERE PSYCHISCHE RÄUME UND DER ANTAGONISMUS

> *Dann will ich keine Capulet sein.*
> *...*
> *Du bist du selbst, auch ohne Montague.*
> *Was ist das: Montague? Nicht Hand, nicht Fuß,*
> *Nicht Arm und nicht Gesicht, noch sonst ein Teil, der*
> *Zu einem Mann gehört. O heiß doch anders!*
> *...*
> *Romeo, laß den Namen*
> *Und nimm für deinen Namen, der nicht du bist,*
> *Mein ganzes Ich.*

Romeo:	*Ich nehme dich beim Wort.*
	Tauf mich aufs neue: nenn mich nur Geliebter
	Und niemals will ich Romeo sein.
Julia:	*Wer bist du, Mann, der so, beschirmt von Nacht,*
	Sich drängt in mein Geheimnis?
Romeo:	*Nicht mit Namen*
	Kann ich dir sagen, wer ich bin. Mein Name,
	Geliebte Heilige, ist mir verhaßt,
	Weil er dir Feind ist. Hätt ich aufgeschrieben
	Ihn hier, so wollte ich das Wort zerreißen.
	...
Romeo:	*Von Liebe leicht beschwingt, flog ich herüber,*
	Kein Mauernstein kann Liebe draußen halten.
	Liebe macht Mut zu dem, was Liebe tut,
	Drum konnt ich's trotz deiner Vettern wagen.
Julia:	*Wenn sie dich sehen, sie werden dich erschlagen.*
Romeo:	*Ach, mehr Gefahr bringt mir dein Auge als*
	Zwanzig von ihren Schwertern; blick du freundlich,
	So bin ich gegen ihren Hass gefeit[8]

Romeo und Julia müssen einen »sozialen Tod« auf sich nehmen und den die bisherige Identität stiftenden Namen aufgeben. Das Tragische ist, dass dieser soziale Tod schließlich zum realen Tod wird. Am Schluss des Stückes erscheint der Fürst, der das Ende der am Prinzip der Blut-

---

[8] Shakespeare, W. (1995): Romeo und Julia. In der Übersetzung von Erich Fried. Frankfurt a. M. (Zweitausendeins), Bd. 1, S. 392-393.

rache festhaltenden Familienherrschaft verkündet. Romeo und Julia werden gleichsam zu Märtyrern der neuen Ordnung.

Die Faszination, die von Shakespeares Stück ausgeht, gründet nicht zuletzt darin, dass es um die Liebe zweier Adoleszenten geht, die eine neue, humanere Ordnung begründen, und zwar indem sie sich von ihren Familien abzulösen wagen. Sie riskieren den Sprung von der Familie weg, aber fallen in die Leere des Todes. Während im Mythos der Arowaken das Scheitern der Liebe als tragische Notwendigkeit erscheint, durch welche die alte (antagonismuslose) Ordnung wieder hergestellt wird, ist es bei Shakespeare nur ein Missverständnis, das zum Tod der beiden Liebenden führt. Der Fürst ist eine wichtige Gestalt; zwar vermag er die beiden Liebenden nicht zu retten, aber er schafft den kulturellen Raum, damit eine Liebe wie diese in Zukunft nicht mehr tödlich sein wird. Der Fürst verkörpert den antagonistischen Gegenpol zur Familie und ihrer Macht. Shakespeares Drama schließt mit der Einsetzung des Staates als Gegenpol zur Familie.

Antagonismus und Krise

Hinter der Radikalität, mit der Romeo und Julia sich gegen den Willen ihrer Eltern auflehnen, steht nicht zuletzt auch die Radikalität, mit der im Neuen Testament die Bindung an die Familie in Frage gestellt wird. Zu erinnern ist an Jesu Worte, wie sie das Matthäusevangelium überlieferte: »Ihr sollt nicht wähnen, daß ich gekommen sei, Frieden zu senden auf die Erde. Ich bin nicht gekommen, Frieden zu senden, sondern das Schwert. Denn ich bin gekommen, den Menschen zu erregen wider seinen Vater und die Tochter wider die Mutter und die Schwiegertochter wider ihre Schwiegermutter. (...) Wer Vater und Mutter mehr liebt denn mich, der ist mein nicht wert; und wer Sohn oder Tochter mehr liebt denn mich, der ist mein nicht wert«.[9] Als Offenbarungsreligion mit einem universalistischen Anspruch musste das expandierende Christentum die Bindung des Individuums an seine Familie anzweifeln und u. U. aufzulösen versuchen. Die Religion trat dann in ein antagonistisches Verhältnis zur Familie: Wo nur das Recht der Ahnen galt, dort konnte

---

[9] Matthäus 10, 34-37.

INNERE PSYCHISCHE RÄUME UND DER ANTAGONISMUS

das Christentum als neuer Glaube sich nicht entfalten. Die Infragestellung der familiären Überlieferung war also eine wichtige Waffe für die christliche Mission. Da sich aber das Christentum von Zeit zu Zeit durch Brüche mit seiner eigenen Tradition auch selbst erneuerte und reformierte, aktivierte es immer wieder die radikale Kritik am bisherigen Glauben und forderte, dass sich die Kinder von den elterlichen Glaubensvorstellungen und ihrer Autorität distanzieren sollten. Ohne diesen religiösen Hintergrund, der die Revolte der Kinder gegen die Eltern legitimierte, wäre Romeos und Julias Geschichte nicht denkbar. Der Generationskonflikt – ein weiterer Aspekt des Antagonismus zwischen Familie und Kultur – verwandelte sich, vorerst einmal im europäischen Raum, allmählich in einen der wichtigsten Motoren der kulturellen Entwicklung.[10]

Charakteristisch für diese Art von Entwicklung ist, dass sie nicht harmonisch, sondern konflikthaft verlief, d. h., dass es immer wieder zu Brüchen mit der Vergangenheit kam, und Krisen den Übergang von einer Phase in die nächste markierten. Das Entscheidende an Krisen ist, dass deren Ausgang nicht voraussehbar ist. Reinhart Koselleck verweist auf das Bedeutungsfeld des Krisenbegriffs, der aus dem Latein stammt und sich auf den Leib, insbesondere auf die Krankheit bezieht. Krise bezeichnet hier die kritische Phase im Verlauf einer Krankheit, in welcher der Entscheid über Leben oder Tod fallen wird. Die metaphorische Auffassung des menschlichen Gemeinwesens als eines Körpers, führte dazu, dass der Begriff der Krise auch auf gesellschaftliche, politische oder wirtschaftliche Vorgänge anwendbar wurde, in denen sich eine beschleunigte Wendung zum Besseren oder Schlechteren vollzog. Koselleck beschreibt diese Art der Verwendung des Krisenbegriffs am Beispiel von Rousseaus Revolutionsbegriff: »*Rousseau hat in seiner Revolutionsprognose den entscheidenden Begriff der Krise eingebaut*«.[11]

---

[10] In seinem Aufsatz »Der Familienroman der Neurotiker« (1909) schrieb Freud: »Die Ablösung des heranwachsenden Individuums von der Autorität der Eltern ist eine der notwendigsten, aber auch schmerzlichsten Leistungen der Entwicklung. Es ist durchaus notwendig, daß sie sich vollziehe, und man darf annehmen, jeder normal gewordene Mensch habe sie in einem gewissen Maß zustande gebracht. Ja der Fortschritt der Gesellschaft beruht überhaupt auf dieser Gegensätzlichkeit der beiden Generationen« (S. 227).

[11] Koselleck, R. Stichwort »Krise«. In: Ritter, J. und Gründer, K. (1976): Historisches

Während die Philosophen der Aufklärung Revolution als Fortschritt definierten, der dem Despotismus ein Ende setze, erkannte Rousseau, dass mit dem Hereinbrechen der Revolution eine Krise, d. h. eine Zeit der Unsicherheit und Ungewissheit, beginne. Wohin die Revolution führe, sei nicht vorhersehbar. *»Der Ausdruck ›Krise‹ ist durch seinen diagnostischen und prognostischen Gehalt Indikator eines neuen Bewußtseins. (...) Jede Krise entzieht sich der Planung, rationaler Steuerung, die von der Fortschrittsgläubigkeit getragen ist«.*[12]

Die Krisenhaftigkeit der Kultur hatte für Rousseau eine negative Konnotation, was zu einer Idealisierung der als harmonisch aufgefassten Natur führte. Bei seinem Nachdenken über die Krise der Kultur im Zusammenhang mit seinem Werk *Le contrat social (Der Gesellschaftsvertrag)* stieß Rousseau auch auf die Bedeutung der Adoleszenz für die Aneignung von Kultur. Er konnte zwar die Krisenhaftigkeit der Adoleszenz nicht erkennen und beschrieb die Adoleszenten ähnlich idealisierend wie die »Edlen Wilden«, aber er erkannte, dass es zwischen der Art und Weise, wie sich eine Gesellschaft wandelt, und dem Verlauf der Adoleszenz eine innige Verbindung geben musste. Die Krisenhaftigkeit der Kultur, die Rousseau diagnostizierte und fürchtete, ist inzwischen zum wesentlichen Merkmal der Moderne geworden. Man kann Rousseaus Furcht aber auch heute noch gut nachvollziehen, denn die nicht aufhörende und sich sogar immer noch vertiefende Krise ist schwer zu ertragen. Aufgrund welcher psychischen Voraussetzungen ist das Leben in dieser Krise überhaupt möglich? Wie erträgt das Individuum die enormen Spannungen und wie kann es die großen Veränderungen in der modernen Lebensweise verarbeiten? Meine These lautet, dass es die Krise der Adoleszenz ist, die das Individuum befähigt, die Krisenhaftigkeit der Kultur auszuhalten.

Dass die Adoleszenz der entscheidende Lebensabschnitt ist, in dem die Einstellung des Individuums zur Kultur ihre eigentliche Form erhält, ist ein Faktum, das in den Initiationsritualen berücksichtigt wird.[13] Durch den festgefügten Ablauf und durch die gesellschaftliche Anerkennung, die der Initiant erfährt, wird die Bindung des Individuums an

---

Wörterbuch der Philosophie. Basel (Schwabe), Bd. 4, Sp. 1235ff.
[12] Ebd.
[13] Erdheim, M. (1982): Die gesellschaftliche Produktion von Unbewußtheit. Frankfurt a. M. (Suhrkamp), S. 284-295.

INNERE PSYCHISCHE RÄUME UND DER ANTAGONISMUS

den Stamm gefestigt. Ab dem 18. Jh. setzt sich in Europa eine Tendenz durch, die sich bereits in den Jahrhunderten zuvor abzeichnete: einerseits eine weitgehende Entritualisierung und andererseits eine zunehmende Verlängerung der Adoleszenzphase. In der Literaturgeschichte hinterließen diese Tendenzen ihre Spuren: Sturm und Drang, Romantik, Junges Deutschland, das Junge Wien der Jahrhundertwende, Expressionismus und Dadaismus, um nur einige Beispiele zu nennen, sie alle thematisieren, wie die Jugendzeit zur Krisenzeit wird. In Goethes *Die Leiden des jungen Werther* (1774) oder Wedekinds *Frühlings Erwachen. Eine Kindertragödie* (1891) oder Robert Musils *Die Verwirrungen des Zöglings Törless* (1906) geht es darum, dass das Individuum für seine Adoleszenz eine eigene Form finden muss und dies geschieht, indem der Jugendliche durch eine Krise gehen muss. In dieser Krise entstehen die psychischen Strukturen, die das Individuum befähigen, der kulturellen Krise zu begegnen und sich ihren Herausforderungen zu stellen.

Während der Adoleszenzkrise erhält der Antagonismus zwischen Familie und Kultur eine besondere Brisanz. Die Ablösung von den familiären Liebesobjekten, das Aufgeben der familiären Geborgenheit, die Bewältigung der sexuellen und aggressiven Impulse ebenso wie die wiederbelebten Größen- und Allmachtsphantasien zwingen das Individuum, neue Erfahrungen zu machen und Bindungen einzugehen. Ob dies gelingt oder nicht, hängt wesentlich davon ab, wie sich der Antagonismus konstelliert. Dominiert die Bindung an die Familie und erscheint die Kultur als etwas Feindliches und Gefährliches, so vermag das Individuum keine neuen Erfahrungen zu machen und im altbekannten Rahmen der Familie herrscht der Wiederholungszwang. Der Bereich der Kultur muss dem Individuum die »zweite Chance«, die der Adoleszenz inhärent ist, bieten. Man könnte sagen, dass die Kultur somit eine triangulierende Funktion erhält, ähnlich wie sie einst der Vater hatte beim Ablösungsprozess des Kleinkindes von der Mutter. Kultur ist allerdings nichts Homogenes und Eindeutiges. Nimmt man Freuds Konzept auf, wonach Kultur ein Prozess »im Dienste des Eros« ist, der die Menschen libidinös miteinander verbindet, so erscheint Kultur als ein Ort des Zwielichts. Kultur ist der Bereich an der Grenze zwischen dem Eigenen und dem Fremden und hat deshalb etwas Unheimliches an sich, was zum Beispiel spürbar wird, wenn man sich mit zeitgenössischer Kunst befasst. Kultur entsteht dort, wo aus der Begegnung zwischen dem Eigenen und dem Fremden Neues entsteht. Und dieses Neue ist chaotisch in dem Sinn, als noch keine Ordnung zwischen den Dingen vermittelt. Dieser formative Bereich der Kultur ist im Gegensatz zur Welt des Familiären gekennzeichnet durch Unberechenbarkeiten, Diskontinuitäten und Brüche. Wer in solchen Bereichen lebt und arbeitet, dessen Leben wird ebenfalls in unvorhersehbaren Bewegungen verlaufen, und nur wer durch die Adoleszenzkrise gegangen ist, wird imstande sein, diese Spannungen kreativ zu verarbeiten.

Die neue psychische Struktur

Aus dem Zusammenwirken von Adoleszenzkrise und Kulturkrise resultierte ein gewaltiger Verinnerlichungsschub, der das Individuum befähigen sollte all die Spannungen aushalten zu können, die durch die Internalisierung der Triebe ebenso wie der Omnipotenz erzeugt wurden. In traditionellen Kulturen werden sowohl die libidinöse als auch die aggressiven Triebe nicht im Individuum lokalisiert, sondern als Produkt äußerer Kräfte interpretiert. In den Bildern von Amor, der seine Pfeile abschießt, in den Geschichten von Isoldes Liebestrank oder vom Teufel, der das Böse verkörpert und eine unschuldige Seele in Besitz nimmt, wirkt auch bei uns die Erinnerung an frühere Menschenbilder, die vieles, was wir auf Inneres zurückführen, äußeren Kräften zuschrieben. Die modernen Internalisierungsprozesse kamen durch eine sehr komplexe Sozialisation zustande, die charakterisiert war durch ein labiles Gleichgewicht von Bindung und Autonomie. Das Leben des Individuums wurde nicht einfacher, vielmehr schuf diese Internalisierung in ihm einen so hohen Druck, dass es gezwungen wurde, unaufhörlich tätig zu sein. Der Mensch wurde einsamer und getriebener; die Spannung zwischen Trieb- oder Omnipotenzwünschen und der Realität beschleunigte den Kulturwandel. Aufgrund der Internalisierungsprozesse wurden die Unterscheidungen zwischen »Innen« und »Außen«, »Phantasie« und »Realität«, »Traum« und »Wachheit«, oder zwischen »Vergangenheit«, »Gegenwart« und »Zukunft« besonders wichtig. Um sich in unserer Welt zu orientieren, brauchen wir diese Kategorien. Die Jugendphase ist dadurch bestimmt, dass hier ganz bestimmte Lern- und

Entwicklungsaufgaben zu absolvieren sind, in denen diese Kategorien verinnerlicht werden.

Bei der Schaffung der inneren Räume spielt die Neuformulierung des Inzesttabus in der Adoleszenz eine wesentliche Rolle. Während in der frühen Kindheit das Inzesttabu in erster Linie dem Schutz des Kindes dient und in der bürgerlichen Gesellschaft zudem die Funktion erhält, triebhafte Strebungen in zielgehemmte, zärtliche umzuwandeln, soll das Inzesttabu in der Adoleszenz vor allem die Umleitung der Libido von den primären familiären Liebesobjekten weg zu fremden hin zustande bringen: Das, der, die Fremde sollen zu Liebesobjekten werden können. Der libidinöse Bezug zum Fremden eröffnet einen wichtigen inneren Raum, um die Loslösung von der Familie zu organisieren.

Weitere innere Räume entstehen durch die Möglichkeit zum »aufrechten Gang«. 1783 hat Kant in seiner Schrift »Beantwortung der Frage: Was ist Aufklärung?« geschrieben: »*Aufklärung ist der Ausgang des Menschen aus seiner selbst verschuldeten Unmündigkeit. Unmündigkeit ist das Unvermögen, sich seines Verstandes ohne Leitung eines anderen zu bedienen. Selbstverschuldet ist diese Unmündigkeit, wenn die Ursache derselben nicht am Mangel des Verstandes, sondern der Entschließung und des Mutes liegt, sich seiner ohne Leitung eines anderen zu bedienen. Sapere aude! Habe Mut, dich deines eigenen Verstandes zu bedienen! ist also der Wahlspruch der Aufklärung.*« [14] Das Ich ist ein Produkt der Erfahrungen, die das Individuum mit andern Individuen machte, und das Es schafft vielfältige Antriebe, neue Erfahrungen zu wagen. Auch Mündigkeit, der Versuch, sich seines Verstandes ohne Leitung eines anderen zu bedienen und danach zu handeln, ist eine neue Erfahrung, und zwar eine, die erst in der Adoleszenz mit ihren Triebschüben möglich wird. Die Krisen der Adoleszenz zeugen eindrücklich von den Schwierigkeiten, mündig zu werden. Groß sind die Verlockungen, sich irgendwelchen Autoritäten zu unterwerfen; nicht minder verführerisch sind auch die Angebote, sich anzupassen, Karriere zu machen, und keine beunruhigenden Fragen mehr zu stellen. Wer mündig werden will,

---

[14] Kant, I. (1964): Beantwortung der Frage: Was ist Aufklärung? In: Kant, I. Werke. Band 6, Schriften zur Anthropologie, Geschichtsphilosophie, Politik und Pädagogik. Frankfurt a. M. (Insel Verlag), S. 53-61.

muss sowohl innere Konflikte als auch Autoritäten infrage stellende Auseinandersetzungen in Kauf nehmen.

Eine zentrale Aufgabe der Adoleszenz besteht darin, die neu aufgetauchten Omnipotenzphantasien mit entsprechenden Ich-Fähigkeiten zu verbinden.[15] Dabei geht es auch um die Fähigkeit, Frustrationen zu ertragen, die sich aus dem Misslingen ergeben. Die Zeit, d. h. in diesem Fall die Hoffnung, dass es »morgen« oder »übermorgen« doch noch gelingen wird, ist sicher eines der inneren Räume, die das Einüben der Fähigkeiten im Hinblick auf die zu realisierenden Größenphantasie gestattet. Ein anderer psychischer Prozess spielt ebenfalls eine wichtige Rolle: Ich-nahe Idealbildungen[16], die dem Individuum helfen, momentane Defizite zu überspringen, trotz des momentanen Scheiterns an der Größenphantasie festzuhalten, und an ihr weiter zu arbeiten bis sie mit den eigenen Fähigkeiten realisierbar wird.

Für die Untersuchung der Innenwelt hat sich das Konzept des Narzissmus als besonders fruchtbar erwiesen. In seinem Aufsatz »Zur Einführung des Narzißmus« (1914) ging Freud davon aus, dass in einer »urnarzißtischen« Phase zuerst das Ich libidinös besetzt werde, aber es ist sinnvoller anzunehmen, dass die Besetzung des Ichs und die der Objekte sich mehr oder weniger gleichzeitig vollziehen. Freud schrieb: »Ein starker Egoismus schützt vor Erkrankung, aber endlich muß man beginnen zu lieben, um nicht krank zu werden, und muß erkranken, wenn man infolge von Versagung nicht lieben kann. Etwa nach dem Vorbild, wie H. Heine die Psychogenese der Weltschöpfung vorstellt: ›Krankheit ist wohl der letzte Grund / Des ganzen Schöpfungsdrangs gewesen / Erschaffend konnte ich genesen / Erschaffend wurde ich gesund‹«.[17] Innenwelt und Außenwelt stehen in einem dialektischen Verhältnis zueinander und sind voneinander abhängig. Die Besetzung des Ichs (also der Narzissmus) genügt nicht, die Libido muss nach Außen fließen, die Welt muss libidinös, aggressiv, ganz allgemein emotional besetzt werden. Durch diese Besetzung holt das Subjekt die Außenwelt ins Innere: sie wird ihm wichtig. Sich auf Heine beziehend, skizziert Freud einen

---

[15] Erdheim (2001, 2002).
[16] Im Gegensatz zu Über-Ich-nahen Idealbildern, die vorwiegend im Dienste von Ich-Einschränkungen stehen.
[17] Freud, S. (1914): Zur Einführung des Narzißmus. In: Gesammelte Werke, Bd. 10, S. 151-152.

INNERE PSYCHISCHE RÄUME UND DER ANTAGONISMUS

weiteren Prozess, nämlich die Kreativität, den Schöpfungsdrang, der erst in der Adoleszenz voll zum Einsatz gelangen kann. Was sich so im Inneren, in der Vorstellungskraft, herausgebildet hat, drängt nach Außen und verwandelt durch Arbeit die Welt.

Die Struktur der Gegensätze »Innen/Außen«, »Phantasie/Realität« »Traum/Wachheit« sowie die Bewusstheit des Zeitkontinuums sind leicht verletzbar und können dem Individuum leicht verloren gehen. Allnächtlich, in unseren Träumen verlieren wir vorübergehend diese Orientierungsmöglichkeiten. Das Realitätsprinzip ist nicht festgefügt. Dies ist zwar eine Voraussetzung für die menschliche Kreativität, aber auch sehr bedrohlich. Hinzu kommt eine besondere Entwicklungstendenz der zeitgenössischen Kultur. Durch eine gewaltige Umwertung der Bedeutung der Arbeit, die zunehmend zum »Job« wird, den man beliebig wechseln können soll, wird ein Anker, der das Individuum mit der Realität verband, aufgegeben. Nicht die Arbeit wird nun zum Orientierungspunkt für das Individuum, sondern die Freizeit. Dadurch wird viel Druck vom Adoleszenten genommen, und diese Entlastung wirkt sich prägend auf die Adoleszenz aus. Adoleszenz wird so zu einer Art Freizeitverhalten und tendiert sogar darauf hin, altersunabhängig zu werden. In der Freizeit gelten alle als jung und dynamisch. Aber die Omnipotenzphantasien können unter diesen Umständen keine Ichgerechte mit den entsprechenden Fähigkeiten verbundene Entwicklung durchmachen; sie verbleiben in einem archaischen Stadium. Der innige Zusammenhang zwischen Omnipotenz, Wunsch und Gewalt wurde in traditionellen Gesellschaften dadurch unter Kontrolle gebracht, dass aufs Wünschen verzichtet wurde. Mittels Meditation, Askese und anderen religiösen Praktiken, lernte der Mensch aufs Wünschen zu verzichten. Die moderne Gesellschaft ist vermutlich die erste und einzige gewesen, die das Wünschen zum Motor der Entwicklung machte. Auf diese Weise kommt es zu einem schwer lösbaren Dilemma: Wird die Wunschproduktion unter dem Druck der Omnipotenz gefördert, so nimmt die Gewaltbereitschaft bei all denen zu, die sich ihre Wünsche nicht erfüllen können. Die Frage ist dann, ob es der Freizeitindustrie gelingt, diese Gewaltbereitschaft durch ihre projektiven Ersatzbefriedigungsangebote zu neutralisieren. Reichen diese Angebote nicht aus, so ist man auf innere und äußere Feinde angewiesen, auf die die Gewalt gerichtet werden kann.

MARIO ERDHEIM

Es gibt auch andere Möglichkeiten. Wenn es gelingt, die Omnipotenzphantasien durch Arbeitsprozesse in den Dienst des Kulturwandels zu stellen, so versiegt eine beträchtliche Quelle der Aggression. Dazu muss aber die Komplexität der Wünsche erhöht werden. Auch das Wünschen muss erlernt werden, sonst ergeht es uns wie dem Fischer und seiner Frau: Die Wünsche galoppieren ins Unermessliche, bis man zum Schluss mit leeren Händen da steht. Aber es gibt auch eine andere Sorte von Wünschen, in denen es nicht ums Schnellere, Höhere und Teurere, sondern um die Vertiefung von Beziehungen, um Erkenntnis und Solidarität geht. Damit sich aber solche Wünsche entwickeln können, muss sich die Adoleszenz neue innere Räume erschließen.

BEATE SCHNABEL
Adoleszenz zwischen Kreativität und Anpassung

Moderne Gesellschaften haben sich durch Flucht- und Migrationsbewegungen und die Internationalisierung der Arbeitsmärkte zu heterogenen, ethnisch durchmischten,[1] zu so genannten kulturell hybriden Gesellschaften entwickelt. Die Pluralisierung nationaler Kulturen und Identitäten verändert die Lebensstrukturen in den westlichen Metropolen und mit ihnen bedeutende kulturelle Kategorien, Symbole und Entwürfe (Hall 1990, Bhabha 2000, Waldenfels 1990). Bisherige Grenzen und Begrenzungen heben sich auf oder verschieben sich. Der durch die Globalisierung angestoßene Individualisierungsschub hat in den letzten Jahrzehnten nicht nur zur Destabilisierung sozialer Systeme und der Auflösung traditionaler Ordnungs- und Wertesysteme beigetragen, sondern auch dazu geführt, dass sich die Vorstellung von stabilen Identitäten gewandelt hat. Die Menschen sind immer wieder herausgefordert, sich mit diesen Veränderungsprozessen auseinanderzusetzen und neue Sinnverknüpfungen herzustellen (Hall 1989, Giddens 1995, Beck/ Beck-Gernsheim 1994). Goffmann beschreibt die Identitätsformung, -suche und -gestaltung als einen mühevollen Balanceakt zwischen Erwartungen, Zuschreibungen, eigenen Interessen und Sehnsüchten. Ein immer wiederkehrender Akt des Gestaltens, der funktionierender Beziehungsnetze und »einbettender« Kulturen bedarf, um den eigenen Platz in einer widersprüchlichen und sich wandelnden Gesellschaft einzunehmen (Goffmann 1974, Krappmann 1997). Modernisierungsprozesse fordern und fördern in diesem Sinne neben der Zerstörung sozialer Bindungen auch die Herstellung sozialer Räume, in denen die Möglichkeit der Selbstvergewisserung gewährleistet und zumindest temporär das Gefühl von Zugehörigkeit bestätigt wird. Der soziokulturelle Wandel und die mit diesem einhergehende Fragilität sozialer Konstruktionen bieten zum einen die Chance für individuelle Freiheiten, erhöhen aber auch die Risiken bei der Bewältigung des Wunsches, sich in Raum und Zeit zu verorten. Die Selbstverortung in

---

[1] Das Wort »durch« soll die Bewegung und gleichzeitig die Veränderung hervorheben.

BEATE SCHNABEL

Raum und Zeit ist eine psychische wie gesellschaftliche Notwendigkeit, sie ist aber zugleich Fiktion mit ganz belebenden, teilweise aber auch skurrilen Folgen.

Was hat all das nun mit dem Thema Adoleszenz und der in dem Titel hervorgehobenen Spannung zwischen Kreativität und Anpassung zu tun? Ziemlich viel, könnte ich schnell und unüberlegt sagen. Es ist die Adoleszenz, in der die existenziellen Fragen nach der eigenen Selbstverortung, der eigenen Identität zum ersten Mal gestellt werden. Fragen, die heute nicht mehr so leicht zu beantworten sind. Angestoßen durch den pubertären Triebdurchbruch schafft der adoleszente Prozess die Voraussetzung für Veränderung, Gestaltung, Um- und Neustrukturierung der Persönlichkeit. Ein Prozess, den Eissler mit einer Verflüssigung (der psychischen Struktur) vergleicht, in dem regressive Tendenzen, aber auch progressive Kräfte wirksam werden. Die Lockerung der psychischen Struktur der Kindheit schafft den Raum, »neue Anpassungs- und Kulturformen« zu entwickeln (Erdheim 1984). Es ist die Adoleszenz, die zwischen den »progressiven, auf Veränderung drängenden, und den konservativen, die Familie reproduzierenden Bereichen der Gesellschaft« steht (ebd., 278). Eine entscheidende Entwicklungsphase, in der die Chance für Veränderung, aber auch die Gefahr der Fixierung gegeben ist. Sie ist es deshalb, weil in dieser Zeit eine selbstreflexive Betrachtung möglich ist und somit die Vergangenheit forschend erkundet und sich mit ihr auseinandergesetzt werden kann. Die Entdeckung Freuds von der Zweizeitigkeit der sexuellen Entwicklung und der damit implizierten Latenz schafft erst den Raum, Erlebnisse der frühen Kindheit umzuwandeln. Diese Fähigkeit eines zur Verfügung stehenden Umwandlungsprozesses formuliert Erdheim als die Geschichtsfähigkeit des Menschen, in dem das Individuum »Vergangenes symbolisieren und dem Prinzip der Nachträglichkeit zugänglich machen kann. Erinnern, Wiederholen und Durcharbeiten« können somit ebenfalls als »Grundprozesse der Adoleszenz« verstanden werden, die jedoch »meist unbewusst ablaufen« (Erdheim 1996). »Während der Adoleszenz bildet sich nämlich eine Bedeutung gebende Struktur heraus, die sowohl vergangenheitsorientiert ist, in dem sie neue Bedeutungen aus den positiven und negativen Erfahrungen der Kindheit herausholt, als auch zukunftsbezogen, indem sie Erwartungen erzeugt, die die Zukunft beeinflussen« (ebd., 94).

ADOLESZENZ ZWISCHEN KREATIVITÄT UND ANPASSUNG

Von Jugendlichen in der heutigen Zeit ist eine hohe psychische Flexibilität gefordert, die es ihnen ermöglichen soll, die Spannungen auszuhalten, die eine eher instabile und sich schnell wandelnde Vorstellung von sich selbst und die Wahrnehmung dessen, was sie machen können und wollen, in ihnen hervorrufen. Ihre Vorstellungen und Handlungsspielräume sind nicht nur von den Familien und dem sozialen Ort geprägt, sondern werden in entscheidender Weise auch durch den jeweiligen Umgang der Gesellschaft mit ihren Adoleszenten beeinflusst, wie auch umgekehrt die Adoleszenten auf den Wandel der Gesellschaft einwirken. Welche Übersetzungen Jugendliche im Spannungsfeld zwischen Innen und Außen, zwischen verschiedenen sozialen Erwartungen und Forderungen und eigenen Wünschen, zwischen Familie und Kultur finden, hängt von vielerlei Faktoren ab: den individuellen Möglichkeiten, dem sozialen Ort, in den sie eingebettet sind, den kulturellen Angeboten, in und mit denen eine Verortung in der Gesellschaft erprobt werden kann. Auch in modernen Gesellschaften gibt es für den Übergang von der Kindheit ins Erwachsenenleben Übergangsformen, weniger Riten, aber doch Regeln im Umgang der Erwachsenen mit den Heranwachsenden, um diese in soziale Gemeinschaften aufzunehmen. Sie sind subtiler, unsichtbar und dadurch weniger fassbar geworden. Sie schreiben sich förmlich, nicht selten sogar recht schmerzhaft, in den Körper ein, weil zu Beginn des adoleszenten Prozesses das Erleben am und mit dem Körper verhandelt wird.

In Gesellschaften, in denen die Bindung an Traditionen die Menschen strukturiert und zusammenhält, steht die Zugehörigkeit zur sozialen Gruppe im Vordergrund. Individualisierungswünsche werden in diesen Gemeinschaften wenig gefördert oder gar als Bedrohung der Gruppe erlebt. Im »Wir« zu denken ist eine hoch geschätzte soziale Form, die die Gemeinschaft zusammenhält. Die Religion übernimmt hierbei eine zentrale Funktion. Strukturell gleichen sich die Familien und die gesellschaftlichen Institutionen in ihren Anforderungen und Erwartungen an, und die Heranwachsenden werden durch strenge Ge- und Verbote an die sozialen Rollen fixiert, um Entwicklung und Veränderung, die durch Adoleszente möglich werden, klein zu halten. Uns ist dies in abgeschwächter Form möglicherweise noch aus ländlichen Regionen bekannt, in denen die Verwaltung des Dorfes nach Familienmustern organisiert wird und Veränderung nur durch Wegzug möglich ist. In diesen tradierten Strukturen wird über die Identifikation mit gesellschaftlich vorgegebenen Rollen die Bindung an die Vorstellungen und Werte der Gemeinschaft, über enge soziale Kontrollen und durch festgelegte geschlechts- wie generationengebundenen Verhaltensvorgaben geregelt und organisiert. Die Jüngeren haben die Formen und Normen, die Anerkennung der Erwachsenen und Alten zu respektieren. Die Dynamik der Adoleszenz wird damit aufgefangen, und die sozialen Handlungsabläufe der Jüngeren unterscheiden sich nur wenig von denen der Erwachsenen (Erdheim 1987, 1988). »Die Kultur schreibt den Weg des Denkens bisweilen so rigide vor, dass unabhängiges Denken extrem schwierig wird« (Devereux 1984, 158). Es sind dann diejenigen der Adoleszenten, »die die herrschenden Denkgewohnheiten noch nicht voll internalisiert haben« (ebd.), die Veränderungen einführen können.

In Gesellschaften hingegen, die einem schnellen industriellen und damit einhergehenden sozialen Wandel unterliegen, verändern sich zwangsläufig auch die Adoleszenzverläufe. Für uns ist es mittlerweile selbstverständlich geworden, von der Individuierung und der Autonomieentwicklung des Kindes und Heranwachsenden auszugehen. Ein Entwicklungsverlauf, der für ältere Generationen so noch nicht vorgesehen war. In ihnen entschied der Vater als Familienvorstand und die dörflichen Verhältnisse, was sie zukünftig machen und wen sie heiraten werden. Wenn wir heute von Adoleszenz sprechen, nehmen wir idealtypisch die verlängerte Adoleszenz an. Bei der verlängerten Adoleszenz, die sich über Jahre hinweg erstrecken kann und mit längeren Bildungsverlaufen verknüpft ist, wird den Jugendlichen psychisch wie sozial die Möglichkeit gewährt, eine langsame Individuierung im Verhältnis zur Ursprungsfamilie, zu Herkunft und sozialer Umgebung zu vollziehen: Entwicklungsspielräume, in denen die Jugendlichen ohne zu starre Reglementierungen Zeit haben, ihre psychische wie ihre äußere Realität umzuarbeiten sowie ihre kindlichen Beziehungsmuster und kindlichen Selbstbilder umzugestalten (vgl. King 2002, Erdheim 1984). Die Ablösung von der Autorität der Eltern, wir könnten auch sagen, die symbolische Zerstörung (Bohleber 1996), wird gefordert, um die Möglichkeit von Zukunftsvisionen zu entwerfen, die sich von den Vorstellungen und Erwartungen der Eltern unterscheiden. Die grundsätzlichen Fragen: Wer bin ich? Wo komme ich her? Wodurch bin ich so ge-

ADOLESZENZ ZWISCHEN KREATIVITÄT UND ANPASSUNG

worden, wie ich mich gerade fühle? Was unterscheidet mich von anderen Menschen? Diese Fragen nach sich selbst, der eigenen Zugehörigkeit, dem Wesen der Dinge, sind Fragen nach der eigenen Identität, die in der verlängerten Adoleszenz im Prozess der Individuierung verstärkt ausgeprägt sind. In sich schnell wandelnden Gesellschaften wird das kreative Potential von Jugendlichen zu einer gesellschaftlich notwendigen Fähigkeit, die zur Veränderung erforderlich ist. Veränderungspotentiale werden in diesen genutzt, aber auch kontrolliert und über soziale Ungleichheiten geregelt. Neben der jeweiligen Geschlechtszugehörigkeit sind es unter anderem die Möglichkeiten oder Unmöglichkeiten im Bildungssystem, die Bedingungen am Ausbildungsmarkt, die ethnische Zugehörigkeit, die potentielle Räume öffnen, aber auch verschließen können. D. h., wenn potentielle Räume für adoleszente Prozesse entstehen, können nicht alle Adoleszenten gleichermaßen daran teilhaben. Ob und wie Heranwachsende Neuordnungen denken und beleben können, unterliegt also in hohem Maße kulturellen Wandlungsprozessen. Sie werden von dem sozialen Ort, den Familien und ihren Bedingungen, der sozialen Umgebung und den gesellschaftlichen Machtstrukturen geprägt und beeinflusst.

Die Auseinandersetzung der Adoleszenten in diesem Spannungsverhältnis zwischen Familie, Herkunftskultur und Mehrheitsgesellschaft dürfen wir uns zu Beginn der adoleszenten Entwicklung nicht als sprachlich reflexive vorstellen. Sie ist ein längerer körpergebundener Prozess, in dem die Jugendlichen ihre Spannungen handelnd austragen und über die sie erst im zweiten Schritt nachdenkend verfügen. Ein Prozess, in dem sie aktiv versuchen, eine innere Balance herzustellen und in dem sie sich bemühen, »Eigenes und Fremdes in ein Verhältnis zueinander zu bringen« (Erdheim 1992, 732). Jugendliche sind hierbei mehr denn je auf die Zustimmung von Anderen bei der Anerkennung ihrer eigenen Identität angewiesen. Sie erleben viel bewusster als je zuvor, welcher sozialen Gruppe sie angehören oder auch zugeordnet werden und welchen sozialen Status die jeweilige Verortung im gesellschaftlichen Hierarchiegebilde einnimmt. In dem Prozess des gemeinsam gelingenden oder auch misslingenden Aushandelns (in Freundschaften, gegenüber verfeindenden Gruppen, in der Schule, an der Arbeitsstelle) lernen sich die Adoleszenten als eigene, von anderen unterschiedene Personen begreifen, die begehrt, abgelehnt, verurteilt, diskriminiert oder auch gleichgültig für andere sein, die aber auch selbst Anerkennung gewähren oder verweigern, verurteilen, stigmatisieren und diskreditieren können.

Wie funktioniert dieser schmerzhafte Prozess bei Jugendlichen mit Migrationshintergrund?

Gehen wir noch einmal einen Schritt zurück: Während der Grundschulzeit, die Zeit der Latenz, werden die Normen der Eltern und die Gewissheit, wie man sich in der Kultur zu verhalten hat, verinnerlicht – eine schon oftmals brüchige und widersprüchliche Erfahrung für Kinder mit Migrationserfahrungen. Oftmals erleben jene Kinder schon in der Grundschule, dass sie von Lehrerinnen oder Lehrern auf einen nicht selten entwerteten, ethnischen Hintergrund verwiesen werden, in dem die LehrerInnen ihr Äußeres an das Herkunftsland der Eltern binden, auch wenn sie selbst nicht in dem Land der Eltern geboren sind. Sie selbst verstehen sich vielmehr als zugehörig zu dem Ort, in dem sie leben. Es sind vor allem diese Gewissheiten, wozu auch die räumlichen gehören, die bei Jugendlichen mit Migrationshintergrund brüchig sind oder ganz verloren gehen. Sich immer als Fremden zu erleben ist anstrengend, auch weil die Sehnsucht nach Zugehörigkeit nicht befriedigt wird, weder in der Herkunftskultur der Eltern noch in der Kultur, in der sie leben. In der Adoleszenz nun erzwingt die Frage »Wo will ich hin?«, den Blick zurück zur Frage »Wo komme ich her?«, und mit dieser die Auseinandersetzung mit der eigenen Familie, aber auch der Herkunftskultur der Eltern, ihrem sozialen Status und ihrer sozialen wie kulturellen Zugehörigkeit. Die Beschäftigung mit dem familiären Hintergrund bedeutet für diese Jugendlichen, sich mit der Migrationsgeschichte der Eltern, ihren Lebenserfahrungen, ihrer sozialen Herkunft, den Traditionen und Werten der Herkunftskultur auseinander zu setzen. Dazu gehört auch die soziale Lebenslage der Eltern in Deutschland. Ein nicht selten zu beobachtendes Dilemma hierbei ist, dass für viele Eltern die Migrationserfahrung selbst durch das traumatisierende Erleben zum Stummbleiben verdammt ist.[2] Jugendliche mit

---

[2] »Unsere Eltern haben mit uns nicht darüber gesprochen. Es gab vielleicht so ein paar Andeutungen, aber es wurde nicht ausführlich darüber gesprochen.« »Hier leben so viele Millionen von Menschen, die als Gastarbeiter hierher gekommen sind, aber wir haben nie (in der Schule, B. S.) über die Geschichte der Gastarbeiter gesprochen.« »Und gerade dieses Nicht-darüber-Reden verstärkt den Effekt des Nicht-dazu-

ADOLESZENZ ZWISCHEN KREATIVITÄT UND ANPASSUNG

Migrationshintergrund durchleben hier eine Verdoppelung der Spannungsverhältnisse in der Adoleszenz. Menschen, die emigrieren, haben, bevor sie sich aufmachen in ein ihnen fremdes Land, im Herkunftsland schon einiges durchlebt. Nicht selten haben sich schon dort soziale Gewissheiten modifiziert und verändert, so dass das Weggehen mit der Hoffnung auf ein verändertes, anderes, besseres Leben verbunden wird. Migration als Chance, ähnlich der Adoleszenz? Auch im Prozess der Migration lockern sich psychische Strukturen, die neue Möglichkeiten eröffnen, aber auch zu regressiven Bewältigungsstrategien greifen lassen. Wenn sie misslingen, ist die Enttäuschung umso heftiger und im Erleben unerträglich. Wie Migranten und Migrantinnen diese traumatisierenden Erfahrungen verarbeiten, gewinnt Bedeutung für ihre Kinder in der Adoleszenz. Es sind fast immer die Kinder, die die Verbindung oder auch Brücken in die neue Gesellschaft schlagen, die in den Kindergarten, in die Schule gehen, die die Sprache schneller erlernen. Darüber entstehen Spannungen mit und zu den Eltern, die Kinder nicht selten durch das Führen eines Doppellebens zu lösen versuchen. In der Schule passen sie sich dem an, was dort erwartet und üblich ist, und zu Hause so wie es die Eltern wünschen und fordern. Nicht selten geraten sie dabei in einen Loyalitätskonflikt, den sie mit Stummheit beantworten.

In der Adoleszenz nun pendeln sie hin und her, was dazu führen kann, das sie entweder jede Kultur in Frage stellen oder sich für die der Eltern entscheiden oder bemüht sind, ganz z. B. deutsch zu werden. Jugendliche aus Migrationsfamilien beschreiben diese Erfahrungen nicht selten als ein Leben in zwei Welten, die sie in der Adoleszenz nur schwer zusammenbringen. Zusätzlich kann in einer Kultur, die als feindlich erlebt wird, die Familie so hoch besetzt sein, dass sie zum Garant von Sicherheit und deshalb nicht selten zur Festung erstarren muss, um die Familie vor äußerer Bedrohung zu schützen. Eine solche Festung in Frage zu stellen wird dann selbst zur Bedrohung und käme somit einem Verrat der Familie gleich. Deshalb wird es für die Jugendlichen in der Adoleszenz entscheidend, dass die Beschäftigung und Auseinandersetzung mit der Familie und der Herkunftskultur nicht mit

---

Gehörens«, erzählen Rapper in ihrem Artikel »In diesem Land gebildet, verkannt, gemieden, anerkannt« (2002, 62f.). Es ist ein »schmerzvolles Wieder-Eingliedern«, sagt Homi K. Bhabha, »ein Zusammenfügen der zerstückelten Vergangenheit, um das Trauma der Gegenwart verstehen zu können« (2000, 93).

der Angst vor Verrat und Verlust assoziiert bleibt. Dies gilt nicht nur für die Adoleszenten, sondern in gleichem Maße auch für die Eltern. Das Spezifische bei Jugendlichen mit Migrationshintergrund ist deshalb, dass durch die gesellschaftlich fehlende Anerkennung[3] die entstehende Differenz und die kritische Distanz zu den Lebensentwürfen der Eltern, nicht selten der kulturelle Hintergrund der Eltern und somit ein wesentlicher Teil der eigenen Erlebniswelt, vorübergehend entwertet werden. Eine Erfahrung, die nicht erst in der Adoleszenz beginnt, aber dort bewusster als zuvor mit der Zugehörigkeit zu einer spezifischen Gruppe verbunden wird. Die Möglichkeiten einer progressiven Gestaltung des Übergangs können sich erst dort entfalten, wo es Räume gibt, in denen »die Konstruktion von Identität durch soziale Interaktion« (Nadig 2000, 89) probehandelnd erfolgen kann. Es ist etwas anderes, daneben, dazwischen, was zum Feld der Wirkung und Wechselwirkung wird (Foulkes 1964). Homi K. Bhabha spricht vom »dritten kulturellen Raum«, den er als »sozialen Begegnungs-, Denk- und Erfahrungsraum« (Bhabha 1997) konzipiert, in dem sich durch den Austausch die unterschiedlichen Wahrnehmungs- und Mitteilungsweisen, die vielfältigen und unüberschaubaren kulturellen Bedeutungen vermischen, aus denen heraus »neue Bedeutungen, Repräsentationen und Perspektiven« entstehen können (Nadig 2000). Jugendliche können sie in ihren Peergroups erleben, in den Übergängen, in einem Raum da-zwischen, der mehr ist als ein Denkraum, in dem Chaos und Desorientierung vorherrschend sind und sich die Grenzen zwischen dem Eigenen und Fremden vorübergehend auflösen, »so dass es zu einer Vermischung einer möglicherweise auch chaotischen und nicht sofort überschaubaren Vielfalt kultureller Zugehörigkeiten und Bedeutungen kommt. In diesem dritten, chaotischen Raum entstehen neue Bedeutungen, Repräsentationen und Perspektiven von kultureller Komplexität aus einer ›multikulturellen‹ Welt« (ebd., 89).

An dieser Stelle möchte ich von zwei Jugendlichen erzählen, von Nilufer und Ali.[4] Es sind eher lebensgeschichtliche Narrationen als analytische Deskriptionen dessen, was ich bei Nilufer erlebt und von

---

[3] Sie sind immer die Ausländer, eine Kategorie, die mit Nicht-Zugehörigkeit verbunden wird. Kulturelle Differenzierungen und deren Bewertungen werden in der Sprache und den Interaktionen stets aufs Neue hergestellt.

[4] Namen und Orte sind anonymisiert.

ADOLESZENZ ZWISCHEN KREATIVITÄT UND ANPASSUNG

Ali gehört habe. Nilufer war sechs Jahre alt, als ihre Eltern sich von Afghanistan verabschiedeten und nach Deutschland emigrierten. Alis Eltern kommen aus Marokko, er ist der einzige unter seinen Geschwistern, der mit den Eltern in Deutschland lebt.

Als ich **Nilufer** kennenlerne, ist sie sieben Jahre alt. Ein schüchternes, zartes Mädchen, das mit großen Augen seine Umgebung verfolgt. Sie geht zur Grundschule, und die Eltern wollen, dass Nilufer von Anfang an die bestmögliche schulische Unterstützung erhält, die sie ihrer Tochter selbst nicht geben können. Die Familie, zu der noch ein jüngerer Bruder gehört, lebt relativ isoliert in einem lebendigen Stadtteil einer westdeutschen Großstadt. Das Leben im Hause gestaltet sich nach den Traditionen der Herkunftskultur der Eltern. Die Familie nimmt nur sporadisch Kontakt – und wenn, über die Moschee – zu anderen Familien auf. Verbunden fühlen sie sich mit der Familie im Herkunftsland, die auch das Familienleben im Aufnahmeland regelt. Nilufer trägt im Haus traditionelle Kleidung, es wird die Sprache der Eltern gesprochen. Außerhalb der Familie ist es Nilufer erlaubt, sich in ihrer Kleidung der kulturellen Umgebung anzupassen. Mit neun Jahren bittet die Mutter Nilufer, sich auch nach der Schule nur im Hause aufzuhalten. Als Jugendliche begleite ich Nilufer noch einmal über einen Zeitraum von drei Jahren. Sie ist es, die den Kontakt wieder aufnimmt und sich wünscht, mich häufiger zu treffen. Sie geht auf ein Gymnasium und wird zum ersten Mal mit 18 Jahren verheiratet. Das junge Paar lebt getrennt, d. h. sie in Deutschland und der Mann in Afghanistan. Nach dem Abitur macht sie eine Ausbildung und beginnt nach der Ausbildung ein Studium, das sie mittlerweile abgeschlossen hat. Während der Prüfungszeit treffen wir uns wieder, und ich begleite sie noch einmal über diese Hürde. Wieder bat sie mich, ich möge sie fordern und fördern, damit sie den vor ihr liegenden Berg erklimmen kann, der wegen dem Tod der Mutter und der Geburt ihres ersten Kindes drohte, in weite Ferne zu rücken. Sie ist Psychologin geworden, zum zweiten Mal verheiratet, nun mit einem Mann ihrer Wahl, und hat mittlerweile drei Kinder. Mit Nilufer habe ich noch einmal als erwachsene Frau ein Gespräch über ihre Adoleszenz geführt. Neben meiner langjährigen Erfahrung mit ihr, bildet der Inhalt dieses Gespräches die Basis meiner weiteren Ausführungen.

Ihre Adoleszenz verortet sie in diesem Gespräch in die Zeit von der neunten bis zur zwölften Klasse. Sie rahmt sie mit Klassenzahlen ein, an einen Ort außerhalb der Familie, in die Schule.[5] Als sie in der neunten Klasse ist, schlägt der Vater die Heirat der Tochter vor, die die Mutter im Interesse von Nilufer abwendet, und bestimmt, dass Nilufer mit 18 Jahren heiraten wird, also jene Zeit, in der Nilufer die zwölften Klasse besucht. Sie selbst beschreibt sich in dieser Zeit als das brave Mädchen, das mit den Eltern identifiziert ist. Ein Mädchen, das spürt, was das Richtige ist, ohne dass es die Eltern benennen. Nie habe der Vater direkt gesagt, war er wollte, er habe es über die Mutter vermittelt, und auch diese habe sich nicht direkt geäußert. Es war ihr Blick, der ihr verriet, was sie machen oder auch nicht tun soll.»Menschen lassen sich ins Auge fassen und ins Innere des Körpers bringen« (Wulf 1997, 446), so auch der Blick der Mutter, der Kontroll- wie Selbstkontrollfunktion übernimmt.»Meine Mutter hat mich irgendwie, so insgeheim, so indirekt beeinflusst«, sagt sie. Die Mutter wäre gerne Lehrerin geworden, hatte aber keine Chance für eine eigene berufliche Perspektive. Sie gewährt der Tochter die Möglichkeit, indem sie beim Vater durchsetzt, dass sie noch weiter zur Schule geht und noch nicht mit 16 verheiratet wird. Nilufer entwickelt Ziele, die sie in dieser Zeit eng mit der Bindung zur Mutter verknüpft. Es ist das Strahlen, aber auch die Enttäuschung, die sie in den Augen der Mutter entdeckt, die ihrerseits verlorene Sehnsüchte und die Erfüllung ihrer Wünsche bei Nilufer deponiert. Einerseits beflügelt und unterstützt sie ihre Tochter durch ihre Erzählungen, andererseits fällt es ihr schwer, sie mit wohlwollenden Worten zu begleiten.

Für Nilufer war bis zu ihrer Adoleszenz klar, dass ihre und die Wünsche ihrer Eltern zusammenfallen. Für sie steht fest: Mädchen werden

---

[5] In dieser Zeit treffen wir uns wöchentlich, und ich führe mit ihr begleitende Gespräche. Dabei waren mir die Überlegungen von Maya Nadig hilfreich, die in ihrer ethnopsychoanalytischen Arbeit in Mexiko für die Forschung die »selbstreflexive Gespräche« entwickelt hat. Selbstreflexive Gespräche sind Gespräche, in denen die »eigenen Hypothesen und Gedanken in Form von konfrontativen Fragen oder spiegelnden Feststellungen der Gesprächspartnerin unterbreitet werden. (...) Das Konfrontative sind die Wahrnehmungen, die durch das Anderssein erlebt und ›innerhalb der bestehenden Beziehung durch Identifikation vermittelt‹ werden, das heißt auch unter Einbezug der realen, sozialen und subjektiven Konflikte der Gesprächspartnerin« (Nadig, 1986, 52).

ADOLESZENZ ZWISCHEN KREATIVITÄT UND ANPASSUNG

zwischen 14 und 18 Jahren verheiratet, wenn sie – so wie sie – mit den Wünschen der Eltern identifiziert sind. Sie sind brav und angepasst und verschmelzen mit den Wünschen und Interessen der Eltern. Der Wunsch, sich abzuwenden, wird von Nilufer noch als gefährlich erlebt. Sie wehrt ihn ab und verlagert ihn in die andere, fremde Kultur, die gefürchtet wird, aber auch mit ihren Angeboten fasziniert. Brave Mädchen haben Ziele, da ist sich Nilufer sicher, und haben keine Interessen an Kosmetik, Kleidung, Figur – an Männern, in die sie sich verlieben. Schulbildung, Heirat und ein Beruf sind ein denkbarer Entwurf, der die verlorenen Wünsche der Eltern aufnimmt und eine Veränderung möglich sein lässt. In Identifikation mit der gesellschaftlichen Geschlechtertrennung hat, so Mahrokh Charlier (2006, 106), »das Mädchen zwei Möglichkeiten das Defizit in Bezug auf die Entwicklung einer eigenständigen weiblichen Identität innerpsychisch zu bewältigen: Zum einen kann es sich der Regression auf eine infantile Struktur der Abwehrform bedienen. Zum anderen kann es in einer ›Form der Ich-Spaltung‹ ... trotz eines scheinbaren Funktionierens in den bestehenden Verhältnissen nicht zu einer Verinnerlichung des geforderten Verzichts auf eine weitergehende weibliche Entwicklung« kommen, so dass Entwicklungschancen ergriffen werden, wenn sich Möglichkeiten dafür bieten.

Nilufer bewegt sich zwischen Anpassung und dem – wenn auch noch zaghaften – Ergreifen neuer Chancen: Einerseits ist sie mit den sozialen Normen und Werten der Eltern identifiziert, andererseits beginnt sie, kleine Spielräume zu entdecken dort, wo sie eine geschwächte Mutter erlebt, die ohne ihre soziale Umgebung, in ihren Handlungsentwürfen eingeschränkt ist. So verlangt die Mutter z. B., dass Nilufer ab der zehnten Klasse das Kopftuch nicht nur Zuhause, sondern auch wenn sie mit ihr unterwegs ist, trägt. Nilufer ist nicht einverstanden, sie will weiterhin in der Schule und mit Freundinnen Hosen und kein Kopftuch tragen. Sie ringt mit sich, sie weint und sie findet einen Kompromiss. Sie schlägt der Mutter vor, dass sie das Kopftuch für sie tragen wird, aber es dann um die Ecke wieder auszieht. Oder aber »ich sage dir, was passiert, und dann weißt du immer alles von mir, also ich bin ein offenes Buch, du weißt, wo ich bin, wann ich komme, was ich anhabe und welche Freundinnen ich habe. Das hat dann irgendwann mit viel Mühe geklappt.«

In ihrer Adoleszenz drohen allerdings in diese enge Bindung weitere, von der Mutter unterschiedene Wünsche einzubrechen: »Wenn du hier aufwächst, dann kriegst du ja die deutsche Kultur mit und hast den Wunsch: Ich möchte auch so was machen. Ich möchte auch etwas machen, nicht so auf der Basis, du kannst Geld verdienen, selbstständig werden, nein, einfach irgendetwas haben, einen Beruf, der dich ein bisschen unabhängig macht von dem Mann, wenn du verheiratet bist. Ich habe nie gedacht, dass ich nicht heirate. Es war mir irgendwie klar, dass die Eltern das irgendwie machen.« In ihrer Stimme klingt heute Empörung mit, damals rang sie nach Worten, manchmal zögerlich, selten heftig. Viele Stunden erprobte sie mit mir unaussprechliche Gedanken und war verzweifelt, weil sie nicht verstand, dass die Welt der Eltern sich auf die Wohnung und auf Afghanistan, ein Land so weit weg, beschränken kann. Für die Eltern beginnt schon mit dem Öffnen der Haustür eine andere, fremde, nie vertraut gewordene Welt, zu der sie mittlerweile auch, wenn auch nicht ganz, gehörte. »Ich hatte immer das Gefühl gehabt, die sitzen auf gepackten Koffern. Die wollten immer, so innerlich, wieder zurück. Meine Mutter hat sich dann völlig in die Religion verrannt, das war ihr einziger Halt.«, beschreibt sie im Rückblick den Zustand der Eltern. Ich selbst fühlte mich damals bei unseren Gesprächen oftmals zerrissen, teilweise überwältigt von dem inneren Drama, das ich bei ihr spürte, und reagierte mit Rettungsphantasien, die ich noch in keiner der »beiden Welten« verorten kann. Ich fühlte mich in einem Zwischenraum, nach Worten, Möglichkeiten und Formen suchend, durch die Nilufer, aber auch ich neue Bedeutungen entdecken können. Dann wiederum hatte ich Mühe, Phantasie und Realität auseinander zu bringen. Z. B. entwickelte Nilufer nach dem Heiratswunsch des Vaters die Angst, dass die Eltern sie wegbringen könnten, eine Angst, die mit einem ausländerrechtlich unsicheren Aufenthaltsstatus zusammenfiel. Über Monate war unklar, ob die Eltern sich um einen sicheren Aufenthalt bemühen oder vielmehr planen, Nilufer mit einer späteren Heirat nach Afghanistan zurückzuschicken. Viele Stunden sind wir mit ihren Ängsten und Wünschen, aber auch damit beschäftigt, welche Sicherheit die Eltern brauchen, um für sie einen sicheren Aufenthalt zu beantragen, damit sie nach einer Heirat auch selbstständig wieder zurückkommen kann.

In Identifikation mit dem braven Mädchen ist es ihr nicht gestattet, sich mit dem Vater direkt zu besprechen. Und auch er vermittelt seine

ADOLESZENZ ZWISCHEN KREATIVITÄT UND ANPASSUNG

Wünsche, Erwartungen und Sorgen über die Mutter als Mittlerin, die im Auftrag des Vaters als auch im Interesse der Kinder handelt. Sie schafft Spielräume, engt sie aber ein, wenn sie selbst nicht einverstanden ist, ohne den Wunsch des Vaters zu verleugnen. All das wird nicht in einem Aushandlungsprozess hergestellt, sondern erfolgt über die engen, identifikatorischen Bindungen innerhalb der Familie (vgl. Rohr 2000, 2001). In unseren Gesprächen werde auch ich zur Mittlerin, die die deutsche Kultur repräsentiert und Brücken baut zwischen der familiären Welt und der Kultur draußen, die auch den Eltern nicht zugänglich ist. Die Identifikation mit der ihr zugedachten Rolle verleiht Nilufer eine größere Stabilität (Parin 1983) und entlastet ihr Ich »von der ständigen Auseinandersetzung mit der Außenwelt« (ebd., 82). Sie bannt die Gefahr vor Strafe, wenn sie die Rolle nicht übernimmt. Bei Nilufer vermischt sich diese Gefahr mit einer zutiefst empfundenen Angst, vor der sie niemand schützen kann, nicht einmal die Eltern. Die Ankunft in Deutschland konfrontierte sie mit einem bis dahin nicht gekannten existentiellen Gefühl von Allein- und Fremdsein, das sie nie mehr loswerden wird. Ein Gefühl, das sie mit niemandem teilt und das sie in unserer ersten Begegnung mit ihren Augen zum Ausdruck bringt. Indem sie sich auf das brave, kindliche Mädchen fixiert und die Vorstellung aufrechterhält, die Eltern werden's schon machen, ist sie bemüht, die inneren adoleszenten Strebungen abzuwehren. Den Ansturm der Wünsche kompensiert sie durch Lernen.

All das gerät endgültig durcheinander, als die Mutter (Eltern) nun, als sie 18 wird, die anstehende Heirat entscheidet. Jetzt versagen die Mechanismen des Sich-Verstehens ohne zu sprechen. War es zwischen der neunten und zwölften Klasse unklar geworden, wer wen in Bezug auf die Heirat bestimmt, waren jetzt die sozialen Regeln wieder eindeutig hergestellt. Mit dieser Bestimmtheit der Mutter drängen nun abgewehrte Wünsche bei Nilufer ins Bewusstsein, und das Leben in der Familie verliert für sie seinen »sorgenlosen« Charakter, wie sie es nennt. Mit der Entscheidung der Mutter droht der Schleier des braven Mädchens mit seinen geheimen Zielen endgültig zu zerreißen. Sie heiratet in Afghanistan, lebt aber getrennt von ihrem Mann, weil sie erst Medizin studieren will. Der Widerstand gegen die Heirat zeigt sich in dem impulsiven Drängen, nun den verlorenen Traum des Vaters aufgreifen zu wollen, mit dem es ihr zugleich gelingt, den Verlust der Eltern und den Abschied von ihnen hinauszuzögern. Als sie nicht gleich mit dem Studium beginnen kann, ist Nilufer zunehmend gezwungen, einen anderen Weg der Kommunikation und der Verständigung zu finden, wenn sie eine Veränderung herbeiführen will. Zum damaligen Zeitpunkt gibt es in ihr nur den denkbaren Weg zwischen Anpassung und Auflösung der Beziehung mit den Eltern: Entweder sie behält eine enge Bindung zu den Eltern, dann müssen ihre Wünsche nach Selbstständigkeit und Unabhängigkeit im Geheimen bleiben oder ganz verleugnet werden, dann macht sie ihr Studium und geht im Anschluss den Weg, den vor ihr schon ihre Eltern gegangen waren, oder sie geht ihren eigenen Weg, den sie sich zu diesem Zeitpunkt nicht mit ihren Eltern vorstellen kann. Dann, so ihre Phantasie damals, muss sie die Eltern verlassen, auch auf die Gefahr hin, dass sie dabei selbst zerstört wird, weil ihr ein innerer Entwurf losgelöst von den Eltern fehlt.

Wir besprechen jede der noch unüberbrückbaren Seiten. Sie schaut sich mit meiner Unterstützung nach Studienmöglichkeiten im Ausland um und bewirbt sich an einer Universität in Spanien. Zu Hause bleibt sie stumm. Sie will, dass ich mit ihr gehe, sie begleite und am besten bei ihr bleibe. In diesem Entweder-Oder – so wie sie ihre Situation erlebt – gibt es keinen Prozess der Verselbständigung (Ablösung). Der Bruch mit den Eltern wäre keine Veränderung der engen Bindung an die Eltern, und eine Auseinandersetzung mit der Herkunfts-, aber auch der deutschen Kultur wäre kaum mehr möglich. Ich stoppe ihr Ansinnen, indem ich ihren Wunsch zurückweise und sie erkennen muss, dass sie woanders und ohne die Eltern nicht leben kann. In dieser Zeit wird unsere Beziehung ebenfalls auf eine harte Probe gestellt. Im Nachhinein sagt sie dazu: »Wenn ich da jetzt daran denke, habe ich wieder einen Kloß im Hals, das wäre schon sehr schwer gewesen. Und ich glaube auch nicht, dass das das Richtige gewesen wäre, ich wäre daran kaputt gegangen. Das wäre einfach Abhauen und weg. Ein Einschnitt, du hast gar nichts geregelt, hast gar nichts geklärt, es ist alles offen, die Eltern zerbrechen, du zerbrichst, was hast du davon.« Nilufer entscheidet sich nach mühevollem Ringen für einen neuen Schritt in der Familie, sie spricht mit der Mutter, indem sie ihre Vorstellungen zum Ausdruck bringt, sie fordert die Scheidung. Sie tritt aus der bisherigen Kommunikationsstruktur und der engen identifikatorischen Bindung mit den Eltern aus und beginnt die ersten Schritte der Ablösung. Sie führen sie

ADOLESZENZ ZWISCHEN KREATIVITÄT UND ANPASSUNG

durch alle der Adoleszenz immanenten heftigen Gefühle, Gefühle der Einsamkeit, der Verlustangst, der Entwertung und Idealisierung des kulturell anderen. Sie beginnt eine Ausbildung, zieht währenddessen in das Wohnheim der Ausbildungsstätte, in der nur weibliche Auszubildende leben, und geht den Weg der adoleszenten Verselbstständigung. Während dieser Zeit verändern sich auch die Inhalte unserer Treffen. Einerseits sprechen wir weiterhin miteinander, andererseits unterstütze ich sie ganz konkret in ihren Bewegungsimpulsen, in dem ich sie z. B. auf die Idee bringe, Fahrrad fahren zu lernen und Selbstverteidigungskurse zu belegen, um so den Ängsten der Eltern entgegenzuwirken, die sich nicht vorstellen können, dass ihre Tochter mit der U-Bahn fährt. Bei all den kleinen, für die Eltern jedoch großen Schritte von Nilufer galt es, die für die Familie wichtigen sozialen Regeln und Werte aus der Herkunftsgesellschaft, die die Beziehungen zwischen Eltern und Kindern regeln, zu beachten und gleichzeitig einen Zwischenraum zu ermöglichen, in dem etwas Neues für beide Seiten entstehen kann. Nilufer ergriff zunehmend die Chancen einer verlängerten Adoleszenz und begann den Aufbruch in die außerfamiliäre Welt.

Nilufer hat – so lässt sich zusammenfassend sagen – im »sozialen intermediären Raum« (Nadig 2000) eigene Zukunftspläne entwickelt, befand sich aber in ihrer Adoleszenz genau in dem Konflikt, wie sie die Wünsche der Eltern, zu heiraten mit ihren Wünschen vereinbaren kann. Bei den Eltern ist es die Tradierung von kulturellen Lebensentwürfen und ihre Sorge um den Verlust ihrer familiären Zugehörigkeit, die für sie lebensnotwendig ist. Es ist nicht die Besorgnis der Eltern, die Nilufer kränkt oder sie in Not bringt. Mit den Wünschen der Eltern stimmt sie überein und diese galt es auch nicht in Frage zu stellen. Für sie ist es die von den Eltern bestimmte Heirat selbst, die ihre enorme Abwehr und Identifikation ins Bröckeln bringt. Mit der geplanten Heirat, so könnte man sagen, stießen die Eltern unbewusst den adoleszenten Prozess ihrer Tochter an. Einen Prozess, bei dem es Nilufer gelingt, sich mit den verinnerlichten familiären Vorstellungen auseinander zu setzen, wobei sie vorübergehend die kulturellen Werte der Herkunftskultur verleugnet und bemüht ist, sich den Normen und Werten der Mehrheitsgesellschaft anzupassen, denen sie vor allem bei der Ausbildung und im Studium begegnet ist. Nilufer wagt es, die engen familiären Bindungen durch ihre Vorstellungen zu erschüttern. Die Eltern wiederum wagen es, angestoßen durch ihre Kinder, neue Räume zu betreten. Sie stützen Nilufers Wunsch nach Scheidung, auch auf die drohende Gefahr von Gesichtsverlust und möglichem Ausschluss aus der familiären und kulturellen Gemeinschaft.

»Das Ich ist erst imstande« schreibt Parin (1983, 118), »seine Rolle zu reflektieren, wenn es Vor- und Nachteile, die sie ihm bietet, abwägen, die Vorteile der Autonomie gegen die aus seiner bewusstlosen Anpassung vergleichen kann.«

Am Ende meiner Ausführungen möchte ich Nilufer das Wort übergeben:

»... ich habe immer gedacht, ich brauche mehr Freiheit, ich wollte ins Kino gehen, das fand ich toll... Was ist daran Freiheit, wenn man ins Kino gehen kann? Ich glaube, es ging um etwas anderes, es ging darum, mich selbst zu finden, wer ich bin und was ich will, nicht um diese Kinogänge. Ich bin trotzdem nicht viel ins Kino gegangen oder viel in Discos oder ausgegangen, nichts. Wichtig war mir, mich auf meine Sachen zu konzentrieren, meine Ausbildung und später mein Studium, das war Freiheit. Es war schön, es hat mir gut getan, hat mich aber nicht in dem Sinne ausgefüllt und glücklich gemacht. Ich habe alles so wie abgehackt, abgehackt..., ich war ja zehn Jahre lang nicht mehr in Afghanistan, hatte keine Lust mehr, mit jemand aus Afghanistan zu reden, wollte keine Angehörigen sehen, keine Kleidung wie hier jetzt, ich habe nicht mehr den Koran gelesen, nicht mehr gebetet, gar nichts. Aber ich wurde dadurch trotzdem nicht deutsch. Es ging darum sich anzupassen, ich wollte einfach mal so sein, dass man mich nicht mehr überall merkt. Irgendwann fing es an zu bröckeln in mir, wo ich es nicht gezeigt habe, aber wo ich gedacht habe, mir fehlt hier was, mir fehlt irgendwie was, das kann's nicht sein, ich fühlte mich nicht glücklich... Ich glaube, ich brauchte einfach diese Extreme, um zu gucken, wo ich lebe, wo ich bleiben will. Ich glaube, ich brauchte diese Rebellion, um zu mir zu kommen. Man kann einfach nicht eins nehmen und das andere lassen, es ist leider bei uns Emigranten so. Wir müssen einfach ein Zwischending so suchen. Wir sind beides, das war so schwierig. Ich werde nie eine echte Afghanin sein und ich werde auch nie eine echte Deutsche sein. Wir Emigranten sind beides.«

Nilufer realisiert, dass sie sich in dem »Raum da-zwischen« bewegt. Spricht sie von Ich, wenn sie von der Familie und der Herkunftskultur der Eltern erzählt, und vom Du, wenn sie die Kultur draußen, das Andere, die nicht die familiäre Welt meint, so erlebt sie am Ende im »Raum da-zwischen« ein Wir, die neu geformte und selbstständig entworfene Zugehörigkeit zu der Gruppe der Emigranten.

Letzteres führt uns zu **Ali** und einem wichtigen Aspekt seiner Lebensgeschichte, der uns seinen Umgang mit einer Spannung verdeutlicht, die die Verortung in Raum und Zeit hervorruft.

Ali ist mittlerweile 30 Jahre alt. Er kam als kleines Kind mit seinen Eltern nach Deutschland. Seine älteren Geschwister sind im Heimatland geblieben. In dem Gespräch, das ich mit ihm führte, betont er, dass er von klein auf zwischen den Welten lebt und immer »hin- und herswitcht«, nicht nur zwischen den Sprachen, sondern überall, zwischen allem und jedem. Zwischen seinen Mitschülern (er geht aufs Gymnasium), zwischen ihm und seinen Lehrern (er ist begabt in kreativen Fächern, wird aber nicht gefördert), zwischen ihm und seiner großen Verwandtschaft (die Erwartungen, die an ihn gestellt sind, die er aber nicht immer erfüllen kann und später auch nicht erfüllen will, weil er seinen eigenen Weg gehen möchte). Die Eltern wünschen, dass er Arzt oder Jurist wird, er entscheidet sich für ein Soziologiestudium, wo er aber nicht hingeht, weil er sich als Künstler, er macht Musik, etablieren will. Er textet selbst und macht seine Musik in mehreren Sprachen.

Ali wächst in einer Gegend auf, die er als Ghetto bezeichnet: der Ort der Ausgegrenzten, »da wachsen nur Migranten im Allgemeinen auf«. Dem gegenüber steht in seinem Erleben eine feindlich gesonnene Welt, die Welt der Deutschen. Für Ali fängt diese als bedrohlich erlebte Welt bei den Behörden an und nicht in der Schule. Als Kind sitzt er in den Amtstuben, wartet mit seinen Eltern, spricht stellvertretend für diese über Inhalte, die er selbst nicht versteht, und ist wiederholt einer Atmosphäre ausgesetzt, die er als demütigend erlebt. Der große starke Vater wurde klein, sogar die Mutter konnte besser Deutsch als dieser. Sicher fühlte er sich nur zuhause, in seiner *community*, auch wenn es dort viele Probleme gibt: »Familiendramen, Schicksalsschläge, Drogen und Tod.« In seiner Adoleszenz erlebt er die Zuweisung in ein Ghetto als die Beschneidung seines Freiraums, sich in der Gesellschaft zu positionieren. Überhaupt entdeckt er zunehmend Diskrepanzen, wie er sagt: »Man hat nicht denselben *background*.« Die Schüler aus seiner

Klasse kamen aus besseren Verhältnissen, wurden gefördert im Unterschied zu ihm, der aus einer Arbeiterfamilie kam. »Die kamen eben da wohlbehütet rein in die Schule, haben's durchgezogen, und ich hatte im Gegensatz zu denen mit ganz anderen Problemen zu kämpfen. Wenn ich einen Schritt aus der Schule gemacht habe, dann war ich in einer ganz anderen Welt.« Die Schule erlebt er als sehr »Deutsch«, wie er sagt, »so ein bisschen bürgerlich, spießig, was ich da von Lehrern und überhaupt auch so die Schüler transportiert bekommen habe.« Wenn er von seiner Welt und der der Anderen spricht, meint er i. d. R. die Migranten und die Deutschen, anfangs seine »Deutschmitschüler«, später die Deutschen im Allgemeinen. Er malt ein Bild des Deutschen als eiskalt, fordernd und einschüchternd, dem gegenüber seine Welt als warm, emotional und verlässlich. Er stellt sie als bis dahin noch unversöhnliches Gegensatzpaar auf. Seine Welt: arme Verhältnisse, Probleme, wenig gefördert (»bereite du dich mal als marokkanische Familie auf ein deutsches Deutschdiktat vor«), unterschätzt (»ich wurde wirklich mit vielen Vorurteilen konfrontiert... Uns wurde einfach weniger zugetraut, als wir drauf hatten«), mit Potentialen, die nicht interessieren. Mit einer Lebenshaltung, die da heißt: kämpfen. Er ist mit harten Schicksalsschlägen vertraut. Die Welt der Anderen ist die der Reichen, mit Eigentumswohnungen, die Deutschmitschüler, die viel, fast alles haben und gefördert werden, ohne größere Probleme und einem glücklichen Leben. Ali muss die Welten getrennt halten und konstruiert mit dieser Trennung eines Mythos von zwei unvereinbaren Welten. Ein Bild von David gegen Goliath, die sich als ungleiche Partner im Kampf gegenüberstehen. Und doch muss er erkennen, dass er durch die Schulbildung »ein bisschen« mehr Selbstbewusstein bekommen« hat. Er fand Worte und brauchte sich nicht »nur über Gewalt« auszudrücken. Mit oder gerade durch seine kreative Fähigkeit, mehrere Sprachen zu sprechen, hat er einen Weg zur Musik gefunden, »was mein Leben entscheidend geändert hat, im positiven Sinne«. Er hatte Glück gehabt, wie er sagt, dass ihm nicht so harte Schicksalsschläge passiert sind. Er benutzt die Sprachen in seiner Musik, weil er etwas mitteilen und verstanden werden will, Inhalte, die ihm viel bedeuten (ganz anders als der kleine Junge, der auf den Behörden nichts von dem versteht, was gesprochen wird). In seiner vielfältigen und teils harten Welt, die er im Nachhinein als Bereicherung erlebt, entwickelt er sich zu einem interes-

ADOLESZENZ ZWISCHEN KREATIVITÄT UND ANPASSUNG

sierten, neugierigen, erlebnishungrigen und offenen Menschen, wie er sagt. Er gehört nicht zu denen, die Inhalte mit erhobenem Zeigefinger vermitteln, sauber und clean sind und Texte machen, mit denen sie nichts sagen. In dieser Welt der Angepassten würde er erlöschen, seine Kreativität verlieren und sich erschöpfen, davon ist er überzeugt. Es sind seine vielfältigen, auch harten Erfahrungen, die das Feuer in ihm brennen lassen und aus dem er seine lebenswichtige Kreativität zieht. Im künstlerischen Bereich, im Kreativen fühlt er sich verbunden mit einer internationalen Welt. Mit seiner Musik will er zeigen, dass »für jemand, der eben nicht aus guten Verhältnissen kommt, der eben nicht gefördert wird, der eben nicht diese musikalische Bildung bekommt, der nur von sich ausgeht, nur seinen Körper benutzt und seine Stimme oder seine Hände, was auch immer, zeigen kann, was man kann.« Migranten sind auch Menschen, die viele Geschichten, aber aus anderer Perspektive erzählen, erklärt er seine Botschaft. Die Deutschen wollen die Migranten klein halten, sie dürfen nicht groß werden, sie brauchen sie als Mauer, als Prellbock, beschreibt er seine Erfahrung. »Wir stehen hier, mit beiden Beinen auf den Füßen, ach, mit beiden Beinen auf dem Boden.« Er ist noch nicht ganz sicher, wo er steht, der Kontakt zum Boden ist brüchig. Sein Traum: Wenn man über Migranten gar nicht mehr sprechen muss, sondern die Vielfalt ganz normal und selbstverständlich ist. Mit seinen Texten will er die Leute erreichen, auch die Deutschen. Sie sollen sich »mit den Texten auseinandersetzen und ein bisschen nachdenken«. Nachdenken über die Bilder, die er erzeugt. Es ist die Musik, die hier wie eine Klammer die beiden Welten zusammenhält. In seinen Texten findet er Worte, er spricht sie in drei Sprachen: marokkanisch, deutsch und englisch. In seinen Texten beginnt er, sich mit seinem *background*, seinen Gefühlen und der Situation von Migranten auseinander zu setzen. Seine Wünsche, seine Sehnsüchte, sein Schmerz, seine Wut und sein Ärger bekommen in der Musik Gesicht und Namen und geben Antwort auf seine Kränkungen: »Wir brauchen uns nicht mehr zu verstecken, auch wir sind wer.« Der legitime Wunsch nach Anerkennung, Respekt und Zuwendung wird zum Lebensthema von Ali. Sein Selbst-Modell wird zum stabilen Bezugsrahmen für seine ordnende Wahrnehmung. Sein Entwurf verfolgt die Sehnsucht nach seiner »ganz eigenen Welt, einer Welt ohne Grenzen«, der sich in seiner Identifikation mit der Musik als Gegenentwurf zur elterlichen Vorstellung manifestiert. Sie hatten für ihn einen ganz anderen Beruf vorgesehen. Alis Bewegung erinnert an eine Phase der Migration, in der das Weggehen vollzogen, aber das Ankommen noch nicht möglich geworden ist. Das verbindende der unvereinbaren Welten sind seine Texte, er findet Worte für das, was er wahrnimmt, ihn bewegt. Die Musik »die fühlt man«. Die Musik wird zur Selbsterkundung, der Weg zur eigenen Geschichte, sein Weg in die Welt. Ein Risiko bleibt: seine Angst, dass sein Erfolg etwas mit Verrat gegenüber seiner Familie zu tun hat. Ali hängt zwischen der »Vielfalt der Möglichkeiten und Ambivalenzen« (Klein 2006), und er weiß nicht so recht, wo er bei aller Differenzierung ankommen wird.

Mit all den Ängsten, Sehnsüchten, Hoffnungen, Wünschen, mit all den Widersprüchen, Brüchen, Gemeinsamkeiten und Differenzen zu jonglieren, um sie in Raum und Zeit zu verorten, heißt Vergangenheit und Zukunft zu einer lebbaren Gegenwart zu verknüpfen. Es ist eine prekäre zwischenräumliche und zwischenzeitliche Platzierung (Klein 2005) zwischen einer kulturell andersartigen familiären Vergangenheit, die nicht unbedingt verworfen, aber geprüft und angeeignet werden muss und einer eigenen zukünftigen ethnisch durchmischten Geschichte, die visionär, imaginär und dennoch möglich sein muss (Klein 2006). Worum es geht, ist die Modifizierung von Erlebniswelten unter Einbeziehung soziokultureller Besonderheiten, die eine kreative Verbindung von Unterschiedlichem, scheinbar Unvereinbarem ermöglicht. Es bedarf, so meine Überzeugung, nicht nur des Dialoges zwischen den Generationen, sondern vor allem des sich Mit-teilens in Zwischenräumen, um sich lebensgeschichtlich selbst einzubinden und zuzuordnen.

»Jede Assimilation von Gegensätzen wird durch ein Unbehagen und eine gewisse Leere begleitet.« (Toni Morrison, in: *Im Dunkeln spielen. Weiße Kulturen und literarische Imagination.*) Einmal aufgesogen etablieren sich geschlossene Räume, in denen das Entstehen von Zwischentönen auf der Klaviatur der vielfältigen Möglichkeiten auf schwarz *oder* weiß eingeschränkt wird. Dadurch scheint alles sicherer und überschaubarer geworden. Doch, so Parin, »jede Anpassung ist partieller Tod, Aufgeben eines Teils der Individualität« (Parin 1983, 82). Anpassung und Loslösung und die mit dieser Bewegung verbundene Spannung sind Teil des permanenten Prozesses menschlicher kultureller Identitätsbildung, die nie abgeschlossen ist (Hall 1990).

ADOLESZENZ ZWISCHEN KREATIVITÄT UND ANPASSUNG

Wenn ich also von Kreativität in der Adoleszenz spreche, so meine ich damit die psychische Fähigkeit, mit den Wirren und Herausforderungen der gesellschaftlichen Verhältnisse im adoleszenten Entwicklungsprozess in einer Weise umzugehen, in der die Spannung zwischen innerer und äußerer Realität, die Spannungen zwischen den Wünschen und Erwartungen der Familie und der Kultur potentielle Spielräume erlauben, eigene Lebensentwürfe in Abgrenzung zu und in Anlehnung an wichtige und bedeutende Personen, Ideen, eigenen Wünschen zu entwerfen. Kreativität setzt nicht nur Mut, sondern auch die Fähigkeit zur Veränderung und Anpassung voraus, bei der weder das eigene Ich, noch die Existenz einer anderer Person oder Gruppe Gefahr läuft, sich aufzulösen. Diesen Prozess relativ unbeschadet zu überstehen ist eine der großen Herausforderungen für Adoleszente, für Jugendliche aus Migrationsfamilien eine doppelte, daher verdichtete Erfahrung, die zwangsläufig ein höheres Spannungs- und damit Bildungspotential freisetzt.

Literatur

Beck/Beck-Gernsheim (1994): *Riskante Freiheiten.* Frankfurt a. M.

Bhabha, H. K. (2000): *Die Verortung der Kultur.* Tübingen.

Bhabha, H. K. (1997): Verortungen der Kultur, in: Bronfen, E.; Marius, B. Steffen, Th. (Hrsg.): *Hybride Kulturen.* Tübingen.

Bohleber, W. (Hrsg.) (1996): *Adoleszenz und Identität.* Stuttgart.

Charlier, M. (2006): Geschlechtsspezifische Entwicklung in patriarchalisch-islamischen Gesellschaften, in: *Psyche,* 60. Jahrgang, Heft 2. Stuttgart.

Devereux, G. (1984): *Angst und Methode in den Verhaltenswissenschaften.* Frankfurt a. M.

Eissler, K. R. (1992): *Todestrieb, Ambivalenz, Narzissmus.* Frankfurt a. M.

Erdheim, M. (1984): *Die gesellschaftliche Produktion von Unbewusstheit.* Frankfurt a. M.

Erdheim, M. (1987): Mann und Frau – Kultur und Familie. Beiträge zu einer psychoanalytischen Theorie der Weiblichkeit, in: Brede, K. u.a.: *Befreiung zum Widerstand.* Frankfurt a. M.

Erdheim, M. (1988): *Die Psychoanalyse und das Unbewusste in der Kultur.* Frankfurt a. M.

Erdheim, M. (1992): Das Eigene und das Fremde, in: *Psyche*, 46. Jahrgang. Stuttgart.

Erdheim, M. (1996): Die Symbolisierungsfähigkeit in der Adoleszenz, in: Dracklé, D. (Hrsg.): *Jung und Wild. Zur kulturellen Konstruktion von Kindheit und Jugend.* Berlin/Hamburg.

Foukles, S. H. (1964): *Therapeutic Group-Analysis.* London.

Goffmann, E, (1974): *Das Individuum im öffentlichen Austausch.* Frankfurt a. M.

Giddens, A. (1995): *Konsequenzen der Moderne.* Frankfurt a. M.

Hall, St. (1989): *Ideologie, Kultur, Rassismus.* Hamburg.

Hall, St. (1990): *Rassismus und kulturelle Identität.* Hamburg.

Krappmann, L. (1997): Die Identitätsproblematik nach Erikson aus einer interaktionistischer Sicht, in: Keupp, H.; Höfer, R. (Hrsg.): *Identitätsarbeit heute.* Frankfurt a. M.

King, V. (2002): *Die Entstehung des Neuen in der Adoleszenz. Individuation, Generativität und Geschlecht in modernisierten Gesellschaften.* Opladen.

Klein, R. (2005): Kultur erinnernd verstehen – der Versuch einer reflexiven Begegnung zwischen Psychoanalyse, Biographieforschung und Cultural Studies, Vortrag auf der Jahrestagung der Kommissionen »Erziehungswissenschaftliche Biographieforschung und Psychoanalytische Pädagogik« der DGfE. Augsburg.

Klein, R. (2006): Lebensbildung, Identitätsbildung und reflexive Praxis, in: Goeppel, R. (Hrsg.): *Bildung als Reflexion über die Lebenszeit*, Gießen

Loh, H.; Güngör M. (2002): *Fear of a Kanak Planet. HipHop zwischen Weltkultur und Nazi-Rap.* Höfen.

Nadig, M. (1986): *Die verborgene Kultur der Frau. Ethnopsychoanalytische Gespräche mit Bäuerinnen in Mexiko.* Frankfurt a. M.

Nadig, M. (2000): Interkulturalität im Prozess. Ethnopsychoanalyse und Feldforschung als methodischer und theoretischer Übergangsraum, in: Lahme-Gronostay, H.; Leuzinger-Bohleber, M. (Hrsg.): *Identität und Differenz. Zur Psychoanalyse des Geschlechterverhältnisses in der Spätmoderne.* Wiesbaden.

Parin, P. (1983): *Der Widerspruch im Subjekt.* Frankfurt a. M.

ADOLESZENZ ZWISCHEN KREATIVITÄT UND ANPASSUNG

Rohr, E. (2001): Ganz anders und doch gleich. Weibliche Lebensentwürfe junger Migrantinnen in der Adoleszenz, in: Rohrmann E. (Hrsg.): *Mehr Ungleichheit für alle. Fakten, Analysen und Berichte zur sozialen Lage der Republik am Anfang des 21. Jahrhunderts.* Heidelberg.

Rohr, E. (1999): Weibliche Adoleszenz im interkulturellen Vergleich. Polyvalente Identitätsbildung in der Migration und postmoderne Transformation (unveröffentlichter Antrag). Frankfurt a. M.

Waldenfels, B. (1990): *Der Stachel des Fremden.* Frankfurt a. M.

Wulf, Ch. (1997): *Vom Menschen. Handbuch Historische Anthropologie.* Weinheim/Basel.

SIBYLLE TRUMPP VON EICKEN / PETER TRUMPP
»Wir alle sind eine schöne Torte!«

Einleitung

Der erste wärmere Tag im Frühjahr, die Sonne scheint. Von unserem Praxisfenster aus können wir sehen, wie Sinti die Stühle vor das Haus stellen und sich über die Rasenfläche verteilen. Andere kommen vorbei, bleiben stehen, setzen sich dazu, gehen weiter. Lautstark wird die Unterhaltung geführt zwischen den Stühlen auf der Rasenfläche, dem Hauseingang und ein paar offenen Fenstern im Häuserblock. Die kleinen Kinder werden von Hand zu Hand gereicht, man kocht füreinander und schimpft miteinander. Eine Clanfamilie genießt die Erweiterung seines Wohnraumes.

Es lockt, sich dazuzusetzen, mitzureden und den Tag Tag sein lassen, als gäbe es keine Verpflichtungen, keine Geldsorgen und keine Krankheiten.

Die sichtbare Lebendigkeit und das Ignorieren irgendwelcher Konventionen erscheinen als eine faszinierende Alternative zu der Enge der normalen Kleinfamilie in Deutschland und der täglichen Anstrengung in der Arbeit. Es scheint, als könnte man die Sonneninsel, auf die man irgendwann fliehen will, in den Alltag holen.

Wir kennen aber auch die andere Seite: Wohnungen mit drei bis vier Betten in einem Zimmer, die einfache Kleidung, die mehr was hermacht, als dass sie dem Warmhalten im Winter dient, die sparsamen Mahlzeiten, die hauptsächlich aus Nudeln bestehen, weil man von den paar Euro[1] kaum die vielen Menschen satt bekommt, die Wunden, die die Konzentrationslager in die Zigeunerclans gerissen haben, und die Mauer der Ablehnung, auf die Zigeuner oft bei Ämtern und Nachbarn treffen.

In einer Psychotherapie mit dieser Clanfamilie haben wir aber auch eine ganz andere, fremde Welt kennengelernt. Eine Welt mit anderen Werten, anderen Problemen und anderen Konflikten.

---

[1] Die Sinti leben zum großen Teil von der Sozialhilfe.

»WIR ALLE SIND EINE SCHÖNE TORTE!«

Diese Erfahrungen wollen wir im Folgenden darstellen. Dabei geht es uns nicht um allgemein gültige Aussagen über Sinti und Roma, sondern wir beschreiben die Erfahrungen, die wir mit den Sinti in und außerhalb der Clantherapie gemacht haben.

Wie sich die Situation der Sinti in Deutschland darstellt

Im Einzugsbereich unserer Praxis leben Mitglieder von etwa sechs Sinticlans. Meist leben sie in kleinen Familien in verstreuten Wohneinheiten, deren Zusammenhang nicht auf den ersten Blick erkenntlich ist.

In den letzten 30 Jahren, in denen wir die Entwicklung beobachtet haben, sind die altüberbrachten Aktivitäten der Sinti und Roma deutlich zurückgegangen, z. B. die Gewohnheit, über Land zu ziehen: Wie soll man sich auf den heutigen Straßen mit einem Handkarren fortbewegen? Wo kann man noch seine Zelte oder Wohnwagen aufstellen? Wo kann man die Pferde weiden lassen?

Die Tradition, sich in großen Lagern im Sommer zu treffen, um den Kontakt zu pflegen zwischen den verstreuten Teilen eines Clans, ist durch die zunehmende Verarmung an Lagerplätzen deutlich erschwert worden. Das Land wird knapper und die Orte haben ihre ehemaligen Gemeindewiesen in Parks oder Industriezonen umgewandelt. Hier finden die Sinti und Roma keinen Platz mehr.

Auch die traditionelle Art des Gelderwerbs, das Hausieren, das Einsammeln von Schrott oder Messerschleifen und Kesselflicken, findet keine Abnehmer mehr: Früher waren die verstreut wohnenden Bauern interessiert daran, dass jemand vorbeikam, um dies oder das zu verkaufen oder einzusammeln. Im Zuge der erhöhten Mobilität und des Ausbaus des Versandhandels ging auch die Möglichkeit zurück, Kurzwaren, Teppiche o. ä. an den Mann oder die Frau zu bringen. Ähnliches gilt für das Sammeln von Schrott oder der Bedarf an Messerschleiferei.

Dadurch wuchs die Abhängigkeit von der Sozialhilfe bzw. Hartz IV. Die Auszahlung dieser Gelder ist aber an die Ansässigkeit am Ort gebunden. Das Resultat ist eine zunehmende Sesshaftigkeit. Aber es bleibt – und das wird von allen Zigeunern immer wieder geäußert – die Sehnsucht nach dem Draußen, nach dem Fahren.

SIBYLLE TRUMPP VON EICKEN / PETER TRUMPP

Geblieben ist die Möglichkeit, als Schausteller von Jahrmarkt zu Jahrmarkt zu ziehen und sich dort mit anderen Sinti oder Roma zu treffen.

Bisher gelingt es aber den uns bekannten Sinti nur punktuell, sich auf die bei uns üblichen Lebensformen mit Schule, Ausbildung, Beruf und Kleinfamilie einzustellen. Früher fand das Lernen in der täglichen Auseinandersetzung mit der Natur und den Leuten statt und nicht im Schulzimmer. Gerade in der Gefahr, den Rückhalt des Clans zu verlieren, klammern sich viele verzweifelt an alte Verhaltensweisen. Die Kommunikation und die Geborgenheit im Clan stützen das Selbstbewusstsein.

Es fehlt die Akzeptanz und die Sicherheit, sich auf den Prozess des Lernens und der Einhaltung der Spielregeln einzulassen. So sind eine ganze Reihe der Sinti und Roma heute noch nicht des Schreibens und Lesens so mächtig, dass sie es im Alltag benützen würden, geschweige denn als nützliches Arbeits- und Kommunikationsmittel erleben. Kaum eine oder einer macht eine Ausbildung. Meist versuchen sie, in Gelegenheitsjobs Geld zu verdienen, oder sie verweigern sich dem Druck der Gesellschaft völlig und ziehen sich auf ihren »Stolz als Sinti« zurück.

Erschwerend kommt hinzu, dass die Berufe, auf die sie Lust hätten und in denen ungelernte oder angelernte Kräfte eingestellt werden, wie Pflegeberufe und Arzthelferin ihnen durch die Taburegel der Zigeuner verwehrt sind. Die Regel besagt, dass sie mit den Ausscheidungen anderer Menschen und auch mit den Menschen, die damit zu tun haben, nicht in Berührung kommen dürfen. Auf der anderen Seite sind Berufe, bei denen sie den ganzen Tag an einem Platz verbringen müssen oder sie andere gesunde Menschen bedienen sollen, offensichtlich für sie nicht vorstellbar. Vorstellen können sie sich wohl am besten Berufe wie Ausfahrer oder Händler.

Am ehesten ist in den Bereichen eine Integration möglich, in denen Sinti ihre speziellen Fähigkeiten einsetzen können. Die Zigeunermusik findet Anerkennung in der Gesellschaft und bietet manchem Musiker und seiner Familie ein Auskommen.

Während die Sinti vor 15 Jahren noch z. T. in ihren Wohnwägen auf festen Standplätzen wohnten, leben sie inzwischen fast ausschließlich in kleinen Wohnungen. Diese Wohnungen sind für große Familientreffen

»WIR ALLE SIND EINE SCHÖNE TORTE!«

nicht geeignet. Teilweise verlagern die Sinti deswegen ihr Beisammensein – wann immer es möglich ist – auf die Freiflächen zwischen den Häusern, wie sie es schon früher zwischen den Wohnwägen gemacht haben. Dies fordert Reaktionen der Nachbarn heraus, die z. T. sicher voll Neid das Treiben beobachten, aber sich v. a. gestört fühlen. Das, was die Sinti attraktiv macht, ist ihr Zusammengehörigkeitsgefühl. Gleichzeitig schließt aber die Zusammengehörigkeit andere aus und erschwert die Integration.

In der Konfrontation mit den anderen Bewohnern des Stadtteils stehen den Sinti aufgrund ihrer Sozialisation kaum Möglichkeiten der Diskussion und der Bezug auf Regeln und Gesetzte zur Verfügung. Sinti wenden sich nicht an die Polizei oder andere staatliche Organe. Sie haben von diesen Organen nicht nur zu Zeiten des Dritten Reichs selten Gerechtigkeit erfahren. (Formulare, Wartezeiten und Hilflosigkeit von Sachbearbeitern werden meist als feindliches Verhalten erlebt. Was dadurch verstärkt wird, dass manche sich ihrerseits durch das Auftreten der Sinti bedroht fühlen.) Sie greifen in Auseinandersetzungen auf den Clan und seine Solidarität zurück und setzen körperliche Gewalt und – selten – auch Verwünschungen ein.

Vermutlich sind es auch die negativen Erfahrungen in der Gesellschaft und in den Auseinandersetzungen mit den Nachbarn, die viele Sinti veranlasst, auf die eine oder anderen Weise zu versuchen, den Clan, die Sitten, die Sprache zu stützen und zu erhalten. Sie entwickeln eine besondere Rigidität in der Einhaltung der Sitten, sie pochen mehr denn je auf die Ehre oder suchen nach Partnern aus einem anderen Clan, um das Brauchtum in einer neuen Generation von Zigeunern zu fördern.

Die speziellen Bedingungen des Sintoclans, mit dem wir die Psychotherapie durchführten, waren folgende: Der Clan H., mit dem wir eine Psychotherapie durchführten, gehört zur Volksgruppe der Sinti.[2] Der Vater stammte aus einem großen Clan, dessen Mitglieder über ganz Bayern verstreut wohnten. Dementsprechend war unsere Großfamilie ein Teil eines Gesamtclans. Der Vater stellte sich aber durch die Heirat

---

[2] Soweit wir eruieren konnten, stammen die Sinti von Zigeunern aus Indien ab, während die Roma aus Pakistan stammen. Es bestanden wohl immer gegenseitig große Vorbehalte zwischen diesen beiden Gruppen.

mit einer Nichtzigeunerin an den Rand des Clans. Das führte dazu, dass nach dem Tod des Vaters (fünf Jahre vor Beginn der Therapie) der Kontakt zum Gesamtclan sich stark reduzierte und keiner der Brüder des Vaters sich als Oberhaupt der Familie zur Verfügung stellte; damit blieb die »Judikative« vakant.

Uns erschien die Verbindung zu den anderen Clanteilen eher lose, doch wichtige Ereignisse, wie z. B. der Tod von Brüdern und Schwestern des Vaters waren Anlässe für gemeinsame Treffen.

Die Mutter, Frau H., stammte aus einer Schaustellerfamilie und war keine Zigeunerin. Sie hatte schon als kleines Mädchen ihren Part in dem Artistenprogramm ihres Vaters übernommen. Ihre Mutter erkrankte an Tuberkulose, als sie neun Jahre alt war, und starb zwei Jahre später. Sie musste daraufhin den Haushalt für ihren Vater und ihre jüngeren Geschwister führen.

Die Mutter wurde nach dem Tod des Vaters auch in ihrer eigenen Familie zur zentralen Figur, die alles organisiert. Es fehlt ihr aber sowohl nach innen als auch v. a. nach außen die Reputation eines männlichen Familienoberhaupts. Unter den Kindern gibt es einen ausgeprägten Wettstreit, wer neben der Mutter die Funktion des Familienoberhauptes repräsentiert: Eine Tochter ist weiter im Schaustellergewerbe und pflegt damit die Art des »Fahrens«, eine andere Tochter präsentiert sich durch ihre dauernde Anwesenheit als rechte Hand der Mutter, ein Sohn sucht anscheinend die Position eines Wächters der Sitten, ein anderer Sohn versucht, durch die Einheirat in einen anerkannten Zigeunerclan die Tradition von Sitten und Sprache aufrechtzuerhalten.

Der älteste Sohn, dem am ehesten diese Position zugestanden hätte, hat sie aber nie angenommen und auch durch die Beziehung zu einer Nichtzigeunerin eher einen Weg aus dem Clan hinaus eingeschlagen. Andere Kinder halten sich aus der Konkurrenz bewusst heraus und zeigen eher eine Tendenz, ihren Platz am Rande des Clans zu finden. Dabei kommen sie mit ihrer Individuation mehr oder weniger in Konflikt mit den bindenden Kräften des Clans.

Insgesamt hatten die Eltern 16 Kinder. Ein Sohn starb im Alter von 18 Jahren eines gewaltsamen Todes. Dieses Ereignis hatte die Ängste als Folge der bitteren Erfahrungen auch dieses Clans im Dritten Reich wiederbelebt. Auf die zunehmende Einschränkung ihrer hergebrachten Lebensformen reagierten sie deshalb mit einem verstärkten Pochen auf

»WIR ALLE SIND EINE SCHÖNE TORTE!«

die Sitten der Sinti. Der Versuch einzelner Clanmitglieder, sich in der Gesellschaft eine Existenzmöglichkeit zu suchen, trifft auf das Bedürfnis näher zusammenzurücken, um den Zerfall des Clans und den Verlust der Identität zu verhindern.

Der Clan umfasste zu Beginn der Therapie 42 Personen, Großvater (ms), Mutter, 15 Kinder, deren Partner und die Enkelkinder, also vier Generationen. Sie wohnten in mehreren kleinen Wohnungen auf drei Wohnblocks verteilt. Das Wohnzimmer der Mutter war der zentrale Raum, in dem man sich traf, wann immer es möglich war. Hier wurde gekocht und gegessen, und bei schönem Wetter zog man mit den Stühlen vor das Haus. Inmitten dieses Kommens und Gehens wurden auch die Kinder aufgezogen: mehr als ein Teil des Clans denn als Kind der Eltern.

Von den erwachsenen Personen hatten zu diesem Zeitpunkt zwei eine feste Anstellung, zwei bis drei hatten ihr Auskommen als Schausteller, einer war in der Lehre, drei waren öfters in Gelegenheitsjobs beschäftigt. Ansonsten lebte der Clan von der Sozialhilfe. Dabei waren meist nicht alle von der Sozialhilfe erfasst, weil sie entweder auf Tour waren oder auch weil sie Papiere nicht beschafft hatten, Formulare falsch ausgefüllt oder Termine nicht eingehalten hatten. Dementsprechend war das Geld meist sehr knapp, das Essen wurde aus den billigsten Nahrungsmitteln zubereitet und die Kleidung war speziell im Winter meist nicht sehr angemessen.[3]

Im Prinzip hatten alle Clanmitglieder Schreiben und Lesen gelernt oder waren zur Zeit der Therapie in der Schule. Mehrere Erwachsene haben aber das Schreiben, Lesen und Rechnen so wenig praktiziert, dass es ihnen große Mühe machte, einen Satz zu lesen bzw. ihn zu verstehen. Sie waren und sind praktisch Analphabeten. Es war für sie einfacher, wenn es wirklich sein musste, sich jemand anderen zu suchen, der das Schriftstück vorgelesen hat oder das Formular ausgefüllt hat.[4]

---

[3] Seit Einführung von Hartz IV hat sich die Situation noch mal deutlich verschärft: Wir erleben wieder wirklich hungrige und frierende Kinder.

[4] In der Tradition der Zigeuner ist das geschriebene Wort unwichtig gewesen, und es war auch nicht praktisch, Bücher auf Handkarren mitzuschleppen. Es gibt deswegen auch nur wenige Bücher, die von Zigeunern geschrieben wurden.

SIBYLLE TRUMPP VON EICKEN / PETER TRUMPP

Entwicklung des Kontaktes zu dem Sintoclan

Im Rahmen einer Stadtteilarbeit boten wir regelmäßige stattfindende Kinder- und Jugendgruppen an. Schon bald beteiligten sich hier auch Kinder aus den Zigeunerclans. In der sich aus diesen Gruppen entwickelnden Jugendbürgerinitiative engagierten sich auch besonders die Jugendlichen eines Sintoclans. Wir wollten die Einrichtung eines Kinder- und Jugendzentrums erreichen. In diesen Treffen lernten wir uns gegenseitig kennen, und es entwickelte sich Vertrauen auch zwischen den beteiligten Sinti und uns, auf das wir aufbauen konnten.

Jahre später haben wir in dem Stadtteil eine Gruppenpraxis[5] gegründet. Ärzte und Psychotherapeuten gestalten eine Basisversorgung, die die verschiedenen Aspekte der Erhaltung von Gesundheit und der Entstehung und Behandlung von Krankheit miteinbezieht. Wir wollen in der direkten Zusammenarbeit[6] verschiedener Professionen (assoziiert sind außerdem Krankengymnastin und Rechtsanwalt) die Komplexität der Menschen und ihrer Krankheiten erfassen und ihnen auch therapeutisch gerecht werden.

Die Mitglieder des Sintoclans H. kamen zu uns in die Hausarztpraxis. Bei der Behandlung der Einzelnen zeigte sich, dass bei vielen psychosomatische Beschwerden und Krankheiten im Vordergrund standen bzw. die körperlichen Krankheiten relevant psychisch überlagert waren: Herzangstneurose, Reizkolon, Kopfschmerzen, Kreuzschmerzen, Fibromyalgie-Syndrom, Agoraphobie und Anorexie.

Nachdem uns das auffiel, haben wir in unseren Teamgesprächen nach möglichen Therapien gesucht. Die Überlegungen zu einer Familientherapie schienen zuerst unmöglich zu sein, bei der Größe des Clans und der Enge unserer Praxisräume. Entgegen unserer Erwartungen gingen die von uns angesprochenen Mitglieder des Clans nicht nur auf die Idee einer Familientherapie ein, sondern eröffneten auch die Möglichkeit einer Therapie in ihrem Wohnzimmer, dem Wohnzimmer von Frau H.

---

[5] Unter einer Gruppenpraxis verstehen wir eine Zusammenarbeit von verschiedenen Berufen in der medizinischen Versorgung von Patienten.
[6] In räumlicher Nähe und mit intensiven Teamgesprächen besprechen wir die Problemfälle.

»WIR ALLE SIND EINE SCHÖNE TORTE!«

In weiteren vorbereitenden Gesprächen legten wir folgende Modalitäten fest:
- Die Therapie findet im Wohnzimmer der Familie statt.
- Zwei Therapeuten, eine Psychoanalytikerin und ein Arzt, führen die Therapie durch.
- Bis auf das erste und letzte Mal müssen nicht alle Clanmitglieder bei den Sitzungen anwesend sein.

Vielleicht ist es wichtig in diesem Zusammenhang auch die Regeln zu benennen, die aufrechterhalten wurden:
- Die Sitzungen fanden regelmäßig 14-täglich statt.
- Wir trafen uns immer am gleichen Ort.
- Wir vereinbarten Schweigepflicht.
- Die hausärztliche Behandlung übernahm während der Therapie eine andere Ärztin der Gemeinschaftspraxis.

Wir beschlossen, das, was wir dann durchführten, Clantherapie zu nennen.

Unsere Methode der Familientherapie basiert auf der von Thea Bauriedl entwickelten Beziehungsanalyse. Der Grundgedanke ist, dass der Therapeut, indem er in der Therapie an der Familie teilnimmt, verändernd wirkt. Indem er einen Platz benötigt, müssen die Familienmitglieder ihre Position verändern und damit ihre Blickrichtung. Dieses Bild der Veränderung des Familiengefüges durch Stühlerücken, betrifft einerseits die Realität einer Familiensitzung, andererseits ist es als Symbol für die Beziehungen innerhalb der Familie zu verstehen.

Der Therapeut erlebt sich, indem er an der Familie »teilnimmt«, in der Gegenübertragung im Beziehungsgeflecht der Familie. Er bringt die dabei entstandenen Gegenübertragungsgefühle deutend in das therapeutische Geschehen ein. Wenn es dem Therapeuten gelingt, sich und seine Gegenübertragungsgefühle der Familie zu vermitteln, kann auf dem Umweg über ihn in der Familie wahrgenommen werden, was psychodynamisch abläuft.

Alle 14 Tage sind wir in die Wohnung der Mutter H. gegangen.[7] Erstaunlicherweise stand immer ein Familienmitglied am Hauseingang, begrüßte uns und wies uns den Weg.

---

[7] Sie wohnte dort noch mit den drei jüngsten Kindern und einer Enkelin.

SIBYLLE TRUMPP VON EICKEN / PETER TRUMPP

Immer hatte diese Geste etwas von Gastfreiheit und Aufmerksamkeit, doch dauerte es eine Weile, bis wir über diese Szene nachdachten und sie damit auch verstehen konnten: Diese Art, Gäste zu empfangen, ist in dieser Familie, und auch in anderen Sintofamilien Sitte, die sich, aus den Notwendigkeiten des fahrenden Alltags verselbstständigt hat. Leicht kann man sich vorstellen, wie ein Clan versteckt in einem Wald oder Gehölz sein Nachtlager aufgeschlagen hat und wie es einerseits notwendig ist, am »Eingang« eine Wache aufzustellen, die vor ungebetenen Gästen oder anderen Gefahren warnt, andererseits dem willkommenen Besucher aber auch den Weg weisen musste, damit er zur Familie finden konnte.

Wechselnde Familienmitglieder empfingen uns also an der Wohnungstür und wiesen uns ins Wohnzimmer, wo wir bereits erwartet wurden. Anfangs, d. h. bei den ersten drei Sitzungen, waren alle Familienmitglieder anwesend. Die ersten beiden Sitzungen dienten der Findung von Setting, Termin und Therapieziel. Es wurden, unabhängig von unseren Einschätzungen, drei Geschwister genannt, die am meisten Sorge bereiteten. Hierbei erscheint uns das Phänomen wichtig, dass genau diese Familienmitglieder auch in unserer Praxis mit körperlichen Symptomen auftauchten. Es stellte und stellt sich für uns die Frage, ob sie sich mit den Krankheiten, die durchaus autoaggressive Züge haben, unbewusst selbst bestraften. Nicht diese Symptomatik verursachte jedoch die Sorge im Clan, sondern deren Verhalten, das von den anderen Familienmitgliedern als abwegig empfunden wurde.

Als Therapieziel (zweites Treffen) konnte formuliert werden, dass alle weniger Besorgnis haben wollten. Dabei konnte mit Hilfe unserer Interventionen, wie: »Was steckt hinter diesen Sorgen?«, aufgedeckt werden, dass es im Clan sehr viel Angst gab. Dabei fiel weder das Wort Angst, noch war ersichtlich, wovor Angst bestand. U. E. wurden die Sorgen im Sinne von Verschiebung anstelle von Angst geäußert, z. B. wurde gesagt, man mache sich Sorgen, dass jemandem ein Unfall o. ä. passieren könnte. Allgemein meinten alle, dass es schön wäre, wenn die Sorgen geringer würden oder wegfielen. Wir hielten es für möglich, dass diese Ängste auch für Wünsche nach Selbstständigkeit standen.

Erstaunlicherweise stellte niemand infrage, dass therapeutische Gespräche, wie sie es nannten, helfen könnten. Alle waren sich darüber einig, dass es schwierig werden würde, alle Familienmitglieder pünkt-

»WIR ALLE SIND EINE SCHÖNE TORTE!«

lich zu versammeln, die meisten versprachen aber von sich aus, sich um pünktliche Anwesenheit zu kümmern. Dieses Versprechen wurde nicht uns gegeben, sondern der Mutter der Familie H. als Vertreterin des Clans.

Die Definition unserer Rolle in der Familie wurde oben bereits erläutert: Die Grundidee der beziehungsanalytischen Familientherapie nach Bauriedl ist, dass der Therapeut oder, wie in unserem Fall, die Therapeuten während der therapeutischen Sitzungen in die Familie aufgenommen werden und damit die einzelnen Familienmitglieder ihren Platz und damit ihre Beziehungen zueinander neu definieren müssen, indem sie – bildlich und real – ihre Positionen verändern. Im konkreten Fall war die Familie H. bereit, uns als Gegenüber aufzunehmen.

Anders als in anderen psychoanalytischen Therapien wurden wir selten als Vater oder Mutter in der Übertragung erlebt oder angesprochen.

Wir hatten – unabhängig voneinander – das Gefühl, Frau H. säße auf einem imaginären Thron. Dieses Gefühl entstand weniger durch die von den Kindern gezollte Erfurcht, als durch den Eindruck, sie würde von den Älteren bewacht und wie etwas Kostbares beschützt.

Von Anfang an war klar, dass jeder gleichwertig reden darf. Erstaunlicherweise gab es, trotz dem sonst sehr temperamentvollen Umgang untereinander, wenig Nebengespräche. Man fiel sich häufig ins Wort, dennoch wirkte die gesamte Familie relativ diszipliniert beim Zuhören, wenn einer redete. Der Konsens über den Fokus der Therapie wurde erreicht, indem sich die einzelnen Familienmitglieder Gedanken machten, was denn überhaupt Thema sein könnte, dann aber die Mutter H. formulierte, worum es gehen könnte, nämlich um ihre Rolle in der Familie, um den Umgang der Geschwister untereinander und, wie oben gesagt, um diverse Ängste, die zu diesem Zeitpunkt nur angedeutet wurden. R. und W., die als Adjutanten fungierten, wiederholten, was die Mutter gesagt hatte, und damit schien das Gesagte für alle Gültigkeit zu besitzen.

Im weiteren Verlauf der Therapie, sollte diese Verhaltensweise noch eine große Rolle spielen, da teilweise um die Rolle des Adjutanten gerangelt wurde. Dieses Rangeln wirkte eher wie eine Unklarheit darüber, wem diese Rolle gehörte. Diese Unklarheit erklärt sich aus dem vakanten Stuhl des Familienoberhauptes, da der älteste Sohn B. die ihm zustehende Rolle ignorierte. Die nachfolgenden drei oder vier Geschwister M., C., W. und R. sprangen wechselnd ein, wobei vor allem R. und W., da sie im gleichen Block wie die Mutter wohnten und daher häufiger bei den täglichen Versammlungen anwesend sein konnten, einen gewissen Anspruch auf diese Rolle erhoben.

In den Sitzungen vier bis zehn war neben vielen Nebenschauplätzen hauptsächlich die Tochter S. die Protagonistin der Therapie. Immer wieder wurde über sie in einer Form geredet, die wir zunächst als anklagend empfanden. Wir konnten diese Form der Äußerungen therapeutisch deuten. Es wurde z. B. von einem der Geschwister gesagt, sie habe wieder »gehascht«; wir konnten dann nach der Motivation für diese Mitteilung fragen, wobei weniger anklagende, als besorgte Konnotationen in den Vordergrund traten.

Die Atmosphäre bei dieser Art von Gesprächen wirkte immer wieder sehr befremdend: Ein Familienmitglied nach dem andern berichtete, nachdem S. als designierte Patientin genannt worden war, was S. zu ihm/ihr gesagt habe, wie er/sie mitbekommen habe, dass sie Haschisch rauche. Die ganze Familie versuchte dann einzuordnen, wie dieses »Fehlverhalten« in den Ablauf der Familienregeln einzupassen sei. Erstaunlich war, dass der letztlich hängenbleibende Vorwurf eher war, dass S. sich zu den Vorwürfen nicht anders äußerte. Sie sagte etwas trotzig Sätze wie: »Du warst ja nicht dabei!« oder: »Was weißt denn du schon von mir!« Sie zeigte sich und ihre Motive zu wenig, brachte keine Argumente vor, die dann hätten von allen erörtert werden können.

Unsere Versuche, ein gegenseitiges Zuhören zu erwirken, konnten nicht angenommen werden, solange unser »Befremdetsein« nicht angesprochen war. Wir waren befremdet darüber, dass alle anderen »wussten« bzw. spekulierten, was bei S. los war, und sie selbst nicht gefragt wurde. Als dies in einer Sitzung (siebte Stunde) offengelegt wurde, entwickelte sich auch eine andere Art des Wort-Austausches. D. h., dass sie sich häufiger gegenseitig zuhörten und dass langsam auch auf das Gesagte geantwortet wurde und nicht nur jeder seinen Gedankensträngen und Interpretationen folgte. S. z. B. versuchte zu formulieren, dass sie einfach mal Dinge und Erlebnisse außerhalb des Clans probieren möchte. Sie hatte zu dieser Zeit einen türkischen Freund, und uns schien, dass diese Verbindung als besonders problematisch empfunden wurde. Da auch andere Geschwister Partner hatten/haben, die keine Zigeuner sind, war uns dies zunächst unverständlich.

»WIR ALLE SIND EINE SCHÖNE TORTE!«

Das Verhalten von S. wurde einerseits als fremd und damit verwerflich empfunden, andererseits bestand bei den meisten Familienmitgliedern der Wunsch und Anspruch, sie möge diese Erfahrung, die sie da »draußen« machte, dann wenigstens mitteilen, und so der Pflicht, ihre Erfahrungen zu teilen, nachkommen. Gleichzeitig interpretierten die einzelnen Geschwister S.' Verhalten nach ihren eigenen Gefühlen und Ängsten, Wünschen und Sehnsüchten. Sie wurde also in ihren abweichenden Aktivitäten zur Projektionsfläche eigener, abweichender Wünsche und Fantasien. So schien die gesamte Familie das Verhalten von S. als Ankündigung zu empfinden, dass sie aus dem Clan rausgehen und eventuell ein Leben unabhängig von ihnen leben könnte. Diese Phantasie des Ausbrechens deutete sich im gemeinsamen Unbewussten der gesamten Familie an.

Als im zweiten Abschnitt dieser Phase die verschiedenen Wünsche und Projektionen der Geschwister gegenüber S. offenbar wurden, konnte die Drohung, die in der Besorgnis um sie lag, benannt werden: einerseits die Angst, sie könnte den Familienclan verlassen wollen, und andererseits, der Clan könnte mit Rauswurf reagieren, wie es bei Drogengebrauch in anderen Clans durchaus vorgekommen war, wie sie berichteten. Wichtige Überlegungen waren hierbei auch, dass die Türken in diesem Stadtteil auch in Großfamilien leben, und die Geschwister deshalb die Angst hatten, dass S. möglicherweise in die Schwiegerfamilie überwechseln könnte. Die unbewussten Ängste der Familie trafen also auf eine bewusste Komponente in der Realität.

Verlustängste, Neid und Eifersucht mischten sich hier mit einer bei den Sinti durchaus vorhandenen Fremdenangst. So sehr sie sich nach innen aneinander binden, so sehr ist auch ein Zug nach außen – eine Zentrifugalkraft – spürbar, den sie als Teil ihrer Familie als bedrohlich empfinden. Es gibt aber innerlich durchaus bei den einzelnen Söhnen und vor allem Töchtern die Sehnsucht nach einem selbstbestimmten Leben, in dem der Zwang zur Mitteilung aufgehoben ist.

Die Besorgnis und der Neid auf S. blieben auch weiterhin ein roter Faden in den Therapiesitzungen, wobei auffallend war, dass über ihre Magersucht nie geredet wurde, und diese u. E. auch nicht als bedrohliche Krankheit wahrgenommen wurde. Wichtiger Gesichtspunkt, der von den Geschwistern eingebracht wurde, war, dass der Vater S. bevorzugt habe und dass er ihr deshalb vielleicht besonders fehle. Erstaunlich war bei dieser Beobachtung, dass bei den Anwesenden keinerlei Rivalität um diese besondere Rolle beim Vater spürbar wurde. Der Vater sei immer – trotz einer gewissen Unnahbarkeit – zu den kleineren sehr zärtlich gewesen. Damit wird das Thema Vater geschlossen und trotz Nachfrage unsererseits für längere Zeit nicht wieder angesprochen.

In den Gesprächen mit S. bezüglich ihrer Symptomatik, die vor der Clantherapie stattfanden, war deutlich geworden, dass es sich bei der Symptomatik um die Somatisierung ungelöster Konflikte handelte, die sich in ihren pubertären Autarkiebestrebungen gegenüber dem Clan neu belebten.

In einer Sitzung der Clantherapie, führte S. ein Bild ein, das uns während der gesamten Therapie begleiten sollte. Sie sagte: »Wir (der Clan) sind wie eine wunderbare Torte mit Sahne und Creme und einem wunderschönen Zuckerguss. Wenn sie ein Stück herausnehmen und auf einen Teller stellen wollen, sackt es in sich zusammen und ist nur noch ein Haufen Süßes auf dem Teller. Nebeneinander geben wir uns Halt und machen viel Eindruck. Wir können aber einfach nicht alleine stehen.«

Diese Beschreibung des Clans und des Clangefühls machte es uns möglich zu begreifen, welchen Sog die Familie auf den Einzelnen einerseits ausübt und wie wenig andererseits Ich-Gefühle entstehen können bzw. gedeihen können. Wir begannen die Ähnlichkeit zwischen der Familien- bzw. Clandynamik und den Inhalten, die für *amae* (Begriff aus der Nomenklatur der japanischen psychoanalytischen Theorie, s. u.) angegeben werden, zu verstehen. Wichtig in diesen Familienformationen ist, dass, solange der Einzelne mit seinem Platz in der Familie, seiner Rolle als »Tortenstück« zufrieden ist, weder der Clan in Frage gestellt wird, noch die einzelnen Familienmitglieder irgendeine Unsicherheit bezüglich der eigenen Standfestigkeit erleben. Erst wenn einer – aus welchen Gründen auch immer – auszubrechen droht, gerät die ganze »Torte« in Bewegung und damit in einen panikartigen Zustand.

Die folgenden Stunden (zehnte bis 15.) waren zunächst mit Anekdoten über Gesamtclantreffen angefüllt, die in rascher Folge notwendig geworden waren: Das jährliche Treffen des Clans, ein runder Geburtstag und schließlich in diesem Gesamtclan kurz hintereinander zwei plötzliche Todesfälle (von Menschen, die wir nicht kannten) waren die

»WIR ALLE SIND EINE SCHÖNE TORTE!«

Anlässe, die immer wieder neu besprochen und in allen Details beschrieben wurden.

Wir fühlten uns in diesen Sitzungen sehr zwiespältig. Einerseits hatten wir das Gefühl, unserem therapeutischen Anspruch nicht zu genügen, andererseits hatten wir den Eindruck, wirklich einen Platz in der Familie gefunden zu haben. Die Wiederholungen der Anekdoten gaben uns das Gefühl, in einer Art Märchenstunde zu sitzen. Dieses Gefühl führte uns zu der Erkenntnis, dass wir hier erleben, wie Erlebtes und Informationen verarbeitet werden und so dem gemeinsamen Gedächtnis eingefügt werden. Das Gefühl der Märchenstunde entspricht genau der Erfahrung, die in anderen Kulturen und Zeiten mit der mündlichen Überlieferung gemacht wurde. Wir erlebten also in dieser Phase etwas, das man als Erfahrung mit den Resten einer vergangenen Kultur bezeichnen könnte.

Nur mit Verzögerung konnten wir verstehen, dass sich die nun folgende Thematik aus dem Vorherigen ergab: Immer wieder kam es vor, dass vor allem die Töchter Angst um die Gesundheit der Mutter artikulierten. Der Vater sei völlig unerwartet an Herzbeschwerden gestorben, und sie hätten Angst, dass die Schmerzen in der Brust und dem meist linken Arm, die die Mutter immer wieder erwähnte, bedrohlicher Natur wären. In diesem Zusammenhang wurde die Mutter aufgefordert, doch von anderen Mitgliedern der Familie die Wäsche waschen zu lassen und z. B. B. kochen zu lassen und R. Teppich klopfen zu lassen. Frau H. war sichtbar angetan, dass man sich solche Sorgen um sie macht, wehrte aber mit den Worten ab:»Ich gehöre noch nicht zum alten Eisen, und ihr seid immer nicht da, wenn ich euch bräuchte.«

Frau H. ist seit ihrem neunten Lebensjahr gewohnt, den Haushalt zu führen. Diese Aufgabe war ihr wohl als kleines Mädchen schon zuviel und schien jetzt mit den vielen Familienmitglieder wieder zuviel zu sein. Sie konnte sich aber gar nicht vorstellen, wie sie leben soll, ohne ständig eine Aufgabe zu haben. Sie hatte Angst, nicht mehr gebraucht zu werden. Gekoppelt mit der frühen Überlastung der Wirbelsäule als Artistin führte die latente Überbelastung immer wieder zu ausgeprägtem Schmerzen am Bewegungsapparat. Frau H. klagte vorbewusst immer dann über diese Schmerzen, wenn es darum ging zu verhindern, dass ein Mitglied der Familie Schritte nach außen tat. So versuchte sie, die »Kinder« an ihren Haushalt zu binden.

Eines Tages, als wir in das Wohnzimmer der Familie kamen, lag Frau H. sichtbar geschwächt auf der Couch. Die Familie berichtete, dass sie vor einer Stunde schwindlig über dem Wäschekorb zusammengebrochen sei und wieder über diese Schmerzen in der Brust geklagt habe. Als die Kinder vorschlugen, die Stunde ausfallen zu lassen, wurde Frau H. schlagartig munter und bestand darauf, dass wir die Stunde abhielten. Es stellte sich dann heraus, dass ein Streit vorausgegangen war, der dadurch ausgelöst wurde, dass S. bestätigt hatte, dass sie Haschisch geraucht hatte. Die älteren Geschwister hatten Frau H. heftige Vorwürfe gemacht, weil sie zu nachgiebig gewesen sei. Zu Lebzeiten des Vaters seien sie viel strenger behandelt worden, da hätte es so etwas wie S.' Versuch auszubrechen nicht gegeben. Und Frau H. solle nicht so viel durchgehen lassen.

Plötzlich steht der Tod des Vaters im Raum. Von da ab wird in vielen Stunden über den Vater und seinen Tod und die damit verbundenen Gefühle gesprochen. Wichtig erscheint zunächst, dass der Tod unvorbereitet kam und dass die Familie seitdem verzweifelt versucht hatte, so zu tun, als habe er nicht stattgefunden. Es dauerte lange, bis klar wurde, dass die Verleugnung des Todes des Vaters gekoppelt war mit der Verleugnung des Todes von dem Sohn M., der in einer Messerstecherei ermordet worden war.

Über diesen, dem Tod des Vaters vorausgegangenen Totschlag gab es viele Schuldgefühle, Rachegedanken und den Versuch, alles ungeschehen zu machen. In den folgenden Gesprächen über den Tod von M. und den Tod vom Vater stellte sich heraus, dass der drittälteste Sohn R. seither zu einem im Stadtteil berüchtigten Schläger geworden war. Er griff wegen Nichtigkeiten andere Leute gewalttätig an und hatte im Stadtteil tatsächlich Terror verbreitet, bis er selbst Vater geworden war. Laut seiner Aussage wollte er verhindern, dass noch irgendjemand sich traute, ein Familienmitglied anzugreifen, was er auch erreichte: Die Mitglieder der Clanfamilie galten ab diesem Zeitpunkt als unantastbar.

R., der sich so als Schläger profiliert hatte, hat sich unbewusst für den Tod des Bruders verantwortlich gefühlt. Er war bei der Messerstecherei anwesend gewesen: Bei der Schlägerei zwischen Sinti und Türken wurden die Konfliktparteien von Dritten getrennt, dabei geriet M. in die Gruppe der Gegner und wurde dort durch mehrere Messer-

»WIR ALLE SIND EINE SCHÖNE TORTE!«

stiche getötet. R war durch die Trennung nicht in der Lage gewesen, M. zu helfen.
Schuldgefühle über die unterlassene Hilfe für M. sind bei verschiedenen Familienmitgliedern des Clans sehr ausgeprägt, als Ältester der Gruppe, die damals am Ort des Geschehens war, sah R. unbewusst die gesamte Verantwortung bei sich. »Ich wäre stark genug gewesen, wenn ich da hingekommen wäre, ich hätte den M. retten können, da wären von den Anderen mehr verletzt worden.«

Alle waren überzeugt, dass der Tod des Vaters durch den *Schmerz* über den Mord an M. ausgelöst worden war. Dies wirkte so, als ob diese gemeinsame Überzeugung ein Kitt für die Risse in der Haut der Familie und des Gesamtclans darstellte. Die Überzeugung, dass der Mord an M. die Ursache für den Tod des Vaters war, konnte zudem das Gefühl erhalten, dass der Vater gar nicht gestorben wäre, wenn es das vorhergehende, fürchterliche Ereignis nicht gegeben hätte.

Der Tod des Vaters musste verleugnet werden, um einerseits die Kränkung durch den Tod des Bruders, andererseits die aufkommende Angst um das Fortbestehen der Familie zu umgehen. Hinzu kam, dass nur über den Vater die Verbindung zum Gesamtclan gesichert war, da die Mutter aus einem Landfahrerclan kam und keine Zigeunerin ist. Die nicht geleistete Trauerarbeit um beide führte in der gesamten Familie zu einer Art Lähmung, die sich übrigens auch darin äußerte, dass mehrere Jahre lang keine Nachkommen gezeugt wurden. Der Tod der beiden Mitglieder der Familie mobilisierte Verlustängste, die wohl einerseits durch die enge Bindung aller Familienmitglieder in der Clanfamilie, andererseits aber auch durch die Erfahrungen (s. u.) in der Nazizeit unbewusst allgegenwärtig waren. Das Angstpotential des gesamten Familienzusammenhalts war zu diesem Zeitpunkt sehr hoch und muss wohl auch als ein Anteil an der Genese der psychosomatischen Krankheiten einzelner Familienmitglieder gesehen werden.

Aus unserer Sicht war der Umgang mit diesen Todesfällen, Vater und Sohn, außergewöhnlich und anders als z. B. mit den beiden oben genannten Todesfällen im Gesamtclan. Natürlich ist der Mord eines jungen Menschen immer für dessen Eltern und Geschwister traumatisch und muss anders verarbeitet werden als ein natürlicher Tod am Ende des Lebens. Es ist ebenso natürlich, dass die Verarbeitung jeden Todes eine ganz eigene und zu dem jeweiligen Fall passende sein muss.

SIBYLLE TRUMPP VON EICKEN / PETER TRUMPP

Dennoch schien sich in diesen beiden Todesfälle sehr viel Anderes hineingeschlichen zu haben und wir mussten in der Therapie Schritt für Schritt erarbeiten welche anderen Komponenten sich da mithineingebunden hatten.

Die Gespräche drehten sich viele Stunden lang, immer wieder neu um die Traurigkeit, die Lücke, die der Vater hinterlassen hatte, um die Wut, die der Tod von M. hinterlassen hatte. Einen wichtigen Schritt vorwärts machten wir dadurch, dass wir zunächst unsere Ohnmacht als Therapeuten artikulierten, die wir angesichts dieser sich im Kreis drehenden Themen empfanden. Es war, als hätte sich daraufhin etwas gelöst, und auch ihre Ohnmacht und Hilflosigkeit nach diesen beiden traumatischen Ereignissen konnte offengelegt werden.

Es war – artikulierter Weise von Seiten der Familie –, als hätte sie jemand zur Bewegungslosigkeit verurteilt, indem sie sich verboten, all diese Gefühle von Ohnmacht und Trauer zu artikulieren. Alle, besonders aber R., waren sich einig, dass in den letzten Jahren am ehesten Wut als Gefühl erlaubt war. R. war auf alle anderen Jugendlichen in seiner Umgebung wütend, bewusst aus nichtigen Anlässen, unbewusst – wie er jetzt erkannte – weil diese ihre Väter noch hatten oder deren Bruder nicht ermordet worden war. Als R. zu dieser Einsicht in sein vom Unbewussten gelenktes Verhalten kam, wurde er zum Vorreiter für seine Geschwister, die plötzlich bereit wurden, auch bei sich Zeichen der verschobenen Wut wahrzunehmen. Es war eindrucksvoll, wie verschiedene junge Leute auf ein Mal begannen, sich selbst zu verstehen. Auch diese Entwicklung beanspruchte mehrere Therapiestunden, wirkte aber während des therapeutischen Prozesses dynamisch, lebendig und glaubwürdig.

In den folgenden Stunden (bis zur 30. Stunde) schien sich das Gespräch einem völlig anderen Thema zuzuwenden: der Volkszählung. Frau H. berichtete, dass die Nazis in den 1930er Jahren eine Volkszählung abgehalten hätten – von dieser Volkszählung hatten wir bis dahin nichts gehört – und dass die Sinti und Roma überzeugt waren, durch ihre Naivität bei den Angaben zu dieser Volkszählung dem Vernichtungsapparat der Nazis in die Hand gearbeitet zu haben.

So hätten sich bei der neuerlichen Volkszählung die Sinti geweigert, irgendwelche Angaben zu machen. Wir erkannten und deuteten dann auch entsprechend, dass hier eine viel tiefergehende und ältere Ohn-

»WIR ALLE SIND EINE SCHÖNE TORTE!«

machtserfahrung aus dem gemeinsamen Unbewussten hochgestiegen war und möglicherweise mit der emotionalen Lähmung anlässlich der Toten in der Familie gekoppelt war.

Dieses »Gelähmtsein«, das sich in der Familie so verheerend auswirkte, ist im Zusammenhang mit dem Völkermord durch die Nazis zu verstehen. Das Trauma des Mordes an M. schob sich teleskopartig über das Wissen und das Trauma des Dritten Reichs. Der Clan des Vaters hatte in den Konzentrationslagern mehrere entferntere Verwandte und einen Bruder des Vaters verloren. Unbewusst wurde der Tod M.s und der des Vaters mit den Nazimorden gleichgesetzt. Ausgelöst wurde diese Reaktion durch die Ähnlichkeit im subjektiven Erleben, die sich aus den Gefühlen der Ohnmacht ergab. Die ohnmächtige Wut, die alle Familienmitglieder empfanden, führte einerseits zu depressiven Reaktionen in der gesamten Familie und andererseits zu Wut, die die Familienmitglieder teils aufeinander verschoben und ausagierten, teils nach außen gerichtet an Fremden ausließen.

Die Ereignisse der Nazizeit wurden nur mühsam erinnert. Die Sehnsucht zu vergessen, »das ist alles solange her«, »wir Zigeuner vergessen schnell und leben dann weiter«, stritt mit dem Wunsch zu verstehen. »Wie können Menschen so etwas tun?« »Die Menschen sind einfach böse.« Beim Erinnern war die Anwesenheit des Vaters von Frau H. wichtig und nützlich. Er konnte, als damals erwachsener Zeitzeuge, Erinnerungen beitragen und so auch für sich eine Klärung finden. Eine andere Hilfe beim Erinnern fanden sie dadurch, dass einzelne Familienmitglieder sich an ältere Mitglieder des Gesamtclans wandten und Fragen stellten. Wie in vielen Täter- und Opferfamilien hatte auch hier, sowohl im Familienclan, als auch im Gesamtclan, lange Zeit Schweigen über die Erlebnisse, Erfahrungen und Erinnerungen aus der Nazizeit geherrscht. Ausgelöst durch die Spurensuche in der Therapie konnten Fragen erdacht, formuliert und an die richtigen Personen gestellt werden. So erfuhren die Mitglieder der Familie über das Schicksal des Clans und der Sinti und Roma vieles, was sie vorher nicht gewusst hatten. Wichtig und gut war auch, dass bei dieser Spurensuche herauskam, dass die meisten Mitglieder des Gesamtclans dadurch überlebt hatten, dass ein Gutsbesitzer in einem der baltischen Länder ihnen Unterkunft und Versteck gegeben hatte.

Es stellte sich auch in einer der Therapiestunden heraus, dass es üblich ist, einen Sintovornamen und einen »deutschen« Vornamen zu geben, wobei nicht ganz klar war, ob der Zusammenhang, den Frau H. mit der Nazizeit herstellte, stimmte oder ob diese Sitte älteren Ursprungs ist. In diesen Stunden, in denen es auch um die Identität als Sinto oder Sintezza ging, wurde der Familie mit Traurigkeit deutlich, wie wenig sie über ihre Familiengeschichte wussten, wie gerne sie den Vater noch fragen würden und wie wichtig für ihre Identität ein solches Wissen wäre.

Es war, als würde in einem gemeinsamen Unbewussten, ein gemeinsames, schwarzes Loch gefunden. U. E. wurden der Familie in dieser Zeit, nicht nur die Lücke im Clanwissen, sondern auch die Veränderungen in den Lebensgewohnheiten des Gesamtclans deutlich. Es entstand ein gemeinsames Gefühl von etwas, das unwiederbringlich zu Ende war.

Für uns war diese Sequenz bedeutsam, weil diese Erkenntnis uns in der Gegenübertragung traurig machte und wir uns zugleich als Deutsche wahrnahmen. Bemerkenswert war in einer dieser Sitzungen, die von der Nazizeit beherrscht wurden, auch, wie es den Mitgliedern der Familie gelang, darauf hinzuweisen, dass auch andere, sogar »Deutsche«, im KZ umgekommen seien. Dass es auch Deutsche gegeben habe, die geholfen hätten und nicht die herrschende Meinung geteilt hätten. Ergreifend und sehr wichtig war, dass Frau H. in der Stunde, in der es um den Tod ihres Mannes und um die anderen Toten ging, laut und für alle sichtbar weinte. Sie habe seit dem Tod M.s nicht mehr geweint!

Sie gaben uns Therapeuten die Chance, wie der o. g. Gutsbesitzer zu den Guten zu gehören, da die Familie in der Übertragung uns nicht als zu den Tätern gehörig empfanden.[8] Dass Frau H. in unserem Beisein weinen konnte, empfanden wir und ihre Kinder als Vertrauensbeweis. Die Kommunikation wurde nach dieser Phase offener. Wir führten das einerseits auf die gemeinsam erlebte und artikulierte Trauer und Ohnmacht gegenüber dem Verhalten in der Nazizeit zurück, sahen dies andererseits aber auch als Erfolg der Therapie an, weil die verleugnete Trauer ihren Platz gefunden hatte und die Trauerarbeit geleistet wurde.

---

[8] Wir ließen die Rollen unserer Familien unter den Nazis aus Abstinenzgründen offen, konnten dies aber mit leichtem Gewissen tun, da unsere Familien tatsächlich verfolgt waren bzw. Ärger mit den Nazis gehabt hatten.

»WIR ALLE SIND EINE SCHÖNE TORTE!«

Als Abschluss dieser Trauerphase und der Verarbeitung der verschiedenen traumatischen Erlebnisse erinnerten sich die Anwesenden an den Vater, ihre Beziehungen zu ihm, an M. und seine Eigenheiten und an Zeiten, als noch alle auf Fahrt waren und die Familie in Wohnwagen lebte. Diese Erinnerungen leiteten noch einmal auf einen der fokussierten Patienten R. über, der nach dem Tod M.s durch seine Aggressivität nach außen auffällig geworden war. Er wurde in den Familiensitzungen mehr und mehr kritisiert. Darauf reagierte er zunächst wie vernichtet, konnte dann aber auch mit dem Aufdecken dieser Reaktion Erleichterung empfinden: Seine Beschützerrolle und seine Abwehr der Trauer waren nicht mehr gefordert. So konnte er es verstehen, als die anderen ihm z. B. sagten, dass sie seinen Terror im Stadtteil nicht nur als Schutz, sondern auch als Hindernis erlebt hatten.

Im Verlauf dieses Therapieabschnitts begann er zusammen mit dem von ihm aus übernächsten Bruder T., im Freizeitheim Selbstverteidigungskurse für jüngere Jugendliche, Deutsche und Sinti, anzubieten. In der Rolle als »Kursleiter« konnte ihm sein Ruf einerseits nützen, andererseits konnte er dort diesen Ruf positiv färben.

Eine weitere erstaunliche Entwicklung im Familienclan war, dass in diesem Sommer, nach der sehr belasteten Vergangenheitsbewältigung, zwei Töchter – eine davon S.! – und eine Schwiegertochter schwanger wurden. W. und ihre ältere Schwester C. meldeten sich bei einer Fahrschule an, um den Führerschein zu machen. Sie fragten ihre Geschwister und uns, ob wir ihnen bei den theoretischen Fragen helfen würden, weil sie ungeübt im Lesen seien.

Es war, als hätte eine neue Lebendigkeit begonnen nach der Eiszeit der Verdrängung; ähnlich wie im Frühling alles aufblüht nach der Kälte des Winters. Wir waren zunächst geneigt, den Zusammenhang dieser Entwicklungsschritte mit unserer therapeutischen Arbeit eher als zufällig einzuordnen. Meine Erfahrung aus Therapien mit Jugendlichen ist, dass der Entschluss, das Autofahren zu lernen, häufig mit einem psychischen Reifungsschritt gekoppelt ist. Diese Erfahrung ließ den Gedanken aufkommen, dass der therapeutische Prozess im Familienclan in Bewegung war und bei den Einzelnen individuelle Veränderungen ermöglicht hatte. Die von außen erkennbaren Schritte sind auch deshalb bedeutsam, weil sie in Verbindung mit der Tradition der Sinto und mit der neuen Lebensweise stehen: Kinder sind und waren der Mittelpunkt des Lebens und Denkens der Sinti und Roma. Nur über sie ist der Fortbestand der Sintokultur zu erreichen. Der Führerschein ist das Annehmen der gesellschaftlichen Bedingungen, um das zu tun, was Tradition ist, soweit das heute noch möglich ist: Fahren. R.s Idee, Kurse zur Selbstverteidigung abzuhalten, bedeutet den Kompromiss, das weiter zu tun, was er am besten kann und dennoch nicht mehr gegen die Regeln des gesellschaftlichen Zusammenlebens zu verstoßen.

Der letzte Abschnitt der Familienclantherapie befasste sich vorrangig mit den psychosomatischen Aspekten verschiedener körperlicher Symptomatiken.

Der folgende, vorletzte Therapieabschnitt umfasste nur fünf Stunden: Anlässlich eines erneuten Anfalls von Frau H. mit starken Schmerzen in der linken Brusthälfte und dem linken Schulterbereich wurden die Sorgen um die Mutter und das weitere Bestehen des Familienzusammenhangs spürbar und ausgesprochen. Frau H. hatte sich im Herzzentrum einer ausführlichen Untersuchung mit Herzkatheder unterzogen. Da es keinen körperlichen Befund gab und ihre Überlastung durch Haushalt und Kinderhüten nach dem ersten Besprechen durch tatkräftige Hilfe der Töchter reduziert worden war, versuchten alle Familienmitglieder, nach gewohnter Manier abzuwehren. Sie fanden alle möglichen Begründungen für den »Herzanfall«: etwas Unrechtes gegessen, die schlechte Note in der Schule von N., den Ärger mit der Nachbarin, der Tod einer Intimfeindin von Frau H. (der tatsächlich eine Lücke hinterlassen hatte) usw.

Schließlich, nachdem uns all diese Überlegungen um die Ohren geflogen waren und einige wirklich sehr abstrus wirkten, fragten wir Frau H., welche Einfälle ihr denn kämen. Zögernd tastete sie sich (und siehe da, sie tastete sich) an ihre Gefühle heran und konnte mitteilen(!): Sie hätte Angst, nicht mehr wichtig zu sein, sie machte sich um jeden Sorgen, nur nicht um sich selbst. Sie meinte, wenn sie »sorglos« würde, sei sie für den Familienclan überflüssig. Sie würde ohne all diese Sorge nicht mehr gebraucht. Erstaunlicherweise reagierten ihre Kinder nicht hektisch, nicht laut, nicht abwehrend. Sie verstanden Frau H. und konnten ihr das mit Nähe und Liebe zeigen. Sie konnte in diesem Augenblick spüren, dass sie für den Familienclan unentbehrlich ist, sie fühlte sich gebraucht und geliebt und begann zu verstehen, dass sie dafür nichts tun muss. S., die lange ihre eigene, weibliche Identität abgelehnt

»WIR ALLE SIND EINE SCHÖNE TORTE!«

hatte, sagte: »Natürlich machen wir uns Sorgen um dich. Wir lieben dich, du bist unsere Mutter.«

Diese Frage, »machen oder sein«, kennen wir auch aus deutschen Familientherapien. Frau H. zeigte diesen Zustand aber besonders deutlich. Die Angst, unnütz zu sein, nichts zum Haushalt beizutragen, ist häufig ein Symptom für ein schlecht entwickeltes Selbstbewusstsein. Dieses schlechte bzw. angekratzte Selbstbewusstsein resultiert häufig bei Frauen, die ausschließlich zu Hause arbeiten und Kinder großziehen, daraus, dass sie für ihre Arbeit keinen geldwerten Lohn erhalten. In unserer Gesellschaft definiert sich die gesellschaftliche Rolle durch den Geldbesitz oder das Gehalt. Hausfrauen leisten Arbeit, die gesellschaftlich zwar sehr relevant, aber unbezahlt ist. Es ist wahrscheinlich, dass ein paralleles Phänomen bei Frau H. nicht durch Mangel an Geldentlohnung, sondern eher durch den Mangel an Erlebnissen entstand. Wer keine Erlebnisse in die Familie einbringt, kann nichts mitteilen und ist »wertlos«. Frau H. fühlte sich also »nutzlos«, weil sie an den Erlebnissen ihrer Kinder partizipierte, also von ihnen lebte, wie eine andere Frau subjektiv vom »Geld ihres Mannes lebte«. Überraschend war, dass S. am Konflikt ihrer Mutter ihre eigene, weibliche Identität bekannte, indem sie ihr mitteilte, dass sie für ihre Identität als Mutter, also wegen ihres weiblichen Seins, bedingungslos geliebt wird.

Im nächsten und letzten Therapieabschnitt trat eine deutliche Entspannung ein. Wenn wir uns auf der Straße, außerhalb des therapeutischen Setting, begegneten, erkannten und begrüßten sie uns jetzt wieder. Diese Verhaltensweise kennen wir auch aus Erfahrungen mit Einzeltherapien: In der intensivsten Phase der Psychoanalyse sehen bzw. erkennen die Patienten die Therapeuten auf der Straße oder im Bus oftmals nicht, da sie so in der Übertragung befangen sind, dass die reale Person nicht wahrgenommen wird. Überraschend war für uns zu bemerken, dass dieses Phänomen auch in der Familienclantherapie aufgetreten war und nun wieder dem gewohnten Umgang Platz machte. Zugleich wurden die Themen in den therapeutischen Sitzungen weniger aus dem Unbewussten geschöpft, sie betrafen alltäglichere Themen und kleinere Streitigkeiten. Wir wurden mehr als Schiedsrichter herbeigezogen oder in der Rolle des Arztes befragt. Der rote Faden, der von einem zum anderen der im Clan ungelösten Konflikte zu sehen gewesen war, kam nur noch in Bruchstücken zum Vorschein.

Wir konnten merken, wie die Identität einzelner Familienmitglieder erstarkte und damit ihr Selbstbewusstsein. Wir wurden damit aber auch immer mehr aus dem Zusammenhang entlassen. Wir waren weniger integriert und wurden weniger in unserer psychotherapeutischen Rolle als *Familientherapeuten* gebraucht und wieder mehr als langvertraute Mitarbeiter unserer Praxis wahrgenommen.

Überschneidend fand in den letzen acht Sitzungen mit dem Familienclan ein Abschiednehmen statt: Es kamen weniger Teilnehmer; man redete mehr über akute Zustände und Veränderungen. In den letzten zwei Sitzungen, die offiziell von uns allen zu den Abschiedstreffen deklariert waren, waren fast alle da. Wir sprachen noch einmal über die geleistete Trauerarbeit, über das Fehlen des Vaters als Verbindung zum Clan, über Ohnmacht und Macht, über die Identität als Sinti, über Perspektiven und Pläne. Die letzten wichtigen Beiträge enthielten die Wünsche der Einzelnen für sich und die anderen und wie sie sich die Zukunft der Sinti und Roma und damit ihre eigene vorstellten. Sie können alle artikulieren, dass sie auf die täglichen Treffen bei der Mutter nicht verzichten wollen, haben aber Probleme, neben der undifferenzierten Sehnsucht nach Geborgenheit (s. u.) und einer ebenso diffusen wie belastenden Angst vor dem Alleinsein, einen Sinn in diesen täglichen Treffen zu sehen. Auf unsere Intervention, warum diese Treffen überhaupt in Frage gestellt werden, gab es Antworten auf verschiedenen Ebenen: Die Partner der einzelnen »Kinder« wehren sich gegen dieses regelmäßige Weggehen aus der Kleinfamilie, sie wollen auch oft nicht, dass ihre Probleme im Familienclan »zerredet« werden. Dagegen sind sich alle einig, dass Problemlösungen nur im Familienclan gefunden werden.

S. und B. meinen, dass auf diesen Treffen doch nur um den Brei herumgeredet würde und hinterher eh keiner mehr wisse, was er nun machen soll. Andere, z. B. R. und E. finden, dass man gerade hinterher Anregungen hätte. E. würde diese dann mit seiner Frau zuhause noch einmal durchsprechen und zu einer Lösung kommen. N. und S. sind sich einig, dass diese Treffen nicht enden können, aber für jede von ihnen auch eine große Abhängigkeit bedeuten. Sie hätten beide ein schlechtes Gefühl, wenn sie ohne für sie wichtigen Grund wegblieben, sie fühlten sich aber auch sehr beengt durch diese Gespräche, bei denen jeder und jede von jedem alles erfahre. In den folgenden Sitzungen

»WIR ALLE SIND EINE SCHÖNE TORTE!«

wird dann noch ein Mal deutlich, wie sehr die Treffen von Frau H. zusammengehalten werden und wie wenig sie diese Rolle abgeben möchte: Als ihre Kinder beteuern, sie würden sie »immer« weiter treffen, macht sie auf sich aufmerksam: Sie weist darauf hin, dass nur ihr Wohnzimmer groß genug für alle sei und dass sie sicher sei, dass alle wegblieben, wenn die Treffen nicht von ihr abgehalten würden.

Dass Frau H. sich so selbstbewusst äußern kann, führen wir auf die Veränderung zurück, die Frau H. durchgemacht hat, nachdem die Liebe ihrer Kinder zu einer Selbstverständlichkeit geworden war. Sie hatte unbemerkt aufgehört, um die Rolle des Familienoberhauptes zu kämpfen. Indem ihre eigene Rolle als Mutter bzw. Großmutter des Familienclans gesichert war, musste sie nicht mehr ihren toten Mann ersetzen. Es war als könnte er jetzt einerseits in Ruhe tot sein und andererseits die Erinnerung an ihn weiterleben.

Wir sehen und sprechen die Mitglieder der Familie weiterhin: als Patienten der hausärztlichen Praxis, als Eltern von Kindern, die eine Spieltherapie machen und einfach auf der Straße. Sie leben laut, lebendig und, wie wir meinen, immer noch zwischen zwei Welten. Dennoch hat sich vieles verändert: Die meisten von ihnen scheinen offener in die Welt zu schauen, sie gehen auch offener mit sich und ihrer Umwelt um, versuchen aber zugleich mehr und bewusster, ihre traditionellen Einstellungen mit den Erfordernissen des niedergelassenen Lebens zu vereinen.

W., die während der Familienclantherapie den Führerschein gemacht hat, fährt Kinder, Geschwister oder Schwägerinnen, wohin sie auch in der Stadt wollen. Dennoch hat sie massive Probleme, sobald ihr Mann auf Jahrmärkte fahren will und erwartet, sie käme mit. Sie kann nicht ohne Panikattacken wegfahren oder unterwegs sein. Sie hat deshalb eine Einzeltherapie begonnen.

R. geriert sich inzwischen als Hüter der Sitte. Er behauptet zu wissen, was Sitte sei, hat etwas Selbstherrliches und wird von den Geschwistern nicht ganz ernst genommen. Zugleich hat ihm aber die Beschäftigung mit den Gebräuchen seines Volkes mehr Selbstsicherheit und Nachdenklichkeit gegeben, er wirkt erwachsen und verantwortungsbewusst. Er hat eine Autoimmunkrankheit entwickelt, die ihm erstaunlich wenig körperliche Beschwerden macht, dennoch aber eine psychosomatische Komponente ahnen lässt, die im Konflikt von Impuls und Gegenimpuls zu sehen wäre.

Ro. hat eine Roma geheiratet, sie haben zwei Kinder. Er hat Romanes gelernt, das in der Kleinfamilie vorrangig gesprochen wird, worauf er sehr stolz ist. Er ist als Verkäufer angestellt und geht regelmäßig zur Arbeit, obwohl er weiterhin insulinabhängig ist.

S. hat zwei Söhne. Der junge Türke, mit dem sie während der Therapie zusammen war, Vater des ersten Kindes; hat nach der Trennung von ihr im Gefängnis Selbstmord begangen. Der Vater des zweiten Kindes ist Deutscher, und S. musste sich wegen Alkoholabusus von ihm trennen. Jetzt steht sie am Beginn einer neuen Beziehung. Sie hat ihre Weiblichkeit angenommen, will aber ihre Selbstsicherheit und Unabhängigkeit nicht aufgeben.

B. und ihre Familie haben eine schwere Zeit hinter sich. Ihr Mann war bis vor kurzem im Gefängnis, nachdem eine Diebstahlserie, bei der er beteiligt war, aufgeflogen ist. B. nahm ihrem Mann, der nicht Sinto ist, sehr übel, dass er sich hat erwischen lassen.

B. ist bei der Stadt angestellt, arbeitet im Büro und lebt weitgehend unabhängig vom Familienclan. Er kommt nur selten auf die weiterhin bei Frau H. täglich stattfindenden Gesprächsrunden. Seine älteste Tochter M. ist schwanger und lebt weiterhin bei der Großmutter.

Frau H. hält in den täglichen Treffen die Familie zusammen, sie ist die Mutter für alle, will alles wissen, an allem teilhaben und steht allen bei, die ihren Rat wollen. Sie kann besser akzeptieren, dass einige ihrer Kinder ihr eigenes Leben leben wollen, ohne dass ihr alles berichtet und mitgeteilt werden muss.

Zum besseren Verständnis unserer familientherapeutischen Arbeit mit der Clanfamilie sind diverse Begriffe von Bedeutung, die in der psychoanalytischen Arbeit ansonsten keine zentrale Rolle spielen bzw. gar nicht vorkommen: MITTEILEN, NEID, TEILEN, AMAE, CLANGEWISSEN.

Um diese Parameter besser definieren zu können, haben wir gedankliche Anleihen bei Paul Parin, Takeo Doi, Signer und Leon Wurmser genommen, die in ihren Studien Kulturen mit Clanstrukturen untersucht haben.

»WIR ALLE SIND EINE SCHÖNE TORTE!«

Teilen, Mitteilen und Neid

Wie oben beschrieben, war es, bedingt durch die ursprüngliche Lebensweise der nomadisierenden Völker, unerlässlich, alles Wissen und alle Erfahrungen im Gedächtnis zu speichern und mündlich weiterzugeben, damit auch andere Clanmitglieder davon profitieren können. Die daraus folgende, unausgesprochene Regel lautete: *Du musst alles mitteilen!* Jede Erfahrung während der Wanderung wurde auf ihre Allgemeingültigkeit und damit auf ihre Verwertbarkeit geprüft. Dies erfolgte zunächst bei Gesprächen in der täglichen Familienrunde, konnte aber auch im Gesamtclan eingebracht werden und weiterwirken. Diese, in der jahrhundertealten Lebensweise unerlässliche Verhaltensweise entwickelte sich zu einer verabsolutierten Regel, nachdem nach 1945 der Übergang von der nomadisierenden zur sesshaften Lebensweise erzwungen wurde.

Die Pflicht, alles mitzuteilen, ist einerseits Grundlage des täglichen Treffens der Mitglieder in unserem Familienclan, hat sich aber andererseits zu der im unbewussten verankerten Maxime *Du darfst nichts für dich behalten* weiterentwickelt.

Jegliches Erleben des Einzelnen in einer feindlich erlebten Umwelt konnte in der alten Lebensweise umgesetzt werden in eine Erfahrung, aus der die anderen lernen konnten. Erfahrung hatte einen Gebrauchswert für das alltägliche Leben der Familie und evtl. des Gesamtclans. Der ständige Wandel der Umgebung erforderte, dass sich die Fähigkeit, schnell zu reagieren und auf die jeweiligen Gegebenheiten der Umgebung einzugehen, gut entwickelte.

Im täglichen Leben wurde alles Brauchbare, das sich am Weg fand, mitgenommen: Ideelles und Materielles. Erfahrungen wurden, wie oben beschrieben, verarbeitet, Früchte und Dinge, die einem unterwegs begegneten, wurden mitgenommen, meistens Beeren, Waldfrüchte oder kleine Tiere des Waldes und eben manchmal auch die berühmte »Wäsche auf der Leine«.

Dieser traditionelle Umgang mit der Welt wird nun durch die veränderten Lebensumstände sinnentleert und dennoch unbeirrt weitergeführt. Man hat lange und gute Erfahrungen damit gemacht und kennt noch keine anderen. Die Sinti leben in einem Interim: Die Umwelt, das

SIBYLLE TRUMPP VON EICKEN / PETER TRUMPP

Material, die Möglichkeiten für die alte Tradition sind geschwunden; die veränderten Bedingungen sind für sie nicht nutzbar, weder beruflich noch privat. Bisher ist in ihren Vorstellungen wenig Platz für Neues. Die zu ihrer alten Lebensweise gehörende Flexibilität ist nicht auf die statische Welt der Sesshaftigkeit anwendbar. Neue Strategien müssen notwendigerweise entwickelt und erprobt werden.

Die einzelnen Clanmitglieder erleben kaum etwas in ihrem Alltag, sofern sie nicht arbeiten gehen. Die Frauen erledigen vormittags die Hausarbeit in ihrer Wohnung, warten auf die Kinder, die aus der Schule kommen, und gehen dann mit ihnen zu Frau H., die einkaufen war und einen riesigen Topf mit Nudeln gekocht hat. Die weiblichen Mitglieder der Familie machen dann die Hausarbeit bei Frau H., und dann beginnen die anderen Mitglieder des Familienclans zu kommen, und man gleitet in den Nachmittag hinüber und redet. Die Männer arbeiten teils in Gelegenheitsjobs, z. B. in Autowaschanlagen oder als Helfer von Hausmeistern; teils sammeln sie Altmetall für Mitglieder anderer Clans, teils gehen sie auch hausieren. Die Mehrheit ist arbeitslos.

Die vier oder fünf, die aktuell einen Job oder eine Anstellung haben und arbeiten gehen, können Erfahrungen und Erzählungen aus der Arbeitswelt einbringen. Diese sind aber für den Rest des Clans weitgehend irrelevant, da sie aus einer Welt stammen, die den anderen Familienmitgliedern kein Anliegen ist. Der Clan kann genau mit diesen »sesshaften« Erfahrungen nichts anfangen, nicht adäquat reagieren. Die Geschichten aus dem neuen Leben werden also auf die »alte« Weise verarbeitet – was beiden nicht gerecht wird. Der einzelne steht unter dem Druck, dem Rest der Familie etwas mitteilen zu können, ohne etwas erlebt zu haben. Dies führt dazu, dass Geschichten ausgeschmückt, erfunden und immer wieder erzählt werden, auch wenn sie keinen verallgemeinerbaren Erfahrungswert besitzen.

Wir erlebten bei den Therapiesitzungen und auch außerhalb davon immer wieder Gespräche über alltägliche Ereignisse, die mit ungeheurer Verve vorgebracht und besprochen wurden, ohne dass aus diesen Gesprächen irgendeine Folge resultierte. Die Inhalte waren banal, während das Engagement existentielle Dinge vermuten ließ.

Tradition und Kultur wurden in der Lebensweise der Zigeuner bis zum Zweiten Weltkrieg in Geschichten und Erzählungen weitergege-

»WIR ALLE SIND EINE SCHÖNE TORTE!«

ben. In der nomadisierenden Form des Lebens wechselte die Umwelt ständig. Mythen und Geschichten wurden in der mündlichen Überlieferung als Konstante gesetzt. Dabei war es notwendig, diese Geschichten zu wiederholen, weil sie so einerseits auswendig gelernt, andererseits als zuverlässig erlebt wurden. Jetzt, wo Sesshaftigkeit in einer konstanten Umgebung gelernt werden muss, müsste der Geist flexibel reagieren, um Lösungen zur Gestaltung des Lebens zu finden. Stattdessen werden Mitteilungen wiederholt, die von Beginn an keine tragende Bedeutung für das Leben des Clans hatten.

Wir erlebten, dass diejenigen, die etwas berichten konnten, als interessant angesehen wurden. Es entstand also etwas wie Neid auf das Erlebte, das Berichtbare. Wenn das eigene Erleben als langweilig empfunden wird, wird ein Vorrat an Erzählbarem zum Reichtum.

Wir hatten den Eindruck, dass es für die einzelnen Mitglieder ausgesprochen schwierig war, täglich neue »Mitteilungen« zu machen und nichts für sich zu behalten, ohne tatsächlich etwas erlebt zu haben, das passend war, mitgeteilt zu werden. Häufig scheint das dazu zu führen, dass Interpretationen, eigene Empfindungen und Phantasien an die Stelle echter Erfahrungen gesetzt werden. Es ist nicht sicher, ob dieser Unterschied dem Erzählenden oder den Zuhörern klar ist.

Eine Ähnlichkeit zu dieser Pflicht, Nachrichten zu teilen, meinten wir bei Signer[9] zu erkennen, der beschreibt, wie der einzelne Afrikaner[10] durch die herrschende Teilungsideologie gezwungen wird, den täglichen Verdienst mit allen verfügbaren Familienmitgliedern zu teilen. Die im Clangewissen verankerte Ideologie der dort beschriebenen Lebensweise lautet: Teilen ist überlebensnotwendig. Wer etwas besitzt, muss es teilen, da er sonst Gefahr läuft, von den anderen Familienmitgliedern verhext zu werden, die der Ideologie entsprechend ihn beneiden. In eindrücklicher Weise zeigt Signer, wie unmöglich es ist, in Westafrika Reichtum oder Geld anzuhäufen, weil dies durch den Teilungszwang verhindert wird. Egal, ob einer lange von Zuhause fort war, ob er mühselig jeden Pfennig sparen musste, um die Reise in sein Heimatdorf zu finanzieren, oder ob er in seinem Geschäft von einem Ver-

---

[9] Signer, David (2004): Die Ökonomie der Hexerei oder Warum es in Afrika keine Wolkenkratzer gibt, Wuppertal (Peter Hammer).
[10] Afrikaner heißt hier immer Westafrikaner aus Togo, Mali oder Benin.

wandten aufgesucht wird, immer geht es darum, die Vorstellung der Familienmitglieder vom Reichtum zu befriedigen, indem geteilt wird. Bei den von Signer beschriebenen Gelegenheiten findet die Teilung so statt, dass dem Gebenden nichts mehr bleibt. Gelingt es einem Afrikaner[11] dennoch, reich zu werden, so muss er ständig gewärtig sein, dass ein Familienmitglied einen Hexer damit beauftragt, ihn zu verhexen. Signer ist in seinen wiederholten, langjährigen Feldforschungen, Menschen begegnet, die, in die Stadt gezogen, also von ihrer Familie getrennt, relativen Reichtum erlangen konnten, sobald sie aber mit der Familie wieder in Berührung kamen, entweder alles durch Teilen verloren oder durch Hexerei gezwungen wurden, Gegenzauber zu veranlassen und dafür Opfer zu bringen, die so aufwändig waren, dass sie dadurch alles verloren. Wer anderen, die mit Recht Anspruch erheben, etwas vorenthält, das er teilen könnte, hat Vergeltung bzw. Rache verdient. Die Vorenthaltung von etwas Teilbarem muss aufgehoben werden.

Diese Ideologie, die bezogen auf afrikanische Lebensformen mit starken Clanbindungen, beschrieben wurde, scheint sich in ähnlicher Form, wenn auch mit anderen Akzenten, in dem von uns therapierten Zigeunerclan wieder zu finden.[12] Hier handelt es sich allerdings nicht um den Zwang, materielle Güter mit den Anderen zu teilen, sondern darum, Lebenserfahrungen und damit die Ereignisse aus der persönlichen Erlebniswelt des einzelnen Clanmitglieds zu teilen. Lebenserfahrungen waren ja für den Fortbestand des Clans unerlässlicher Teil dessen, was im Clangedächtnis erhalten werden musste. Indem Erfahrungen den anderen Familien- bzw. Clanmitgliedern mitgeteilt wurden, konnten diese davon profitieren, indem sie aus der Mitteilung lernten, ähnliche Situationen im positiven Fall herbeizuführen und im negativen Fall zu vermeiden. So sehr der Hintergrund für die Forderung nach »Mitteilung« einsichtig ist, so fragwürdig ist ihre Verabsolutierung, die bei veränderten Lebensumständen dann sinnentleert fortbesteht.

---

[11] Es sollte übrigens nicht unerwähnt bleiben, dass alles Geld, das die Familie vom Sozialamt erhielt, miteinander ausgegeben wurde. Es gab allerdings keinerlei Anzeichen, dass über liebevolle Geschenke hinaus, diejenigen, die mehr verdienen, ideologisch gezwungen sind, alles zu verteilen. Es deutete allerdings auch nichts daraufhin, dass Mitglieder der beschriebenen Familien oder anderer uns bekannter Clans, in der Lage wären, großen Reichtum anzuhäufen.

[12] s. o.

»WIR ALLE SIND EINE SCHÖNE TORTE!«

Auffallend ist, dass diese Maxime nur nach innen gilt und gelebt wird. Wir konnten beobachten, dass sich die einzelnen Mitglieder des Clans nach außen durchaus abgegrenzt (um nicht zu sagen: abgekapselt) verhalten. Selbst in der Arbeit haben sie wenig kommunikativen Austausch mit der Außenwelt: Sie freunden sich nicht mit Arbeitskollegen an, die ihnen meist zunächst mit Vorurteilen begegnen, und sie eignen sich Begriffe und Arbeitsinhalte nur insoweit an, wie dies ihrer Arbeitsaufgabe entspricht.

In der Arbeitswelt treffen die Zigeuner auf Menschen mit Vorurteilen. Notwendigerweise entstehen daraus Brüche und Konflikte in der Kommunikation. Da die Zigeuner den üblichen Austausch in der Kantine oder am Stammtisch mit den Arbeitskollegen meiden, bleiben die Vorgänge den jeweiligen subjektiven Projektionen und Phantasien überlassen. Die Folge ist, dass sich Vorurteile auf beiden Seiten eher verfestigen.

Amae

In Japan scheint der Austausch mit der Welt außerhalb der Familie anders zu sein. Es entsteht der Eindruck, der Einzelne könnte seine Zugehörigkeit mit den entsprechenden Gefühlen und Selbstwahrnehmungen zwischen verschiedenen Gruppen und Gruppierungen austauschen: Er/sie geht also aus der Familiengruppe in die Arbeitsgruppe, aus der Arbeitsgruppe in die Sportgruppe/Reisegruppe usw.

Dieses Phänomen wird in einem anderen Begriff wichtig, der uns im Nachhinein bedeutsam für die Clantherapie erscheint: *amae*. Sowohl das Wort als auch seine Semantik existiert nur im Japanischen. *Amae* ist Geborgenheit, Zugehörigkeit, Nähe, Enge, Abhängigkeit, Teil eines Ganzen. Das Individuum fühlt sich nicht vollständig, kann sich nicht realisieren, ohne ein Teil eines Ganzen zu sein. Es ist, als wäre der Einzelne nicht existenzfähig, ohne die entsprechende Zugehörigkeit zu einer Gruppe. Das Bild, das sich uns hier aufdrängt, ist der Wassertropfen, der als einzelner zu sehen ist, aber keinen Bestand hat und erst in der Summe mit anderen Tropfen zum Wasser wird.

Takeo Doi, Psychoanalytiker aus Japan, beschreibt, wie wichtig *amae* in der japanischen Gesellschaft und in der Entwicklung des japanischen Kindes ist. Doi geht davon aus, dass es einen Abhängigkeitstrieb gäbe, der sich in amae äußert und befriedigt wird. Die Verbform *amaeru* ist laut Wörterbuch »sich der Liebe, des Wohlwollens eines anderen gewiss sein, sich wie ein verwöhntes Kind benehmen, sich einschmeicheln«. Wichtig erscheint uns, dass diese Inhalte – anders als in westlichen Kulturen – keinen negativen Beigeschmack haben, also nicht Zustände beschreiben, die in der psychischen Entwicklung allenfalls passager sind und überwunden werden sollten. In unserer westlichen Vorstellung von der Entwicklung einer gesunden Persönlichkeit werden solche in *amae* enthaltenen Abhängigkeiten als die Persönlichkeitsentwicklung einengende Fehlentwicklungen angesehen. Vergleichbar wäre in der psychoanalytischen, europäischen Sicht eine symbiotische Beziehung zwischen Mutter und Kind, die je nach der theoretischen Ausrichtung entweder von vorneherein als pathogen oder allenfalls in der frühesten Entwicklung des Säuglings als eine vorübergehende, altersadäquate Entwicklungsphase gesehen wird.

Doi nennt *amae* ein Medium, das es der Mutter ermöglicht, die Seele des Säuglings zu verstehen. Doi sieht den Wunsch nach dem Objekt als eigenständige »Triebrepräsentanz« und lehnt die Überlegungen Freuds ab, dass Objektbesetzungen durch Wirkung des Sexualtriebs zustandekommen. »Gegenüber dieser Theorie Freuds schlage ich vor«, so Doi, »dass das Abhängigkeitsbedürfnis als ein unabhängiger Trieb gedacht werden sollte, getrennt von den sexuellen oder aggressiven Trieben aus dem sich das Bedürfnis nach Liebe entwickelt.«

In der Begegnung mit Dois Definition konnten wir einerseits besser verstehen, warum uns aufgefallen war, dass Japaner so oft in Gruppen auftreten, sei es bei Tagungen, sei es in Reisegruppen; anderseits gab uns dieser Gedanke auch Anregungen für ein besseres Verständnis von der Familie H.: Auch in der in einen Clan eingebundenen Familie H. gibt es so etwas wie *amae*. Auch dort ist die Entwicklung einer starken, »freien«, selbstständigen Persönlichkeit nicht das vorrangige Ziel für die Entwicklung der Kinder.

Die Kinder bekommen dafür ein großes Maß an Geborgenheit, Angenommensein, Selbstverständlichkeit und eine Atmosphäre, in der sie nicht lernen müssen, sich und ihre Interessen gegen andere Familien oder Clanmitglieder zu verteidigen. Das Zugehörigkeitsgefühl des ein-

»WIR ALLE SIND EINE SCHÖNE TORTE!«

zelnen zu seiner Familie scheint durchaus dem der *amae* zu entsprechen und zu befriedigen. Der Wunsch, hier dazuzugehören, um diese Befriedigung auch zu bekommen, scheint sehr stark zu sein. Die Schwiegerkinder der Familie scheinen ihn zu empfinden, denn nur wenige von ihnen können sich z. B. dem Druck, täglich im Wohnzimmer von Frau H. zu erscheinen, verweigern.

Der Sog, der den Wunsch zu diesem Clan zu gehören, geriert, wird durch die Definition von *amae* verständlich. Die Familie mit dieser amae-Struktur strahlt Geborgenheit und Sicherheit aus. In der Gegenübertragung war für uns in manchen Stunden dieser Sog sehr spürbar. Wir erkannten und spürten im Verlauf der Therapie, wie das, was wie Geborgenheit aussieht, zugleich als fesselnde Enge wirkt. Für die Menschen, die in *amae* leben, ist eine andere Form von Familienbanden nicht vorstellbar. Die Fähigkeit des Kindes, sich so weit von der Mutter zu entfernen, dass die Aufnahme einer Objektbeziehung möglich wird, ist ein wichtiger Schritt in der gesunden Entwicklung westlicher, europäischer Kinder. Auch die Kinder der Familie H. kennen diesen Wunsch, sie kennen aber auch die Geborgenheit der Clanfamilie, und zwischen diesen widersprüchlichen Polen bewegte sich unsere Therapie. Diesen Sog, der von dieser engen, vertrauten Form zu leben ausgeht, verstanden wir bei uns als Wunsch nach Regression, dessen Wahrnehmung in der psychotherapeutischen Gegenübertragung wesentlich und nützlich war. Wir konnten nachvollziehen, wie der Wunsch dazuzugehören, die Wahrnehmung der Umwelt verringert und wie sehr er den Austausch mit ihr verhindert.

Clangewissen

Wir beziehen uns in unserem Verständnis des Clangewissens auf Parin: ».... seine Forderungen sind in engerer Gemeinschaft gültig als die unseres Überichs, dass diese mehr außerhalb der Persönlichkeit liegen oder nach außen projiziert werden, in die Sozietät, in Tabus und animistische Vorstellungen. Die Verletzung dieser Forderungen erzeuge akute Angst, welche der Bannung und Projektion zugänglicher sei als die Gewissensangst oder das Schuldgefühl, die bei Verletzung der Forderung des Überichs auftreten. Dieses Clangewissen, vom Ich weniger abdifferenziert, enthalte auch konkretere Forderungen, als es die abstrakten Gebote und Verbote unseres Überichs zu sein pflegen.«

Das Clangewissen basiert auf dem Wissen um die Werte eines Clans. »Wenn du mit den Deinen lebst, ihr füreinander da seid und den Regeln des Clans folgt, könnt ihr fortbestehen; wenn du allein bist, es anders machst, bist du verloren.« Der Clan ist der Rückhalt und der Schutz für den Einzelnen. Der Clan gibt dem Einzelnen seine Identität, als Teil des Ganzen, weit mehr als es z. B. für uns mit dem Begriff Vaterland verbunden wird. Parin forschte und formulierte seine Thesen bezogen auf Clans westafrikanischer Stämme. Wir meinen, dass bei den Sinti und Roma der Clan und die damit verbundene Lebensweise eine ähnlich zentrale Stellung einnehmen wie bei afrikanischen Völkern: Sie geben Identität und müssen entsprechend geschützt werden. Der Schutz des Clans wird mit Hilfe verschiedener Regeln und Riten gesichert. Aus diesem Grund haben die Zigeuner einen Kanon von Sitten und Gesetzen, die nicht verletzt werden dürfen. Dabei kann es sich um etwas für uns Unwichtiges wie eine Kleiderordnung handeln oder um etwas schwerwiegendes wie Untreue in einer festen Paarbeziehung. Wer diese Gesetze verletzt ist »infam«, d. h. nicht zum normalen Umgang geeignet, unrein. Da diese Gesetze nicht niedergeschrieben sind – Romanes ist traditionell keine geschriebene Sprache –, bleiben sie noch mehr als andere Gesetze offen für Interpretationen und bedürfen der Auslegung.

Die Interpretation der Gesetze obliegt dem Clanoberhaupt. Wenn das Clanoberhaupt in Zweifelsfall befragt wird, bestimmt es, welche Handlungen in Übereinstimmung mit den Gesetzen der Zigeuner sind und welche dagegen stehen.

In einem Fall haben wir erlebt, wie diese Entscheidung doch sehr willkürlich gehandhabt wurde: Alle Mitarbeiter unserer Praxis gehen ein- bis zweimal pro Woche in ein Restaurant im Stadtteil Essen, in dem früher auch Zigeuner verkehrten. Nachdem wir und auch Sinti und Roma seit fünf Jahren in diesem Lokal verkehrten, hieß es plötzlich zu einem uns völlig unbegründeten Zeitpunkt von dem Oberhaupt eines Clans, mit dem wir kaum Kontakt hatten, Sinti dürften nicht mehr in dieses Lokal gehen und dort essen, weil wir als »infame« Personen dort äßen. Überraschenderweise wird dieses Verdikt auch von Sinti anderer Clans eingehalten.

»WIR ALLE SIND EINE SCHÖNE TORTE!«

Die Gesetze und Bräuche sind sehr stark auf den Erhalt des Clans ausgerichtet. Das führt dazu, dass jeder sich stark für den Clan und die anderen Clanmitglieder einsetzt. Gleichzeitig ist die Sorge für sich selbst relativ schwach ausgeprägt. Das zeigt sich auch bei Gesundheitsstörungen. Die Zigeuner kommen meist dann in die Sprechstunde, wenn sie von anderen gedrängt und begleitet werden. Sie zerbrechen sich den Kopf darüber, wie es den anderen besser gehen kann, für sich selbst tragen sie kaum Sorge.

Für sich selbst wird der direkte Lustgewinn bzw. die Vermeidung von Unlust gesucht.[13] Unangenehme Situationen werden, wenn irgend möglich, vermieden. Es gibt kaum einen inneren Zwang, Pflichten zu erfüllen, soweit sie einen selbst betreffen, z. B. Schulbesuche. Dagegen wird für den Anderen oft alles getan. Das heißt auch, man trägt Verantwortung für den Clan, aber kaum für sich selbst.

Werden die Gesetze verletzt, droht als Sanktion die Infam-Erklärung, der Ausschluss aus dem Clan. Obwohl sich keinerlei Veränderung in der Lebensweise zeigt, kommt der Ausschluss aus dem Clan für den einzelnen einer völligen Zerstörung gleich. Subjektiv wird das für den Einzelnen oder eine Familie erlebt wie ein Leben von Aussätzigen. Ausgesprochen wird die Sanktion vom Familienoberhaupt.

In dem von uns therapierten Clan, in dem das Familienoberhaupt fehlte, führte das Wissen um diese potentielle Urteilsform zeitweise zu Phantasien und Ängsten. Clanmitglieder gaben im Konfliktfall ihre eigenen, divergierenden Interpretationen, ohne dass tatsächlich Sanktionen drohten, da niemand die Autorität dazu hatte, sie tatsächlich durchzuführen. Die theoretische Bedrohung durch Ausschluss aus dem Clan war für die betreffende Clanfamilie konsequenzlos, insbesondere da niemand aus dem Gesamtclan der Familie feindselig gegenüberstand. Die Phantasien dazu wucherten dennoch, bei jedem Konflikt mit den jüngeren Geschwistern, z. B. als alle glaubten, S. wäre drogenabhängig.

---

[13] vgl. auch Parin u. a. (1978): Fürchte deinen Nächsten wie dich selbst.

SIBYLLE TRUMPP VON EICKEN / PETER TRUMPP

Literatur

Doi, Takeo (1982): *AMAE – Freiheit in Geborgenheit*. Frankfurt a. M.

Parin, Paul et al. (1983): *Die Weißen denken zuviel*. Frankfurt a. M.

Parin, Paul et al. (1978): *Fürchte deinen Nächsten wie dich selbst*. Frankfurt a. M.

Wiesse, Jörg (Hrsg) (1990): *Psychosomatische Medizin in Kindheit und Adoleszenz*. Göttingen.

Wurmser, Léon (2006): Pathologische Eifersucht in Forum der Psychoanalyse 22/1.

Signer, David (2004): *Die Ökonomie der Hexerei oder Warum es in Afrika keine Wolkenkratzer gibt*. Wuppertal.

SUSANNE OGRIS
Minderheiten – Leben und Überleben in einer globalisierten Welt
Identität, Anpassung und Widerstand
am Beispiel der Kärntner SlowenInnen

Der so genannte Minderheitenkonflikt in Südkärnten hat in den ersten Wochen des Jahres 2006 an für ganz Österreich peinlicher Aktualität gewonnen. Neu aufgeflammt ist der Streit um die bereits im Artikel 7 des Österreichischen Staatsvertrages im Rahmen der Minderheitenschutzbestimmungen vorgesehenen zweisprachigen topografischen Aufschriften in Gebieten Kärntens mit slowenischer oder gemischtsprachiger Bevölkerung (siehe dazu Fußnote 11). Im Konkreten handelt es sich um das Aufstellen zweisprachiger Ortstafeln in Gemeinden mit deutsch- und slowenischsprachigen BewohnerInnen. Die Umsetzung ist bis heute nicht erfolgt und wird weiterhin vom derzeitigen BZÖ-Landeshauptmann (in weiterführender Tradition seiner sozialistischen Amtsvorgänger) auf absurde Weise boykottiert, indem er in Berufung auf den demokratischen Willen des Volkes, welches laut einer von ihm in Auftrag gegebenen Umfrage in den betroffenen Gemeinden keine zweisprachigen Ortstafeln möchte, ein Erkenntnis des Verfassungsgerichtshofes[1], das die unverzügliche Implementierung der Ortschilder fordert, in Frage stellt. Die österreichische Bundesregierung in Wien sieht (zwar nicht wort-, dennoch) tatenlos zu, wie weiterhin im südlichsten Bundesland Österreichs unter den Augen der Weltöffentlichkeit, die aufgrund der derzeitigen EU-Ratspräsidentschaft auf Österreich gerichtet sind, rechtsstaatliche Prinzipien unsanktioniert nivelliert, Gesetze missachtet und eine Minderheit diskriminiert wird.

Ein positiver Nebeneffekt des momentanen politischen und medialen Wirbels um die zweisprachigen Ortstafeln ist, dass die Öffentlichkeit in ganz Österreich auf die in den letzten 30 Jahren in Vergessenheit geratene Situation der Kärntner SlowenInnen aufmerksam geworden

---

[1] Österreichische Amtssprache für ein Gerichtsurteil der Höchstgerichte.

ist, und zumindest kritische Kreise allmählich ein Problembewusstsein für die teils offensive und teils schleichende Assimilierungspolitik hierzulande entwickeln.

Die Minderheitenthematik in Österreich, speziell was die Volksgruppe der Kärntner SlowenInnen betrifft, verfolge ich seit vielen Jahren nicht nur aus wissenschaftlichem und politischem Interesse, sondern auch, weil sie Teil meiner persönlichen Lebensgeschichte ist. Mein Vater stammt aus der Volksgruppe der Kärntner SlowenInnen und ist zweisprachig teils in Slowenien, teils in Kärnten aufgewachsen. Seine beruflichen Lebensumstände haben ihn letztlich nach Linz an der Donau verschlagen, wo ich geboren wurde und deutschsprachig aufwuchs. Mein Vater förderte stets den Kontakt zu unseren Kärntner slowenischen Verwandten in dem kleinen Dorf, aus dem seine Mutter stammte und in dem er einige Jahre seines Lebens verbracht hatte. Mein Bruder und ich wurden jedes Jahr dorthin auf den Hof unserer Großtante, der Erbin des Stammhauses unserer gemeinsamen Ahnen, auf Sommerfrische geschickt. Auch sind unsere Familien über mehrfache gegenseitige Patenschaften miteinander verbunden, und wir feiern die großen, Lebensstadien markierenden Feste, quasi die Übergangsrituale, gemeinsam.

Daher sind mir das Alltagsleben am Bauernhof einer Kärntner slowenischen Familie, die lokalen Bräuche und Gepflogenheiten, das Leben einer Minderheit innerhalb einer Mehrheitsgesellschaft und deren Umgang mit Zweisprachigkeit genauso vertraut wie das Leben in einer mittelgroßen Provinz- und Industriestadt wie Linz oder das internationale Großstadtleben in Wien, wo ich seit 20 Jahren wohne. So jedenfalls dachte ich – bis ich bei einer anderen Kärntner slowenischen Familie in einem anderen kleinen Dorf in einer anderen Südkärntner Region zwei Tage zu Gast war.

Kurz nach meiner Ankunft im Dorf befielen mich unerwartete Irritationen, denen ich nachzuspüren versuchte, indem ich meine Erfahrungen, Erlebnisse und Gegenübertragungen in Form eines Forschungstagesbuches festhielt. Ich begann bereits vor Ort mit meinen ersten Aufzeichnungen. Was irritierte mich? War es die Diskrepanz zwischen dem vermeintlich Vertrauten und dem zunächst unspezifischen Gefühl, dass es doch fremd war? Was löste dieses unerwartet Fremde in mir aus, welche verdrängten Anteile sprach es an?

Die Irritationen während meines Aufenthaltes in dem »fremden« Dorf wurden zum Ausgangspunkt für das Entstehen der nun folgenden Geschichte bzw. dafür, mich auf der Basis meiner Erfahrungen in diesem Dorf und unter Einbeziehung des über viele Jahre gesammelten biografischen wie Quellenmaterials letztlich ethnopsychoanalytisch mit der Volksgruppe der Kärntner SlowenInnen auseinander zu setzen. Der Erkenntnisgewinn vollzog sich entlang meiner Beziehung zu den Beforschten und der eigenen, aus meinem biographischen und soziokulturellen Hintergrund resultierenden Positionierung innerhalb dieses Settings, ausgehend von Erdheims These, dass die Analyse der fremden Erfahrung immer mit der Analyse der eigenen Erfahrung gekoppelt sein müsse (Erdheim, 1992), und der ethnopsychoanalytischen Prämisse der Einbeziehung der methodisch gehandhabten, reflektierten Subjektivität der Forscherin als Erkenntnisinstrument im Forschungsprozess (Nadig, 1992).

Aus den bearbeiteten Tagebucheintragungen, zahlreichen nachfolgenden Gesprächen mit den AkteurInnen der Geschichte und zusätzlichen ExpertInnengesprächen mit VertreterInnen der Volksgruppe entstand in einem ersten Schritt die folgende Erzählung, die in Form von »dichten Beschreibungen« (Geertz, 1997) meine Gegenübertragungen und Abwehrmechanismen – im Text bewusst nur ananalysiert und anreflektiert – beinhaltet.

Zwei Tage im Dorf der Gallier:
Eine Geschichte über Identität, Zweisprachigkeit und
bäuerliche Kultur

Wir befinden uns im Jahre 2004 n. Chr. Das ganze Rosental ist mittlerweile deutschsprachig. Nein! Ein von unbeugsamen Kärntner Slowenen bevölkertes Dorf hört nicht auf, der drohenden Assimilation Widerstand zu leisten. Und das Leben ist nicht leicht für seine Bewohner...

Die Geschichte spielt im Spätsommer und beginnt mit einer regnerischen nächtlichen Autofahrt von Wien nach Kärnten. Diesmal führt mich mein Weg nicht wie so oft zuvor ins Jauntal zu meinen slowenischen Verwandten, sondern ins Rosental zur Schwiegerfamilie meiner

SUSANNE OGRIS

Freundin, die mich für das ehrenvolle Amt der Taufpatin ihres zweiten Kindes auserkoren hat. Ich habe Glück, denn der Zufall will es, dass ich mit meiner Wiener Nachbarin und ihrem Lebensgefährten, einem Kärntner Slowenen aus jener Gegend, in die ich nun zu fahren gedenke, mitfahren kann. Todmüde von einem anstrengenden Arbeitstag, verschlafe ich beinahe die gesamte Autofahrt und erwache erst ein paar Kilometer vor meinem Bestimmungsort. Ein Blick durchs Fenster genügt und mir ist angesichts der Nebelschwaden, die uns umgeben, klar, dass es wieder einmal saukalt sein muss hier in Kärnten – und das Ende August! Aus all meinen kindlichen und erwachsenen Erinnerungen an die zahlreichen Aufenthalte am Bauernhof meiner Kärntner Verwandten ist mir kaum eine so hängen geblieben wie jene an entweder ungemütlich kalte oder zu heiße, von Gelsenattacken (Gelse: österr. für Stechmücke) begleitete Nächte. Nun ist wieder Kälte angesagt.

Endlich erreichen wir gegen Mitternacht unser Ziel, ein kleines Dorf, in dem ich bereits vor zwei Jahren einmal auf der Durchreise kurz zu Besuch war. Bei Nacht, Regen und Nebel sieht aber alles anders aus – Wiedererkennungswert null, konstatiere ich gedanklich. Meine Freundin und ihr Mann erwarten mich schon im Hof des elterlichen Anwesens, da sie unser Auto aus einer Entfernung von zwei Kilometer nahen gesehen haben. Wochentags – es ist Donnerstag – sind hier nächtens um 24 Uhr wohl nur wenige Leute auf der Landstraße unterwegs. Erleichtert, endlich angekommen zu sein, steige ich aus dem Fahrzeug aus und begrüße das Paar. Die nasse, an Novembertage erinnernde Kälte kriecht mir sogleich durch alle Glieder, und mich fröstelt – auch weil ich erschöpft und hungrig bin. Wir stehen noch eine Zeit lang frierend im Hof, plaudern ein bisschen mit meiner Nachbarin und ihrem Freund, die mich hergebracht haben, und vereinbaren, wann wir wieder nach Wien retour fahren. Dann – endlich! – geht es ab in die warme Küche des Bauernhauses, wo ich verköstigt werde, mit Schweinsbraten und Semmelknödeln – fast wie bei den Galliern.

Am nächsten Morgen erwache ich von den Sonnenstrahlen, die das ganze Zimmer durchfluten, das ich mit meiner Freundin und meinem Taufkind teile. Während sie noch das Baby versorgt, stecke ich meinen Kopf für einen ersten Lokalaugenschein zur Verandatür hinaus. Es ist morgendlich frisch, aber es verspricht ein wunderschöner, wolkenloser Spätsommertag zu werden. Das Dorf, das nur aus einigen direkt an der

MINDERHEITEN – LEBEN UND ÜBERLEBEN ...

Straße gelegenen Einfamilienhäusern, kleinen Landwirtschaften und einem Gasthaus besteht, zeigt sich nun bei Tageslicht von einer ganz anderen Seite als im unwirtlichen, nächtlichen Nebel, in dem ich nur schemenhaft ein paar Häuserkonturen erkennen konnte. Vor meinen Augen tun sich im klaren Sonnenlicht hübsche Häuser im rustikalen Stil, liebevoll gepflegte Gärten mit Obstbäumen, Blumen- und Gemüsebeeten inmitten von saftiggrünen Wiesen auf. Die verschiedenen mediterranen Pflanzen, die entlang der Hauswände stehen und die Terrassen zieren, geben dieser ländlichen Idylle ein ganz spezielles Alpen-Adria-Flair. Fasziniert von der beschaulichen Schönheit und Stille dieses Ortes begebe ich mich auf einen kurzen Erkundungsgang um das zweistöckige, verhältnismäßig große Haus meiner Gastgeber. Die Vorderseite des Gebäudes mit der Veranda und den Balkonen ist gegen Süden gerichtet, mit Blick auf den Gebirgszug der Karawanken, der die politische Grenze nach Slowenien bildet und in dessen Wäldern – wie mir später erklärt wird – einst Partisanen gegen Nazis kämpften. Von der mit Palmen und Oleanderbüschen umrandeten Veranda aus betrachte ich die Schafe, die nur einige Meter von mir entfernt – abgegrenzt durch einen Holzlattenzaun und den Bach, der das ganze Grundstück durchzieht – in einem kleinen Obstgarten friedlich vor sich hin grasen. Östlich des Hauses erstrecken sich neben der Auffahrt die Kuhweide eine Pferdekoppel und das Wirtschaftsgebäude mit Stall. Zum Anwesen gehört auch ein Sägewerk, das der Familie in den letzten Jahren die Existenz sicherte, denn mit einem kleinbäuerlichen Betrieb kann man im Südkärntner Raum höchstens noch als Nebenerwerbsbauer überleben. Ich erinnere mich, dass auch mein Onkel vor 20 Jahren in einer Fabrik zu arbeiten begann, da der Hof nicht genug einbrachte, um die Familie zu ernähren und die Kinder auf gute Schulen schicken zu können. Auch der EU-Beitritt 1995 brachte nach Meinung der ortsansässigen Bevölkerung vielen Südkärntner Kleinbauern aufgrund der neuen Richtlinien und der Tatsache, dass Südkärnten kein besonders stark gefördertes Gebiet ist, das endgültige Aus.

Auf meinem Streifzug um das Haus wundere ich mich, wie feudal dieser Bauernhof im Vergleich zu den urigen Höfen meiner bisherigen Jauntaler Erfahrungswelt wirkt, und erkläre es mir damit, dass der gesamte Ort bereits im Einzugsgebiet des Wörthersees in unmittelbarer Nähe Veldens und anderer Tourismusmetropolen liegt. Beeinflusst durch die zunehmende Anzahl an Sommergästen in der Region dürfte er sein ursprüngliches Erscheinungsbild im Laufe der Zeit stark verändert und den neuen Gegebenheiten und Erfordernissen angepasst haben. Durch das Angebot an Fremdenzimmern hat sich auf den Höfen allmählich eine eigene architektonische und soziale Mischkultur entwickelt. Bauernhöfe, wie ich sie aus dem Jauntal kenne, verschwinden in dieser Gegend nach und nach aus dem Ortsbild.

Ich gelange nun zur Rückseite des Hauses, von der gleich in Anschluss an die vom Familienoberhaupt – dem Großvater des Taufkindes – errichtete Pergola und Grillgrotte ein kleiner steiler Hügel hochragt, hinter dem sich weite Felder in die sanfthügelige Landschaft einschmiegen, die sich dann hinab in die Ebene des Rosentals neigt. Ein schönes Fleckchen Erde.

In der Umgebung wird das kleine 80-Seelen-Dorf unter den »Deutschkärntnern« – wie ich später erfahren sollte – wegen seiner wenigen slowenischsprachigen Familien »das Serbendorf« genannt. Offensichtlich scheint man keinen Unterschied zu machen zwischen Kärntner Slowenen und Serben, denn schließlich sitzt zahlreichen »Deutschkärntnern« die vielzitierte Kärntner Urangst vor der so genannten slawischen Invasion, konkreter: der slowenischen Unterminierung des Landes, nach wie vor im Nacken. Für sie bleibt ein Slawe immer ein Jugo-Slawe. Ein Gedenkstein bei Velden erinnert heute noch mit der Inschrift: »Bis hierher und nicht weiter kamen die serbischen Reiter« in polemischer Weise an den Kärntner Abwehrkampf[2] nach dem Ersten

---

[2] Nach dem Zusammenbruch der k. u. k. Monarchie beanspruchte der am 1. Dezember 1918 gegründete SHS-Staat (Königreich der Serben, Kroaten und Slowenen) Südkärnten für den neuen südslawischen Staat. 1918 und 1919 kam es zu erbitterten Grenzkämpfen zwischen Deutschkärntnern und den SHS-Truppen, die als so genannter Kärntner Abwehrkampf in die Lokalgeschichte eingingen. Südkärnten wurde bis einschließlich Klagenfurt von den SHS-Truppen besetzt. Durch die bewaffneten Auseinandersetzungen auf den Streitfall Kärnten aufmerksam geworden, beschlossen die Großmächte bei der Friedenskonferenz in Paris im Mai 1919 ein Plebiszit über die territoriale Zugehörigkeit Südkärntens abzuhalten. Die Volksabstimmung fand am 10. Oktober 1920 in 51 zweisprachigen Gemeinden Südkärntens statt. 59,04 Prozent der Wahlberechtigten stimmten für den Verbleib bei Österreich (vgl. hierzu Österreichisches Volksgruppenzentrum, 1993a und 1993b). Die entscheidenden Stimmen für dieses Resultat kamen aus den Reihen der Kärntner Slowenen, was bis heute von »heimattreuen« Deutschkärntnern wie z. B. den Mitgliedern des Kärntner Abwehrkämp-

Weltkrieg. Für mich ein Beispiel »unbegriffener verkommener Geschichte«, wie Peter Gstettner (1999)[3] die Kärntner Situation bzw. das Kärntner Geschichtsbewusstsein so treffend beschrieb.

Mit den ersten Eindrücken von meinem Rundgang beschäftigt, hole ich meine Freundin ab. Sie ist nun mit der Versorgung des Kindes fertig, und wir begeben uns in die großräumige Küche im ersten Stock, die der zentrale Ort des Familiengeschehens zu sein scheint. Dort treffe ich das Familienoberhaupt und seine Gattin, ein Ehepaar um die 70, die mich sehr herzlich empfangen. Beide erinnern mich von ihrem Aussehen her – ihren von vieler Arbeit im Freien und einem harten Leben gezeichneten Gesichtern – an meine Verwandten, bei denen ich so viele wunderschöne Sommer in meiner Kindheit und auch später verbracht habe. Ihre Art Deutsch zu sprechen – Kärntner Dialekt mit jener besonderen Sprachmelodie, die so typisch für zweisprachige Kärntner ist – hat für mich einen ganz eigenen und vertrauten Klang. Ich fühle mich gleich heimisch.

In der Küche ist bereits einiges los. Der ältere, dreijährige Sohn meiner Freundin läuft mit einem Marmeladebrot in der Hand herum, hinter ihm sein Vater. Dieser ist der jüngste Sohn des Hauses, er lebt und arbeitet in Wien und ist mit seiner Familie eigens nach Kärnten gereist, um hier in seinem Heimatort sein zweites Kind taufen zu lassen. Er ruft dem herumflitzenden Knirps auf Slowenisch etwas nach, das ich den Worten nach nicht verstehe, da ich trotz meiner slowenischen Wurzeln dieser Sprache – bis auf wenige Brocken – nicht kundig bin, aber vom situativen Kontext her, seiner Mimik, der Lautstärke bzw. der Betonung des Gesagten kann ich inhaltlich erfassen, worum es geht: Der Bub soll nicht herumlaufen, sondern sich zum Tisch setzen, wenn er isst. Außerdem soll er mich endlich begrüßen, was ich den Wortfetzen »Susi« und »Dobro jutro« und dem darauffolgenden kurzen, auf mich gerichteten Seitenblick des Kindes entnehme.

---

ferbundes (KAB) negiert wird (s. hierzu den Artikel von Christa Zöchling im *profil* vom 6. Februar 2006).

[3] Gstettner meint aus seinen Erfahrungen mit Kärntner Studierenden, dass diesen die Kärntner Gesellschaftsgeschichte »nur in Form von mühsam angelernten Wissensbruchstücken« zur Verfügung stehe und nicht als »biografisch erworbenes Reflexionswissen« (ebd., S. 185). Er vermerkt weiter hierzu, dass wir es im Kärntner Alltag mit einem »verkürzten, manipulierten und selektiv vermittelten Geschichtsbewusstsein« (ebd., S. 185) zu tun hätten.

SUSANNE OGRIS

Beim Tisch sitzen zwei der drei unverheirateten Söhne meiner Gastgeberfamilie, wovon einer – der älteste – die *Novice,* die slowenische Wochenzeitung der Kärntner Slowenen, liest und der andere, der ebenfalls eigens aus Wien für die Taufe angereist ist, an seinem Frühstücksbrot kaut; der dritte Bruder sei auf Schicht, wird mir auf meine Nachfrage erklärt, als ich alle der Reihe nach begrüße. Während meine Freundin und ich kurz unsere Tagesplanung besprechen, läuft die Unterhaltung der Familienmitglieder untereinander weiter, aber jetzt in ihrer Muttersprache Slowenisch. Im Hintergrund tönt aus dem Radio slowenische Volksmusik. Ein mir bekanntes Stimmungsbild, denke ich bei mir.

So wie damals als Kind bei meinen Verwandten fühle ich mich auch jetzt in dieser Situation weder fremd noch ausgeschlossen, obwohl ich kaum ein Wort Slowenisch verstehe. Vielleicht liegt das an dem paradoxen Zustand, dass mir die slowenische Kultur (und dazu gehört auch der Sprachklang) vertraut ist, weil ich über meinen Vater, der aus der Volksgruppe der Kärntner Slowenen stammt, und seine Familie zum Teil darin enkulturiert und emotional beheimatet bin. Aufgrund der besonderen Lebensumstände meines Vaters, die es mit sich brachten, dass er eine Ausbildungsstelle in Oberösterreich bekam, bin ich dort geboren und habe infolgedessen nie die slowenische Sprache erlernt. Trotzdem habe ich mich immer sicher in der slowenischen Volksgruppe bewegt und mich nie als Fremde wahrgenommen, die sich nicht auskennt. Auch habe ich ja zumeist aus dem situativen Zusammenhang verstanden, worüber gerade gesprochen wurde.

Die Möglichkeit, aus dem sozialen Kontext bzw. der sich vollziehenden nonverbalen Kommunikation den ungefähren Sinn einer Unterhaltung zu erschließen, wird für den slowenischunkundigen Deutschsprachigen dadurch erleichtert, dass die Kärntner Slowenen charakteristischerweise in ihren Redefluss deutsche Begriffe einstreuen, was ihnen in polemischen Darstellungen den Namen »Windische«[4] eintrug. Das

---

[4] Laut Österreichischem Volksgruppenzentrum (1993a) war der Begriff »Windisch« bis ins 19. Jahrhundert eine wertneutrale Bezeichnung für die Kärntner Slowenen. Erst nach 1920 bekam er seinen pejorativen Charakter und wurde fortan von deutschnationalen Kärntnern politisch verwendet zur Bezeichnung von eindeutschungswilligen Kärntner Slowenen (im Gegensatz zu den so genannten »National-Slowenen«, die ihre ethnische Identität nicht aufgeben wollten).

für zweisprachige Gemeinschaften generell typische Phänomen des *code switching*[5], bei dem Zweisprachige je nach Erfordernissen der Kommunikationssituation zwischen den Sprachen hin- und herwechseln, und das mitunter mitten in ein und demselben Satz, hilft dem nicht slowenischsprachigen Außenstehenden ebenso beim Sinnverstehen. Bei den Kärntner Slowenen wird z. B. im beruflichen, behördlichen oder schulischen Kontext eher Deutsch als der »Standardcode« (d. h. die Mehrheits- oder Amtssprache) verwendet, während im informellen Setting, also zu Hause, mit den Nachbarn, aber auch im kirchlichen Umfeld Slowenisch gesprochen wird. Unterhält man sich z. B. zu Hause mit dem Nachbarn, der zufällig auch der Bürgermeister des Ortes ist, über seine Familienangelegenheiten zunächst auf Slowenisch, kann es sein, dass plötzlich, wenn ein offizielles Anliegen – wie z. B. der für die Ortschaft geplante Kanalbau – zur Sprache kommt, auf Deutsch weitergesprochen wird. Dieses Charakteristikum des Kärntner slowenischen Sprachgebrauchs hat mir oft schon geholfen, mich als Slowenischunkundige dennoch zurechtzufinden. Auch dieses Mal fällt mir ein interessantes Phänomen auf: Es wird mir nicht bewusst, wenn Slowenischsprachige mitten im Satz Deutsch weitersprechen, da ich gewohnt bin, meine Wahrnehmung sowohl auf die nonverbale Kommunikation als auch den Kontext zu konzentrieren.

Da meine Freundin uns bei den Nachbarn, die gegenüber auf der anderen Straßenseite wohnen, zum Frühstückskaffee angekündigt hat, verlassen wir das Familiengeschehen.

Wir werden von dem jungen Paar und dessen beiden Kindern, die sich – wie sich alsbald herausstellt – auch zum Familienclan meiner Gastgeber gehören, herzlich und gastfreundlich empfangen. Ein Grund für unseren Besuch ist, dass wir Ringe und Halsketten, die die junge Frau hobbymäßig aus Perlen anfertigt, ansehen und anprobieren wollen. Sie ist gebürtige Serbin aus Negotin, wohl die einzige hier im »Serbendorf«, in Ljubljana aufgewachsen und vor Jahren über Heirat hier in die Ortschaft »zuagrast«[6], was sie bis vor kurzem sowohl von den deutsch- als auch slowenischsprachigen Dorfbewohnern zu spüren bekam.

---

[5] S. hierzu Forgas, Joseph P. (1992): Soziale Interaktion und Kommunikation. Eine Einführung in die Sozialpsychologie, Weinheim (Beltz Psychologie Verlags Union), S. 121.

[6] Umgangsspr. für »zugereist« und bedeutet von auswärts zugezogen.

SUSANNE OGRIS

Es ist bei diesem Treffen, keine zehn Stunden nach meiner Ankunft, dass ich das erste Mal von Sasaka höre, und zwar zunächst in zweckentfremdeter Anwendung. Einer der Ringe will bei der Anprobe nicht und nicht auf meinen (offensichtlich zu dicken) Finger, worauf der Gatte der Schmuckherstellerin spöttisch zu mir meint: »Du kannst ja Sasaka nehmen!« Ahnungslos und naiv nehme ich an, er spreche von einer Art Schmieröl, und tue dies auch kund, worauf ich schallendes Gelächter ernte und aufgeklärt werde, das sei etwas zu essen, eine lokale Spezialität. Auf meine Nachfrage wird mir erklärt, Sasaka sei ein Verhackertes, ein Schweineschmalz – etwas in der Art. Und die Leute würden es hier zum Frühstück essen, was in mir sofort eine Déjà-vu-Erinnerung an zahlreiche morgendliche Mahlzeiten mit fetten Kärntner Würsteln und Reindling[7] bei meinen Verwandten aufsteigen lässt. Essen und orale Bedürfnisbefriedigung als zentrale Angelpunkte im alltäglichen Leben, schießt es mir voll Panik sofort durch den Kopf. Ich belasse es aber vorderhand bei diesem kurzen Gedankenblitz und bringe mich wieder in das Gespräch ein. Dabei kann ich mir die Bemerkung nicht verkneifen, dass der Begriff Sasaka weder slowenisch noch deutsch klinge. Das Paar zeigt sich erstaunt, dass ich das Wort nicht kenne. Tatsächlich ist es mir in all den Jahren, in denen ich Sommer um Sommer bei meinen Verwandten verbrachte, nie untergekommen, weder als Begriff noch als dort ortsübliche Speise. Eigenartig, obwohl deren Dorf weniger als 60 km vom Dorf meiner Gastgeber entfernt liegt, ebenfalls an der slowenischen Grenze.

An der Begeisterung, mit der das Paar mir nun darzulegen versucht, was Sasaka sei, erkenne ich mit detektivischer Spürnase, dass es mit Sasaka in diesem kleinen, idyllischen Ort irgendetwas auf sich haben muss, was mir nicht vermittelbar ist, denn am Ende der ausführlichen Schilderungen weiß ich nicht wirklich viel mehr, als dass es gewürztes Schweineschmalz ist.

Zurückgekehrt ins Bauernhaus meiner Gastgeber, gibt es das Mittagessen, das von einer der Schwestern des Hausherrn, die im nächst gelegenen, größeren Ort wohnt, zugeliefert wird, da sich die Hausdame nach einer Operation noch schonen soll. Dieser Familienverband erinnert mich an Familienmodelle von einst, an die Einrichtung der Groß-

---

[7] Der Reindling ist ein für die südostösterreichische Region typischer Hefekuchen.

familie, wo alle – vom Großvater bis zum Enkelkind – unter einem Dach oder in der näheren Umgebung lebten. Eine mir – geboren und sozialisiert im urbanen Raum – fremde Welt, die in dieser ländlichen, gottfrommen Gemeinde noch zu funktionieren scheint. Ich versuche also, mich anzupassen und überall im Rhythmus der Familie mitzumachen, und stelle für mich fest, dass solche Familienverbände mit starkem, intergenerativem, sozialem Zusammenhalt etwas Erdrückendes, aber zugleich auch sehr Heimeliges, »Heimat«-Stiftendes haben.

Wir – das sind der Hausherr samt Gattin, drei ihrer vier Söhne, meine Freundin mit dem Baby am Schoß, ihr dreijähriger Sohn und ich – sitzen alle um den großen Tisch vereint in der Küche. Zwei verschiedene, mit italienischen Kräutern gewürzte und mit Parmesan verfeinerte Sorten von Fleischstrudeln gemeinsam mit mehreren Salaten werden uns von der Schöpferin dieser für bäuerliche Kreise unüblichen, etwas »leichteren Kost«, aufgetischt. Alles »Bio« und gesund, erklärt sie uns, bevor sie wieder eilends von dannen rauscht. Die anwesenden Familienmitglieder, vornehmlich die Herren, beäugen zunächst skeptisch das fremde Gericht, ist man doch schließlich Bodenständigeres gewöhnt. Nach dem ersten vorsichtigen Kosten stellt man jedoch erstaunt und mit wohlwollendem Nicken fest, dass dieses gesunde Essen durchaus genießbar sei, ja sogar hervorragend schmecke.

Wie üblich in bäuerlichem Umfeld, essen wir die Salatbeilagen aus einer gemeinsamen Schüssel. Die Unterhaltung läuft teils auf Slowenisch und teils auf Deutsch. Was genau gesprochen wird, verstehe ich nicht. Irgendetwas muss im Dorf passiert sein, soviel ist mir klar. Auf meine fragenden Blicke hin erzählt nun das Familienoberhaupt auf Deutsch, dass einer der Dorfbewohner, der wegen Herzproblemen vor einigen Tagen ins Spital gekommen war (das wurde bereits in der Früh in der Küche diskutiert, erinnere ich mich jetzt) nun relativ plötzlich verstorben sei. Die ganze Familie zeigt sich betroffen, und nun kommt aus dem Munde eines der Söhne der für mich völlig unerwartete, einzige verbale Kommentar zum Ableben jenes Einheimischen: »Aber der hat ja vorgestern noch Sasaka und Würstel gegessen!« Schon wieder dieses Sasaka! Es scheint hier wirklich eine besondere Bedeutung im täglichen Leben zu haben. Im Übrigen wundere ich mich, wie wohl diese hochcholesterinhaltigen Speisen ans Krankenbett eines schwer Herzkranken – vorbei am Krankenhauspersonal – gelangen konnten.

SUSANNE OGRIS

Während des Mittagessens fällt mir das erste Mal bewusst auf, dass meine Freundin, die in den letzten Jahren Standardslowenisch gelernt hat und neben Deutsch fünf weitere Sprachen fließend beherrscht, sich nicht an der slowenischen Konversation beteiligt. Sie scheint alles zu verstehen und partizipiert passiv an dem Gespräch, antwortet aber konsequent immer auf Deutsch, wenn sie etwas gefragt wird. Ich bin irritiert, weil ich sie sonst immer als sehr offene und sprachgewandte Frau erlebt habe, die sich nicht scheut, mit anderen Menschen in deren Sprache zu kommunizieren. Hier wirkt sie verhalten. Was geht hier vor? Schon bald bekomme ich eine Antwort auf dieses Rätsel.

Wir erwarten den örtlichen Priester zu dem in katholischen Kreisen üblichen Taufgespräch, das eigens für heute Mittag anberaumt wurde, damit ich als eine der TaufpatInnen dabei sein kann. Zwei der drei anwesenden Söhne meiner Gastgeber verlassen nach der Mahlzeit die Küche. Als der Priester eintrifft, räumt nach der allgemeinen Begrüßungszeremonie auch die Hausherrin das Feld, was mir zunächst gar nicht auffällt, sondern erst nach der sich nun ereignenden Szene Bedeutung erhält: Wir sitzen um den Tisch herum, am einen Tischende der Pfarrer, der mich durch sein mondänes Auftreten erstaunt, um nicht zu sagen irritiert, weil er nicht in mein vorgefasstes Bild von einer verstaubt konservativen katholischen Kirche und einer ruralen Frömmigkeit passt; am anderen Tischende thront das Familienoberhaupt, dazwischen sitzen rechts vom Pfarrer meine Freundin, ihr Mann und die Kinder, und ihnen gegenüber sitze ich.

Der Pfarrer beginnt, nachdem er seine Aufmerksamkeit zunächst dem Baby geschenkt hat, mit dem Kindesvater die Taufmodalitäten zu besprechen – auf Slowenisch. Nach drei, vier Minuten schalte ich mich vorsichtig in die Unterhaltung ein und tue kund, dass auch ich etwas verstehen möchte, zumal es mich als eine der HauptakteurInnen im morgigen Spektakel schließlich beträfe. Der Pfarrer erklärt kurz auf Deutsch, dass die Zeremonie vor dem Kirchenportal anfängt, »die Taufpatin« (damit meint er wohl mich, weil mein präsumtiver Co-Taufpate männlichen Geschlechts ist) das Kind im Arm halten soll und die versammelte Gemeinschaft der Gläubigen es physisch und im übertragenen Sinn in die Kirche begleiten wird. Mir, der nicht praktizierenden Katholikin, gefällt die rituelle Symbolik, mit der das Kind in die Kirche aufgenommen werden soll, sehr gut und ich äußere dies auch, werde aber überhört. Dann setzt der Pfarrer mit einer für mich nicht zu fassenden Selbstverständlichkeit die slowenische Unterhaltung mit seinen beiden Geschlechtsgenossen fort. Meine Anwesenheit wird von den drei Männern – ohne dass sie dessen gewahr werden – schlichtweg ignoriert. Nur meine Freundin, die durch diese Situation sichtlich betroffen ist, übersetzt für mich die wesentlichen Informationen quer über den Tisch hin, nimmt jedoch selbst nicht an dem Gespräch teil (oder lässt man sie nicht teilhaben?). Ich bin ziemlich verärgert und fühle mich, salopp ausgedrückt, gefrotzelt.[8] Da setzt man das Treffen zeitlich so an, dass ich dabei sein kann, und dann ignoriert man konsequent, dass ich nicht Slowenisch verstehe. Und außerdem erscheint es mir ohnehin als ein Gespräch unter Männern; es lebe das Patriarchat! Möglicherweise haben meine Freundin und ich ein ungeschriebenes Gesetz, nämlich dass Weibsvolk nicht anwesend zu sein hat, gebrochen. Schließlich hat sich ja auch die Hausherrin rechtzeitig und ohne ersichtlichen Grund verzogen, was – so meine Freundin – immer der Fall ist, wenn der Herr Pfarrer ins Haus kommt, um mit den Männern wichtige Gespräche zu führen.

Ich reiße mich in meiner Wut zusammen und merke nochmals höflich an, dass ich nichts verstünde, man möge doch bitte Deutsch reden, weil ich wissen möchte, wann ich morgen bei der Taufe was zu tun oder zu sagen hätte. Interessanterweise hat der nun folgende Teil des Gesprächs, der durchgängig auf Deutsch erfolgt, rein gar nichts mit der Taufe zu tun: Die anwesenden Herren der Schöpfung besprechen vielmehr, dass die Frau eines slowenischsprachigen Dorfbewohners, die erst vor zwei Jahren »von auswärts« zugeheiratet habe, bereits so gut Slowenisch sprechen könne, dass man meinen könnte, sie sei eine »Heimische«. Bekräftigt werden diese Worte, die vornehmlich der Priester sprach, durch das Familienoberhaupt, das mit einem bedeutungsvollen Seitenblick zu meiner Freundin meint: »Man muss nur wollen, dann geht alles!« Dieser Wink mit dem Zaunpfahl ist eindeutig gegen meine Freundin gerichtet. Ich empfinde ihn aber indirekt auch gegen mich, weil alle Anwesenden über meine slowenischen Wurzeln Bescheid wissen. Ich merke, dass ich mich das erste Mal in meinem Leben von Kärntner Slowenen angegriffen fühle, weil ich kein Slowenisch

---

[8] Frotzeln: umgangsspr. für necken, aufziehen.

spreche, obwohl ich annehme, dass der Angriff nicht mir gegolten hat und es nicht um mich geht. Gleichzeitig verspüre ich einen enormen Druck und phantasiere eine Erwartungshaltung der anderen an mich, Slowenisch lernen zu müssen, nur weil mein Vater ursprünglich aus dieser Volksgruppe stammt. Und alles in mir sträubt sich. Ich, die ich immer schon den Wunsch hatte, einmal Slowenisch zu lernen, merke, dass sich mein Wunsch für einen Augenblick ins Gegenteil kehrt. Dieses Gefühl des Widerstandes ist mir völlig fremd und neu. Mir wird in diesem Moment aus meiner eigenen emotionalen Reaktion heraus klar, warum meine sonst so sprachbegeisterte und redegewandte Freundin auf die Sticheleien und den implizierten Ethnozwang mit passiver Resistenz reagiert und es verweigert, Slowenisch zu reden.

Was ich bei meiner Verwandtschaft als eine mit einer Selbstverständlichkeit ins alltägliche Geschehen eingegliederte Vermittlung von slowenischer Sprache und Kultur an die Kinder und Kindeskinder – selbst an jene, die bereits in Wien mit einem deutschsprachigen Elternteil aufwachsen – erlebt habe, scheint mir hier an diesem Ort ein bewusst getragener und forcierter Prozess zu sein. Wie ich von meiner Freundin erfahre, lege man in der Familie ihres Mannes auch großen Wert darauf, dass der lokale slowenische Dialekt weitertradiert wird – es reicht nicht, dass sie die slowenische Standardsprache beherrscht, sondern es müsse das Lokalkolorit hinein, um wirklich dazugehören zu können und akzeptiert zu werden.

Erleichtert, als sich das Treffen mit dem Priester auflöst, nicht wirklich im Bilde, was meine Aufgaben am nächsten Tag sein würden, beruhige ich mich mit dem Gedanken, dass es Gott sei Dank im Südkärntner Raum Brauch ist, zwei Taufpaten zu bestellen. Ich werde einfach alles meinem zweisprachigen Co-Taufpaten in der Kirche gleichtun, denn der versteht, was geredet wird.

Am Nachmittag spazieren meine Freundin, die ihr Baby umgebunden hat, und ich über die Felder hinunter ins Rosental in die nächste größere Ortschaft, weil wir noch einige Erledigungen vorhaben. Ich möchte ein Sparbuch für mein Taufkind eröffnen, und was ist da nahe liegender als zu der im Zentrum des Ortes gelegenen slowenischen Bank zu gehen, wo eine – sich im Moment auf Auslandsurlaub befindliche – Tochter meiner Gastgeber arbeitet. Stellvertretend werden wir von ihrer Cousine, die auch für die Posojilnica-Bank tätig ist, bedient.

MINDERHEITEN – LEBEN UND ÜBERLEBEN ...

Die Abwicklung unserer Geschäfte erfolgt auf Deutsch. Auch die beiden anderen Bankkunden neben uns werden von dem Schalterbeamten in deutscher Sprache abgefertigt. Als wir aus der Bank heraustreten, fällt mein Blick direkt auf das nicht zu übersehende Riesendenkmal schräg gegenüber auf der anderen Seite des Ortsplatzes. Auf dem Gebilde, das mehr einer Schrebergarten-Hütte ähnelt als einem Denkmal, prangt groß der Spruch: »Dieses Land bleibt frei! Kärntner Abwehrkampf 1918-1920«. Das Denkmal ist auch das einzige, was mir von meinem letzten kurzen Aufenthalt in dieser Gegend vor zwei Jahren nachhaltig in Erinnerung geblieben ist, weil es optisch in der Relation zur Größe der Ortschaft überdimensioniert und nächtens hell wie ein Kristallluster beleuchtet ist. Der durch die Auffälligkeit des Denkmals vermittelte idealisierte Heldenkult ist Symbol verdrängter Kärntner Zeitgeschichte und nicht vollzogener Trauerarbeit.[9]

Wir bummeln nun weiter durch den Ort, gehen in die Trafik und ein paar andere Geschäfte, und nirgendwo höre ich ein Wort Slowenisch. Dies deckt sich nicht mit meinen bisherigen Jauntaler und Zellaner[10] Erfahrungen bei meinen Verwandten; dort stieß man im öffentlichen Raum noch häufiger auf die slowenische Sprache, nicht zu vergessen die zweisprachige Ortsbeschilderung in einigen Gemeinden, die ich hier vermisse. Ich komme nach und nach dahinter, dass ich mich bezogen auf die slowenische Volksgruppe bisher entweder in einer geschützten Enklave bewegt haben muss oder aber hier irgendetwas anders ist. Hat es etwa etwas mit der geografischen Lage zu tun? Meine Freundin liefert mir den entscheidenden Hinweis, dass bis auf das »Serbendorf« – dessen wenige Kärntner Slowenen beinahe alle zum Familienclan ihres Mannes gehören – die gesamte weitere Umgebung deutschsprachig sei, und nur einige slowenischbekennende Familien versprenkelt im Rosental siedeln.

---

[9] Der Sozialpsychologe Klaus Ottomeyer (1988) meint, dass »gerade die besonders großen und auffallenden Denkmäler auch besonders viel Ambivalenz und Unsicherheit in bezug auf den Sinn der Sache, für welche Menschen gestorben sind, verdecken sollen. Und das von oben verordnete ›De mortuis nihil nisi bene‹ [Über die Toten darf man nur Gutes sagen] ist einer produktiven Trauerarbeit abträglich. (...) Ich denke, dass in Kärnten ein ziemlich idealisierter Heldenkult um die Gefallenen und Ermordeten betrieben wird, der mit der Erinnerung an die wirkliche Beziehung zu ihnen und an die lebendige Widersprüchlichkeit dieser Personen nicht viel zu tun hat.« (S. 44)

[10] Zell ist ein Ort an der österreichisch-slowenischen Grenze mit 90 Prozent slowenischsprachiger Bevölkerung.

SUSANNE OGRIS

Nun verstehe ich, warum meine Gastgeber einen derart erbitterten und verzweifelten Kampf gegen die Assimilation führen, indem sie die Sprach- und Traditionsvermittlung als bewusst gesetzten Akt und mit Druck betreiben. Es hat also doch etwas mit dem sozialen Ort zu tun. Es ist ein Unterschied, ob man als Kärntner Slowene im Jauntal lebt, wo man den Rückhalt von mehreren Volksgruppenangehörigen hat, oder ob man in einer fast einheitlich Deutschkärntner Umgebung als Minderheit zu überleben versucht, so wie in diesem Dorf. Mir kommt mit einem Mal die ganze Tragik und Schwierigkeit des Minderheitendaseins ins Bewusstsein, wie es mir zuvor nie präsent war. Gleichzeitig drängt sich mir auch die Assoziation von Goscinnys und Uderzos kleinem wehrhaften Dorf der Gallier, das in einem von Römern besetzten Land seine Festen zu verteidigen sucht, auf.

Müde lassen wir uns schließlich in einem Straßencafé nieder, um dort auf das Familienoberhaupt zu warten, das sich freundlicherweise dazu bereit erklärt hat, uns mit dem Auto abholen zu kommen. Er setzt sich noch gemütlich zu uns, und ich denke, das ist nun der richtige Moment, und stelle die Frage, von der ich weiß, wohin sie unweigerlich führen würde. Aber ich kann meine Neugier nicht in Zaum halten, also frage ich frei heraus den Maître de Maison, den ich als die in diesem Punkt zuverlässigste Auskunftsquelle einschätze: »Was genau ist nun dieses Sasaka???« Ich bekomme nun eine detaillierte Beschreibung über die zwei Arten von Sasaka und deren Zubereitung. Offensichtlich ist deren Herstellung in diesem sehr patriarchalen System im Gegensatz zu den sonstigen Küchenangelegenheiten nicht reine Frauensache. Auch die Herren der Schöpfung sind eingeweiht in die hohe Kunst des Sasaka-Machens: So erklärt mir der Familienchef, dass bei der einen Art von Sasaka zunächst Stücke von durchzogenem Speck mit einer Schwarte im Ofen hellbraun gebacken werden; hierauf schütte man das Fett ab, nehme den Speck von der Schwarte, faschiere ihn und würze ihn mit Salz, Pfeffer und Knoblauch. Dann nehme man ein Gefäß zur Aufbewahrung – heute einen Plastikbehälter zum Einfrieren, früher traditionell zur Lagerung in einem kühlen Raum einen Holzbottich, der in der Region auf Slowenisch *diža* genannt wird – und gebe mehrere Schichten von abwechselnd Sasaka und getrockneten Kärntner Würsteln hinein. Die zweite Sasaka-Art sei eine geräucherte Version; dafür beize man rohe Fleischstücke (vom Schwein) mit Salz, Pfeffer und Knoblauch und bewahre diese drei Tage lang an einem warmen Ort auf. Dann räuchere man diese eine Woche lang in der Selchkammer; hierauf erfolge noch eine Lufttrocknung, bis der Speck hart ist. Das ganze schneide man in Stücke, faschiere es und fülle es zur langfristigen Aufbewahrung in die *diža* oder ins Plastikgefäß.

Ich höre interessiert zu und erinnere mich an meine Erfahrungen mit den Kärntner Würsteln in meiner eigenen bäuerlichen Verwandtschaft, die dort offensichtlich denselben Stellenwert haben wie Sasaka an diesem Ort. Auch dort sind die sonst »küchenscheuen« Herren eingebunden in die Produktion der Würstel. Als ich so meinen Gedanken nachhänge, kommt das, was ich insgeheim befürchtet habe und dem ich nun nicht mehr entrinnen kann, ohne meinen Gastgeber vor den Kopf zu stoßen: Maître de Maison meint, ich müsse Sasaka gleich verkosten, wenn wir nach Hause kämen, denn beide Arten seien immer auf Vorrat vorhanden und im Moment sogar frisch zubereitet wegen der morgigen Taufe.

Nun läuft der ganze Film der Kärntner Würstel aus meinen kindlichen Erinnerungen vor mir ab. Die Kärntner Würstel stehen für mich symbolisch für all die wohlgemeinten Attacken auf den Verdauungstrakt mit hofeigenen – meist schweren – Nahrungsmitteln und selbstgebranntem, hochprozentigem geistigem Getränk, denen jeder Fremdling, der zu meinen Verwandten auf den Hof kam, mit (gast-)freundlichem Druck unterzogen wurde. Es gehörte quasi zum Initiationsritual, alles, was der Hof an Essbarem und Flüssigem hervorbrachte, verzehren oder zumindest kosten zu müssen, um in die Gemeinschaft aufgenommen zu werden. Durchlief man diese Prozedur nicht, weil man sich verweigerte oder auf halber Strecke bereits das Handtuch warf, blieb man ein städtisches Greenhorn.

Darüber hinaus habe ich des Öfteren in bäuerlichen Strukturen, nicht nur in Südkärnten, erlebt, dass das, was von eigener Hand, vom eigenen Hof, ja von der eigenen Scholle kam, nicht zurückgewiesen werden konnte, ohne dass man dadurch eine persönliche Kränkung des Landwirtes riskierte oder ihn in seiner bäuerlichen Ehre traf. Da nutzt es auch nicht, dass jemand – so wie es bei mir der Fall ist – schon seit jeher keine fetten Speisen oder gar scharfe Schnäpse verträgt. Gegessen werden muss, was auf den Tisch kommt – und ganz besonders dann, wenn es aus der eigenen liebevollen Produktion stammt.

SUSANNE OGRIS

Ausgelöst durch die freundliche Einladung des Hausherrn, des Ahnungslosen, laufen meine Gedankenassoziationen über die Bedeutung von Essen und Gastfreundschaft im bäuerlichen Milieu auf Hochtouren weiter, und mir dämmert mit einem Male, dass einer wie oben beschriebenen gastfreundlichen Bewirtung ein enormes Maß an Ambivalenz innewohnt. Einerseits wird der zu Tisch geladene Fremdling mit herzlicher Fürsorge bedacht und andererseits nonverbal, so empfinde ich es, in beinahe aggressiver Weise zum Verzehr der dargebotenen hauseigenen Speisen und Getränke genötigt. Etwaiges Zieren oder Verweigern wird durch sozialen Druck geahndet.

Was könnte wohl dieser Widersprüchlichkeit zugrunde liegen? Könnte dies eventuell mit Fragen der Identität und Selbstdefinition in Verbindung stehen? Die Identität jedes Menschen definiert sich immer über mehrere Teilbereiche. Einer davon ist für viele von uns die (berufliche) Arbeit, das »Schaffen«. Die Produkte unserer Arbeit sind äußere Repräsentanten, quasi Symbole, unserer Identität. Bei einer so verstandenen Identitätsauffassung sind die essbaren und trinkbaren Produkte aus der Eigenerzeugung eines Landwirtes Teile seiner Identität, seiner Selbstdefinition. Lädt er stolz zu Speis und Trank vom Hof ein, dann ist das sein ganz persönliches Angebot, an seinem Leben zu partizipieren und so zu sein, wie er es ist. Lehnt der Gast das freundliche Angebot egal aus welchen Gründen ab, kommt dies durch die emotionale Überbesetzung des Essens, das ja für den Bauern identitätsstiftend ist, einer persönlichen Ablehnung gleich.

Legt man eine weniger freundliche Deutung zugrunde, könnte man meinen, dass in der Gastfreundschaft auch ein Moment der Feindlichkeit gegenüber dem fremden Gast enthalten ist, den man nicht in seiner Andersartigkeit belassen möchte. Vielleicht ist das die Ambivalenz, die ich wahrgenommen zu haben glaube. Ich spinne meinen Gedankenfaden hemmungslos weiter und lande bei der in meiner Assoziationskette zwingend logischen Erkenntnis über die bäuerliche Philosophie der Gastfreundschaft: Der Mensch ist, was er isst. Und wenn er isst, was wir essen, dann, und nur dann, ist er zumindest für einen kurzen Augenblick einer von uns, nicht anders, nicht fremd. Und ich, die junge Frau aus der Stadt, will auch dazugehören, um nicht als Greenhorn zu gelten.

MINDERHEITEN – LEBEN UND ÜBERLEBEN ...

Mit all diesen Gedanken im Kopf und der symbolträchtigen Kärntner Würstel eingedenk stelle ich mich auf dem Rückweg geistig auf meine Bekanntschaft mit Sasaka und ihren vermutlichen Auswirkungen auf meine Verdauung ein. Stolz und als würde er mich in ein nur für Auserwählte bestimmtes Geheimnis einweihen, führt mich der Hausherr in seine Speis, die ein kleiner, in die Küche integrierter Nebenraum ist. Wir holen gemeinsam die beiden Plastikboxen mit Sasaka aus dem Kühlschrank wie ein Heiligtum aus seinem Schrein. Während der Hausherr die Deckel der Boxen vorsichtig entfernt, schneide ich auf sein Geheiß hin für uns beide Brotscheiben ab. Der Moment, wie wir schweigend, aber einträchtig nebeneinander vor uns hinwerken, hat etwas Andächtiges und zugleich Rührendes. Ich fühle mich geehrt, dass mein Gastgeber mich an seinem Vorbereitungsritual für die Verkostung teilhaben und damit in einen Teil seiner Welt eintreten lässt. Er stellt mich nicht im wörtlichen Sinn vor vollendete Tatsachen, indem er mir die Töpfe mit Sasaka einfach vor die Nase setzt. Nein, ganz im Gegenteil, er gewährt mir Einblick in die Aufbewahrung, Handhabung und damit persönliche Bedeutung dieser Speise. Gemeinsam decken wir den Tisch und setzen uns, er am Kopf des Tisches, ich zu seiner Rechten.

Sowohl meine Freundin mit ihren Kindern als auch die Gattin des Hausherrn befinden sich im Raum. Die beiden Frauen beobachten mich lächelnd. Meine Freundin schadenfroh, weil sie weiß, dass meine unstillbare Neugier und Nachfragerei mich in die Bredouille gebracht haben, etwas für mich Unverträgliches essen zu müssen, und die Hausherrin wohlwollend. Vielleicht freut sie sich ja ob meines Interesses an den lokalen Gepflogenheiten. Ich koste nun unter den erwartungsvollen und neugierigen Blicken meines Gastgebers zaghaft das eine und dann das andere Sasaka, stelle fest, dass es mir genauso gut wie die Würstel meiner Verwandten schmeckt, aber weiß auch, als ich den ersten Bissen zu mir nehme, dass es für mich fatale Folgen haben wird. Das pure Fett in meinem Mund dreht mir bereits jetzt den Magen um. Anstandshalber und weil Maître de Maison so stolz auf sein Produkt ist, esse ich ein ganzes Brot mit Sasaka und beteuere immer wieder, wie gut es mir schmecke. Ich bin doch wahrlich eine Heldin! Selbstaufopfernd bis zum Erbrechen, denke ich in einem Anfall von Sarkasmus, der es mir erleichtert, mich meinem selbst heraufbeschworenen Schicksal zu fügen.

SUSANNE OGRIS

Erwartungsgemäß begleitet mich das verspeiste Sasaka die ganze Nacht hindurch, indem es meinen gesamten Verdauungstrakt durch Aufstoßen, Bauchschmerzen und geförderter Verdauung auf Trab hält. Ich bin nicht nur körperlich, sondern auch psychisch gestresst, muss ich doch am nächsten Tag um elf Uhr als Patin mein Taufkind in der Kirche dem Herrn zuführen – und das womöglich nicht auf Umwegen über die Toilette. In dieser gottfrommen Gesellschaft hätte man sicher nicht viel Verständnis dafür.

Der Tag der Taufe ist herangebrochen. Es herrscht strahlend schönes Wetter. Ich stehe sehr bald in der Früh auf, um mich vor meinem Auftritt in der Kirche noch halbwegs zu sanieren bzw. meinen Magen-Darm-Trakt mit Tee zu beruhigen. In der Küche treffe ich nur das Gastgeberehepaar an. Alle anderen schlafen noch. Man wundert sich, dass ich schon aufgestanden bin. Zögerlich ringe ich mich durch, die Wahrheit zu gestehen: dass mir vom vielen Fett schlecht sei, der Bauch drücke und ich ständig die Toilette aufsuchen müsse. Der Hausherr trägt mir Schnaps an, der sei Medizin in solchen Fällen. Auch diese Strategie, angewandt bei allen Formen von Unpässlichkeiten, selbst bei Gastritis oder Migräne, ist mir aus meiner bäuerlichen Verwandtschaft bestens bekannt. Ich lehne dankend ab, denn Schnaps ist im Moment mit Ausnahme von Fett das allerletzte, was ich zu mir nehmen möchte.

Während ich mir schlückchenweise Tee zuführe, fängt der Hausherr ein Gespräch über die Vergangenheit an: Früher sei alles besser gewesen. Er sagt, er würde mir etwas zeigen wollen, und holt aus der Küchekredenz eine weiße, mit Sprüngen durchzogene Kaffeetasse heraus, auf der Spuren eines bereits stark verblichenen violetten Blümchenmusters zu erkennen sind. Diese Tasse sei 80 Jahre alt und stamme noch von seinem Großvater. Das gute Erbstück sei immer unversehrt geblieben, bis vor ein paar Jahren der Geschirrspüler ins Haus kam. Der sei schuld, dass die Farbe abgegangen sei und die Sprünge entstanden seien. Ja, früher, früher sei alles besser gewesen, man habe noch Freiheit gehabt, aber jetzt sei man nicht mehr frei, weil die Medien und Politik über uns herrschen, meint er. Ich bin verwundert, denn seine subjektiv empfundene Wahrheit entspricht nicht meinem historischen Wissen. Gab es nicht früher, am Beginn des 20. Jahrhunderts für slowenische Bauern in Kärnten Knechtschaft in einem Feudalsystem, gefolgt von der Verfolgung als »minderwertiges Fellachenvolk« in der Zeit des Nationalsozialismus? Fand nicht Anfang der 1970er Jahre der Ortstafelsturm[11] mit besonderen Ausschreitungen gerade in dieser Gegend, in der ich mich befinde, statt? Was meint er mit früher? Wann früher? Worauf bezieht sich seine Verbundenheit mit dem Vergangenen? Ist es vielleicht die Sehnsucht nach der Zeit damals, als er noch jung war? Meint er mit Freiheit die Möglichkeit, ohne Anfeindungen aus der Umgebung, ohne Repressalien und ohne Angst die slowenische Sprache und Kultur ausüben zu können? Im Grunde ist mir im Augenblick eine Antwort auf meine Fragen nicht so wichtig, da ich durch die emotionale Offenheit dieses sonst eher dominanten Mannes mir – einer Fremden, noch dazu Frau – gegenüber überwältigt bin. Wie schon am Abend zuvor, merke ich, dass ich Verständnis für ihn, der so anders als ich sozialisiert wurde, und seine Welt entwickle. Ich sehe in ihm nicht mehr den Patriarchen vom Taufgespräch, der meiner Freundin und mir die slowenische Sprache aufzwingen möchte, sondern einen alternden Mann, der sich nach vergangenen, besseren Zeiten sehnt.

Monate später erzählt man mir, dass seine immer wieder artikulierte Sehnsucht nach vergangenen Tagen sich auf eine Zeit beziehe, da er noch gar nicht geboren war – auf die Jahrhundertwende. In dieser Ära konnten im Vielvölkerstaat der k. u. k.-Monarchie die verschiedenen Sprachfamilien und Kulturen relativ frei und gleichwertig nebeneinander bestehen. Das jeweilige Kulturgut konnte dadurch gepflegt und an die junge Generation weitertradiert werden. Der Vater meines Gastgebers, so wird mir kolportiert, sei auch Landwirt gewesen und habe um 1910 herum in seiner Muttersprache Slowenisch Presseartikel geschrieben und Gedichte verfasst. Das Originalmanuskript seiner Dichtkunst liegt heute bezeichnenderweise in einem Archiv in Ljubljana, Slowenien, und nicht in Österreich. So weit zum Umgang mit Sprachminderheiten hierzulande.

---

[11] Der österreichische Staatsvertrag vom 15. Mai 1955 sieht im Artikel 7 Z.3 zu den Minderheitenschutzbestimmungen u. a. das Recht der Kärntner Slowenen auf zweisprachige topografische Aufschriften in Gebieten Kärntens mit slowenischer oder gemischtsprachiger Bevölkerung vor. 1972 beschloss der österreichische Nationalrat das Ortstafelgesetz, das genau festlegte, in welchen Orten zweisprachige Ortstafeln aufzustellen seien. Im so genannten Ortstafelsturm haben im Oktober 1972 deutschnationale Kräfte in etlichen Orten die lt. Gesetz vorgesehenen zweisprachigen Ortstafeln beseitigt. Vgl. hierzu Österreichisches Volksgruppenzentrum (1993a und 1997).

Auch erfahre ich nachträglich, dass mein Gastgeber in den 1970er Jahren selbst Opfer eines tätlichen Angriffs im Zuge des Ortstafelsturms wurde. Als er gemeinsam mit anderen Kärntner Slowenen am Hauptplatz des Nachbarortes vor der Posojilnica-Bank friedlich für die Rechte der slowenischen Volksgruppe in Österreich demonstrierte, wurden die Demonstranten von deutschnationalen Kärntnern mit Autos umkreist und unter der Parole »Jetzt werden wir euch vergasen!« mit der Motorhaube gegen die Hauswand gedrückt. Die Täter – ganz »normale« Bürger aus der Umgebung – wurden nie zur Verantwortung gezogen.

Nach und nach stehen alle Familienmitglieder auf und werfen sich in ihr Sonntagsgewand. Auch ich trage mein eigens für diesen großen Tag gewähltes Outfit: schwarze Hose, schwarzes Mäntelchen und ein weißes T-Shirt, auf dem ein barocker Engel abgebildet ist. Darunter in großen Glitzerlettern sinnträchtig und dem würdigen Anlass entsprechend die Aufschrift: Guardian Angel, Schutzengel. Der soll ich doch für das Taufkind sein, zumindest im diesseitigen Leben. Town meets countryside, denke ich mir, als ich mich im Spiegel betrachte und mich frage, wie die Reaktionen auf mein gewagtes Kleidungsstück ausfallen werden. Meine Freundin und ihr Mann haben schon öfter guten Humor bewiesen. Aber der Hausherr und der Rest der Familie?

Wieder meldet sich mein Gedärm zu Wort, und ich eile auf das stille Örtchen. Mein Stresspegel steigt. Werden sich meine Verdauung bis zu Beginn der Zeremonie beruhigt, die Winde gelegt haben? Das liegt wohl auch in Gottes Hand, rührt sich erneut mein Sarkasmus.

Als ich zurückkomme und die Küche betrete, treffe ich auf den Hausherrn und seinen ältesten Sohn. Beide sehen mich mit großen Augen an und meinen bewundernd, ich sei sehr schön angezogen. Ich bin froh über die positive Bewertung meines Aufzuges, denn das letzte, was ich möchte, ist meine Gastgeber provozieren oder mich über deren Zugang zu Kirche und Religion lustig machen. Mein Zugang ist ein anderer, ein von großer Ambivalenz geprägter: Einerseits bin ich keine fromme, praktizierende Katholikin, weil ich viele Dogmen der katholischen Kirche für überaltert halte und mich mit diesen nicht identifizieren kann. Andererseits bin ich durch meine Erziehung in einer Klosterschule in einem religiösen Weltbild sozialisiert worden, und dieses ist, ob ich will oder nicht, ein Teil meiner Lebensgeschichte und wird es immer sein. Da ich auch von der Bedeutung von Ritualen, ob religiösen oder nicht religiösen, für unser menschliches Sein überzeugt bin, habe ich mich auf diese Patenschaft eingelassen. Ich betrachte aber meine Mission als Patin ein bisschen weltlicher als die Kirche es vorsieht: Nämlich als eine schützende Begleitung des Kindes durch sein Leben auf emotionaler, geistiger wie auch materieller Ebene. Der Schutzengel auf meinem Shirt ist für mich ein nettes Symbol für meine neue Aufgabe. In mich gehend muss ich mir jedoch zugleich eingestehen, dass es mir eine unermessliche Freude bereitet, mit meinem kitschigen Engel auf der Brust die Kirche zu betreten und die Rolle des irdischen Schutzengels zu mimen. Vermutlich ist das doch auch die sanfte (und infantile) Rebellion einer ehemaligen Klosterschülerin gegen die katholische Kirche.

Endlich trifft mein Co-Taufpate ein, mit dem ich bis dahin nur ein einziges Mal telefoniert habe, um zu besprechen, wer von uns beiden welche der für die Taufzeremonie traditionellen Ritualgegenstände besorgen würde. Taufkerze und Taufkettchen in schlichtem, modernem Design habe ich ausgesucht, jedoch nicht ganz ohne Bedenken, ob dies hier im ländlichen Raum Anklang finden würde. Schließlich werden in dieser Gegend gemalte Heiligenbilder über den Betten aufgehängt, elektrisch beleuchtete Madonnenfiguren und andere Devotionalien von Wallfahrten nach Lourdes und Medugorje in der Bauernstube zur Schau gestellt und Herrgottswinkel angebetet. So gesehen passt mein barocker Engel wiederum ganz gut ins lokale Konzept. Das Tauftuch bringt mein Co-Taufpate mit. Auf meine Nachfrage, ob er denn wisse, was uns in der Kirche erwarte, erklärt er mir, er sei bereits zum dritten Mal Taufpate und habe eine gewisse Routine. Sehr gut, meine ich, dann könne er mir ja soufflieren, v. a. dann, wenn der Herr Pfarrer es verabsäumen würde, uns PatInnen betreffende Schritte im Taufvorgang auch auf Deutsch anzukündigen. Mein Taufkollege versichert mir, dass er für mich übersetzen würde. Schlimmstenfalls solle ich einfach nachmachen, was er tue. Nach einem weiteren (und hoffentlich bis zum Mittagessen letzten) Toilettenbesuch brechen wir zur Kirche auf. Jetzt müsste ja endlich Pause sein. Oder vielleicht doch nicht? Der Schweiß tritt mir wieder auf die Stirn.

Nachdem wir die Ritualgegenstände dem Pfarrer überreicht haben, beginnt die Taufe vor dem Kirchenportal. Noch weiß ich, was zu tun ist, und noch schweigt mein gereiztes Gedärm. Verkrampft, aber bemüht freundlich lächelnd halte ich mein Patenkind im Arm, während alle Anwesenden der Reihe nach mit ihrem Daumen symbolisch ein Kreuz auf die Stirn des Kindes zeichnen. Ich trage das Baby in die Kirche, hinter mir die ganze Taufgemeinschaft, und nehme – wie mir gedeutet wird – in der ersten Reihe vor dem Taufbecken Platz, links von mir die Kindesmutter, rechts mein Co-Taufpate, neben ihm der Kindesvater mit seinem Sohn. Der Pfarrer predigt zuerst auf Slowenisch, dann auf Deutsch. Während des slowenischen Teils widme ich meine Aufmerksamkeit dem Taufkind, das ich noch immer fest umklammert in meinen Armen halte. Das Baby scheint sich bestens zu amüsieren. Es versucht ständig, über meine Schultern zu blicken, einmal links, einmal rechts, um den Tanten und Onkeln in den hinteren Sitzreihen abwechselnd zuzulächeln. Dazwischen zerrt es an meiner Halskette. Ich bin so beschäftigt mit dem Kind, dass mir das wieder aufkeimende Bauchzwicken zunächst gar nicht auffällt. Der Pfarrer ist bei der deutschen Predigt angelangt. Ich konzentriere mich auf den Inhalt seiner weisen Worte, um mich von meinem Bauchschneiden, das im Sitzen allmählich virulenter wird, abzulenken. O Gott, wenn ich jetzt hinauslaufen müsste, wäre das peinlich und wider alle Konventionen! Das ganze Programm meiner in der Klosterschule anerzogenen Benimmregeln für in- und außerhalb der Kirche läuft in meinem Kopf ab, während es in meinem Gedärm weiterhin fröhlich rumort. Die versammelte Glaubensgemeinschaft stimmt nun ein slowenisches Lied an, das mich vorübergehend aus meiner inneren Unruhe reißt. Ich singe den Refrain nach einmaligem Hören lauthals mit, ohne zu wissen, was ich da singe. Singen entspannt angeblich. Danach spricht der Priester wieder auf Slowenisch, und die Anwesenden antworten mit einem monotonen Spruch. Ich habe keine Ahnung, wovon die Rede ist. Es könnte die Erneuerung des Taufgelübdes sein. Wenn dem so ist, dann habe ich alles bald überstanden. Tatsächlich folgt das Taufgelübde auf Deutsch, indem alle Anwesenden auf die Fragen des Herrn Pfarrers mit »Ich glaube« antworten. Danach setzt der Pfarrer seine slowenische Litanei fort. Wenn ich noch lange sitzen muss, zerreißt es meinen Unterbauch, denke ich mir just in jenem Moment, als sich alle zu erheben beginnen. Gottlob! Das erlösende Zeichen, endlich aufstehen zu dürfen, um uns um das Taufbecken zu versammeln. Als wir alle ums Becken herum stehen, gibt der Pfarrer auf Slowenisch Anweisungen. Die Kindesmutter deutet mir, dass sie das Kind jetzt für den eigentlichen Taufvorgang übernehmen soll. Das Stehen und die Möglichkeit, mich etwas bewegen und strecken zu können, bringen meinem geplagten Unterleib eine deutliche Erleichterung. Während ich zuvor noch das Gefühl hatte, in der Ewigkeit festzustecken, vergeht ab diesem Zeitpunkt die Zeit sehr rasch. Der Pfarrer gießt das Weihwasser über den Kopf des Kindes, zeichnet mit dem Salbungsöl ein Kreuz auf dessen Stirn und entzündet die Taufkerze an der Osterkerze. Dazu betet er auf Slowenisch. Die brennende Taufkerze wird mir übergeben. Der Pfarrer sagt wieder etwas auf Slowenisch und beginnt sich in Richtung Altar zu bewegen, meine Freundin und ihr Mann folgen ihm mit dem Taufkind. Ich blicke ratlos um mich. Mein Co-Taufpate eilt mir sogleich zu Hilfe und flüstert mir zu, dass wir uns alle vor den Altar begeben sollen, wo jede(r) einzelne dem Kind die Hand auflegen und ihm gute Wünsche mit auf den Lebensweg geben solle. Ich tue, wie mir geheißen. Als Patin bin ich nach den Kindeseltern und meinem Co-Taufpaten an der Reihe und spreche meine eher säkularen, denn frommen Wünsche aus. Nachdem der letzte Onkel seinen Spruch losgeworden ist, geht die Taufe unspektakulär zu Ende, indem sie in eine informelle Unterhaltung zwischen Pfarrer und Kindeseltern übergeht und sich die Gemeinschaft allmählich aufzulösen beginnt.

Ich habe die Taufzeremonie ohne peinliche Unterbrechung überstanden. Nichtsdestotrotz ist es hoch an der Zeit, dass ich meinem dringenden Bedürfnis, das sich mittlerweile massiv äußert, Erleichterung verschaffe. Bis zum Restaurant muss ich noch durchhalten.

Vor der Kirchentür spricht mich eine der Tanten meiner Freundin an, ob meine Patenschaft nicht willkommener Anlass für mich sei, Slowenisch zu lernen. Ich antworte knapp und mit unhöflichem Unterton »Ja, sicher.« und wende mich ab. Paradoxerweise handelt es sich bei jener Tante um eine Kärntnerin, die selbst nicht Slowenisch spricht. Obwohl ich weiß, dass ihre Frage freundlich gemeint ist und aus ihrer eigenen Betroffenheit herrührt, in eine slowenische Familie eingeheiratet, aber nie Slowenisch gelernt zu haben, reagiere ich mit Abwehr. Was ist mit mir in den letzten beiden Tagen passiert? Warum reagiere ich aggressiv auf eine harmlose Frage, die ich vor ein paar Tagen noch freundlich beantwortet hätte? Ich bin verwirrt und irritiert.

Nun beginnt der kulinarische Teil der Taufe mit einem üppigen à la carte-Mittagsmahl in einem nahe gelegenen Restaurant. Ich wähle, nachdem ich mir endlich Erleichterung verschaffen konnte, die Methode »Angriff voran!«, um meine Bauchbeschwerden in den Griff zu bekommen, und esse Vor-, Haupt- und Nachspeise. Vielleicht beruhigt sich mein Verdauungstrakt, wenn ich viel Nahrung nachfülle.

Nach zwei Stunden ausgiebigen Speisens begibt sich die Festgesellschaft zurück zu dem Anwesen meiner Gastgeber, um das gesellige Zusammensein unter freiem Himmel fortzusetzen. Dort bereite ich, den wohlmeinenden Rat des Hausherrn endlich befolgend, den Sasaka bedingten Turbulenzen in meinem Gedärm ein für alle Mal mit einem aus der Region stammenden, giftgrünen »Wurzelschnaps«, dem von der Bevölkerung aus der Umgebung Heilkräfte zugeschrieben werden, wirksam ein Ende. Die Bauernweisheit vom Schnaps als Medizin scheint also doch wahr zu sein. Mit dieser wichtigen Erkenntnis kippe ich ein zweites Stamperl Schnaps hinunter. Das wird auch eine gute Basis zum Weiteressen und -trinken sein. Wer weiß, wie viele Gänge mich heute noch erwarten?

Während sich die anderen Gäste auf dem riesigen Areal rund um den Hof verteilen, gesellt sich mein Co-Taufpate zu mir auf das Bänkchen vor dem Haus. Es entwickelt sich eine interessante Diskussion zwischen uns. Er erzählt mir, er sei Filmemacher und stamme aus einem der Nachbarorte. Zurzeit drehe er einen Dokumentarfilm über die Identität von Kärntner Slowenen. Im Zuge unseres Gesprächs stellt sich heraus, dass er in seiner dramaturgischen Annäherung an die Thematik eine dem ethnopsychoanalytischen Ansatz nicht unähnliche Methode gewählt hat. Er gehe von sich selbst und seinem unmittelbaren Umfeld aus und beziehe sich, da er Kärntner Slowene sei, d. h. seine Subjektivität, bewusst und geplant in den Film mit ein. Diese Subjektivität würde er bei einem anderen, objektivierenderen Zugang ohnehin nicht ausschalten können, also mache er sie zum Instrument des Filmes. Mir kommt sofort Maya Nadig (1992) in den Sinn und die von ihr vorgeschlagene methodisch gehandhabte Subjektivität beim ethnopsychoanalytisch begleiteten sozialwissenschaftlichen Arbeiten. Mein Co-Taufpate macht beim Filmen nichts anderes als ich beim Forschen und Schreiben. Wir diskutieren noch lange die Parallelen unserer Vorgehensweise, bis wir zur nächsten Essensrunde – einer Kaffeejause mit drei unterschiedlichen Sorten hausgemachter Mehlspeisen – gerufen werden.

Der Filmemacher und ich spazieren langsam zum Zentrum des Geschehens, das sich hinter dem Haus zwischen der kleinen Grillgrotte und der Pergola befindet. Dort ist eine lange, mit weißen Tischtüchern gedeckte Tafel, an der bereits einige Gäste Platz genommen haben. Schräg gegenüber der Grillgrotte gibt es einen sechseckigen, hölzernen Pavillon mit Sitzbank und Tisch, in dem ebenfalls aufgedeckt wurde. Hier tafeln wir erneut. Danach geht man spazieren, trinkt Wein aus Slowenien, spielt mit den Kindern, genießt den lauen Spätsommertag. Ich sitze vor der wunderschönen Kulisse der Karawanken, betrachte die blumenumrankte Pergola, beobachte das fröhliche Treiben in dem kleinen hölzernen Pavillon, der in mir die Erinnerung an die Abschlussszene in jeder Asterix und Obelix-Geschichte wachruft, und sinniere vor mich hin. Was habe ich erfahren in den letzten Tagen, was habe ich gelernt?

Ich habe mich immer von den Kärntner Slowenen angenommen gefühlt, als ein Teil von ihnen verstanden. Egal ob ich meine Freundin in Zell Pfarre besuchte, bei meinen Verwandten im Jauntal weilte oder die politischen VertreterInnen der slowenischen Volksgruppe in Wien traf. Auch im »Serbendorf« fühle ich mich angenommen, aber dennoch ist hier irgendetwas anders.

Die vielen erlebten Ähnlichkeiten zu meinen früheren Erfahrungen im Südkärntner Raum bewirkten, dass ich mich hier sogleich heimisch und vertraut fühlte: die bäuerliche Gastfreundschaft und Selbstdefinition über die hofeigenen Produkte; der hohe Stellenwert des Essens im Alltag und bei besonderen Anlässen wie einer Taufe; die patriarchale Sozialstruktur mit starkem intergenerativen Zusammenhalt; die Frömmigkeit; und last but not least die Bedeutung der lokalen Spezialität Sasaka für das alltägliche Leben als Parallele zu den Kärntner Würsteln bei meinen Verwandten (nicht zu vergessen deren ähnliche negative Auswirkungen auf mein körperliches Wohlbefinden). Auch die landschaftliche Schönheit, die mich mit allen Sinnen an Kindheitstage erinnert hat, gab mir sofort ein Gefühl von Geborgenheit und Heimat.

Gleichzeitig nahm ich einen wesentlichen Unterschied wahr: In diesem Dorf herrscht ein verbissener Kampf gegen die Assimilation anstatt eines – wie mir bisher von meinen anderen slowenischen Kontakten vermittelt wurde – selbstbewussten Umganges mit Zweisprachigkeit. Der Druck, mit dem die slowenische Sprache an die Jungen weitergegeben und von Zugezogenen wie meiner Freundin abverlangt wird, ist mir fremd und hat bei mir stellvertretend für diese zum ersten Mal in meinem Leben Widerstand und Abwehr, Slowenisch lernen zu wollen, ausgelöst. Meine emotionale Reaktion irritiert mich, weil sie – wenn ich George Devereux[12] Glauben schenken darf – Ausdruck eigener verdrängter Anteile ist. Denn ich frage mich: Wie steht es um meine Identität in Bezug auf die Frage, was und wer ich selbst hinsichtlich meiner slowenischen Herkunft bin? Warum habe ich tatsächlich nie Slowenisch gelernt? Gehöre ich dazu oder nicht? Worüber definiert sich die Zugehörigkeit zu einer Minderheit – über das Beherrschen der Minderheitensprache, das Aufwachsen vor Ort innerhalb der Minderheitengesellschaft oder reichen die Wurzeln, so man sich selbst als dazugehörig definiert?

Die wahrgenommene Unterschiedlichkeit hier in meinem Gallierdorf verhalf mir, meine Perspektive zu korrigieren, meinen Blick zu erweitern – nicht nur im Hinblick auf die Situation der slowenischen Volksgruppe, sondern auch hinsichtlich meiner Verortung zwischen den Welten.

Wieder wird zu Tisch gerufen, und ich reiße mich nolens volens von meinen Überlegungen los.

Und so lasse auch ich traditionell – so wie Goscinny und Uderzo – meine Geschichte, aber weil die Realität sie tatsächlich so schrieb, mit einem Festbankett unter freiem Himmel, das bis in die frühen Morgenstunden dauert, enden, mit gekochtem Schinken (vom Hausschwein), Speck und Sasaka![13]

---

[12] S. hierzu Devereux, Georges (1992): Angst und Methode in den Verhaltenswissenschaften. Frankfurt a. M., S. 64-69.

[13] Epilog
Weihnachten 2004. Verschlafen und wortkarg (wie immer frühmorgens) sitze ich am Stefanitag mit meinem Vater und meinem Lebensgefährten beim Frühstück. Die beiden unterhalten sich über die verschiedensten Speisen und – Gott allein weiß warum – kommt das Gespräch auf Schweineschmalz, das mein Vater seit einer schweren Erkrankung nicht einmal mehr kosten darf. Scheinbar aus dem Nichts heraus meint er schwärmerisch, dass Sasaka schon etwas Feines sei! Ich bin schlagartig hellwach. Fassungslos frage ich ihn: »Du kennst das Wort Sasaka???« »Ja selbstverständlich. Das hat es früher immer bei unseren Kärntner Verwandten, beim Onkel, gegeben.« Völlig

Conclusio:
Ironie als Abwehr

Warum diese Ironie in einer dichten Beschreibung über die Situation von Kärntner SlowenInnen? Ich denke, meine Form der Abwehr des erlebten Kulturschocks, der Irritationen, die Verunsicherung, Angst und v. a. Aggression als Gegenübertragungen bei mir auslösten, war es, Ironie wie einen Katalysator zwischenzuschalten.

Besonders der Ethnozentrismus und Ethnozwang der Minderheitenangehörigen, die sich mir bei dem Aufenthalt in dem kleinen Südkärntner Dorf vermittelten, lösten bei mir Wut und Aggression aus, die ich dadurch kanalisierte, dass mein Blick auf meine Erlebnisse in dem Dorf ein ironischer, mitunter selbstironischer wurde und damit auch deren Vertextung. Larcher (1992) beschreibt diese Art des textualen Umganges mit (seinen) Kulturschockerlebnissen, Irritationen und Ängsten als »liebvoll-ironische Distanz« (S. 19).

Ironie schafft also auch mehr Distanz, die meines Erachtens nach schwerer einzuhalten ist, wenn man sich nicht nur mit dem »fremden Blick« (Rumpf, 1986), sondern auch dem vertrauten einer anderen, aber doch irgendwie eigenen Kultur zuwendet, wie es für mich die Kärntner slowenische Kultur ist.

---

entgeistert frage ich ihn, warum ich weder diese Speise noch deren Bezeichnung kenne, wo ich doch seit über drei Jahrzehnten bei den Verwandten ein- und ausgehe und besagten Onkel noch gekannt habe. Die Erklärung ist einfach wie logisch: Mit dem Tod der Alten am Hof sei auch das Rezept für die richtige Zubereitung von Sasaka verloren gegangen; die junge Generation habe bereits zu Lebzeiten des Onkels viel erneuert, renoviert, reformiert und der Zeit angepasst. Diesem Prozess sind einige Traditionen, so auch Sasaka als fixer Bestandteil der täglichen Ernährung, das ursprünglich zwischen der harten, damals noch nicht maschinenunterstützten Feldarbeit als besonders energiereiche Nahrung diente, zum Opfer gefallen. Ergo sei auch der Begriff aus dem Sprachgebrauch verschwunden.

Sasaka ist in meiner Familie ein Beispiel für eine Tradition, die im Wandel der Zeit aus der Alltagskultur allmählich verschwunden ist, weil sich die Lebensbedingungen verändert haben.

SUSANNE OGRIS

Doppelrolle und methodologische Aspekte

Eine derartige Zwischenposition der Forschenden stellt eine ethnopsychoanalytische Herangehensweise vor besondere Herausforderungen: Während einerseits das Pendeln zwischen den beiden Welten leichter geht, ist andererseits die Gefahr größer, einen durch frühere Erfahrungswerte mit der beforschten Kultur verstellten Blick zu haben. Allzu große Vertrautheit mit dem Gegenstand unterschlage – so Rumpf (1986, S. 12) – »die abgründige Andersheit – sie macht sie unspürbar«.

Der ständige Wechsel zwischen Identifikation (die für mich vermutlich aufgrund meiner Herkunft stärker als für Forschende mit fremdem Blick war) mit und Distanz zum Forschungsfeld, zur Situation der Kärntner SlowenInnen, bedeutete ein Hin- und Herbewegen zwischen der Welt meiner slowenischen Wurzeln und der Welt meines gegenwärtigen soziokulturellen Umfeldes im deutschsprachigen Österreich. Dieses stetige innerliche Pendeln zwischen den Kulturen, die beide gewissermaßen Teile meiner selbst sind, intensivierte die Kulturschocks und subjektiven Irritationen, was ich als fruchtbar für den Erkenntnisgewinn empfand. Mir schienen diese und alle dazugehörigen Affekte in den beiden Tagen im Zeitraffer abzulaufen. Die emotionale Spannung, die so aufgrund meiner Zwischenposition, meiner Doppelrolle (innen/außen, subjektiv/objektiv) entstand, wurde für mich erträglicher, indem ich meine Ironie dazwischenschob und damit wieder mehr Distanz gewinnen konnte.

Eine Situation, in der mir die Innenposition (aufgrund zunächst verdrängter Anteile) zum Verhängnis wurde und eine Interferenz im Wahrnehmungsprozess bescherte, war, als ich vermittelt über das Thema Sasaka zu etwas genötigt wurde, was mir nicht gut tat, was ich im Grunde nicht wollte. Da ich aber dazugehören wollte (so wie ich schon als Kind bei meinen slowenischen Verwandten dazugehören wollte), musste ich das Sasaka kosten, was mich wiederum aggressiv machte. Die Aggression konnte sich nicht entladen bzw. ich konnte sie nicht loswerden, weil die Gastfreundlichkeit augenscheinlich ja etwas Positives darstellt (dahinter versteckt ist die im Text beschriebene Ambivalenz der Gastfreundlichkeit). Die emotionale Überbesetzung des Essens, der Initiationsritus über Oralität, um dazugehören zu können, löste bei mir aus meiner kindlichen Erinnerung heraus (wie man im Text merkt) zusätzlich Aggression aus, auf die ich mit Widerstand über Verstärkung meiner Unverträglichkeit von fetten Speisen als zunächst unbewussten Abwehrvorgang reagierte. Die Zwischenposition ist, wie man aus diesem Beispiel erkennen kann, nicht immer produktiv im Forschungsprozess.

Aufgrund meiner Doppelrolle hatte ich ambivalente Gegenübertragungen zwischen einerseits der Idealisierung der Kärntner slowenischen Minderheit wie sie für meine wissenschaftlich-akademischen und politisch-korrekten Kreise im Umgang mit Minderheiten typisch ist,[14] und andererseits Ablehnung des erlebten Ethnozentrismus, was mir vermutlich wegen meiner slowenischen Wurzeln, meiner Teilzugehörigkeit, weil ethnisch nah, erst möglich wurde.

Zur Idealisierung von Minderheiten meint Vladimir Wakounig (1999), dass diese seitens der WissenschaftlerInnen aus einer Perspektive der Dualisierung (hier Mehrheit – dort Minderheit) einseitig dargestellt und fast nur in Relation zur Mehrheit gesehen werden, als Opfer, Unterdrückte, Schwache und Abhängige von gesellschaftlichen Mehrheitsverhältnissen. Dies führe einerseits zu einer Homogenisierung und andererseits zur Verklärung der Minderheit im Sinne einer »moralischen Kategorie«. Letzteres verstelle den Blick für undemokratisches und unmenschliches Handeln, »weil damit Machtkämpfe und Ausgrenzungsstrategien innerhalb von Minderheiten nicht wahrgenommen werden können« (ebd., S. 153). Eine kritische Auseinandersetzung mit Minderheiten und die Wahrnehmung ihrer Pluralität und Vielfalt sind somit von vornherein unterbunden. Denselben Verklärungen saß ich bis zu dem Aufenthalt im »fremden« Dorf auf. Dort nahm ich zum ersten Mal bewusst zur Kenntnis, dass Kärntner SlowenIn nicht Kärntner SlowenIn ist – auch ich hatte die Kärntner SlowenInnen bis dahin als homogene Gruppe, reduziert auf ihre Opferrolle als Minderheit, betrachtet und konnte so nicht die Unterschiede zwischen Angehörigen der Volksgruppe v. a. in ihrem vielfältigen Umgang mit »ethnischer Identität« und Zweisprachigkeit sehen. Offensichtlich bedurfte es der »fremden Erfahrung«, um letztlich das Eigene sehen zu können –

---

[14] Vgl. dazu Wakounig (1999) über die Wissenschaft und ihre Wahrnehmung von Minderheiten.

das Eigene, das immer da war, nur nicht an der Oberfläche sichtbar im eigenen Dorf, bei den eigenen Leuten. Die Innenposition als Tochter eines Kärntner Slowenen ermöglichte und erlaubte mir, im Gegensatz zur offiziellen politisch-korrekten Außenposition, den kritischen Blick auf das Slowenisch-Ethnische in Kärnten in seiner traditionellen Form (bäuerlich, religiös, patriarchal), das im fremden Dorf mit Druck weitertradiert und von Gruppenangehörigen abverlangt wird, anzusetzen. Als Betroffene weckte es meinen Widerstand, und ich empfand das idealisierte Ethnische als schlicht nationalistisch.

In der sich aus der Doppelrolle ergebenden Wahrnehmungsambivalenz spiegelt sich die Ambivalenz, die dem »Ethnischen« als Phänomen innewohnt: In meinem soziokulturellen Umfeld habe ich beobachtet, dass das Ethnische mit allen dazugehörigen Ausdrucksformen (wie z. B. Sprache, Traditionen, Lebensform) bei einer Minderheit oder in der Ferne oft bewundert, währenddessen es in der Nähe oder in Mehrheitsgesellschaften als gefährlicher Nationalismus verurteilt wird (häufig nicht zu Unrecht, wie uns z. B. die zeitgeschichtlichen Ereignisse während des NS-Regimes in Österreich und Deutschland gezeigt haben). Auch in den Begriffsverwendungen liegt ein Unterschied: Bei Minderheiten spricht man von ethnischer Identität, bei Mehrheiten von nationalem Bewusstsein. Die zugrunde liegenden Mechanismen sind dieselben, der Unterschied besteht jedoch in deren Funktion.

Im Gegensatz zum Nationalismus in der Mehrheitsgesellschaft geht es bei der Bezogenheit auf die ethnische Identität seitens einer Minderheit um ihr Überleben. Bei der herrschenden Mehrheit dient der Nationalismus der Zementierung von Machtverhältnissen. Doch auch bei Minderheiten ist der Grat ein schmaler, an dem das Ethnische ins Nationale kippt, wenn z. B. innerhalb der Gruppierung eine Norm etabliert wird, was einen »guten und richtigen Kärntner Slowenen« kennzeichne. Alle »Außenseiter«, die sich abseits dieser Norm bewegen, werden ausgegrenzt, was in letzter Konsequenz zum gegenteiligen Effekt des ursprünglich angestrebten Erhalts der Volksgruppe führt, weil sie dadurch (numerisch) geschwächt wird.

MINDERHEITEN – LEBEN UND ÜBERLEBEN ...

Minderheitenüberleben in einer globalisierten Welt

Die traditionelle ethnische Identität der Kärntner SlowenInnen ist eng verflochten mit einer bäuerlichen Lebensweise. Bis in die 1950er Jahre waren zwei Drittel der Kärntner SlowenInnen im Agrarbereich tätig (Österreichisches Volksgruppenzentrum, 1993a). Mit den Bildungskarrieren, dem sozialem Aufstieg, mit der internationaleren Ausrichtung im Zuge der Globalisierung kommt es jedoch in den letzten Jahrzehnten in zunehmendem Maße zur Abwanderung von Kärntner SlowenInnen aus der ländlichen Region in Städte, andere Bundesländer bzw. Staaten, was zwangsläufig mit einer Art von Assimilation einhergeht, da dort kaum ausreichend Gelegenheit zur Ausübung der slowenischen Muttersprache vorhanden ist. Die Zeit wird weisen, ob und über wie viele Generationen das künstliche Aufrechterhalten der Sprache in Kulturvereinen in der Diaspora möglich sein wird. Ich bin, wahrscheinlich aus der eigenen Familiengeschichte heraus, diesbezüglich pessimistisch. Bleibt nun für das Überleben der Volksgruppe der Kärntner SlowenInnen nur der Regress auf die Ethnie mit Aufrechterhaltung der traditionellen Lebensweise in Kärnten? Oder werden sich neue Identitäten von Kärntner SlowenInnen am Rande der Globalisierung entwickeln?

Ein Aspekt scheint mir noch wesentlich bei der Diskussion über das Minderheitenüberleben: Minderheitenangehörige sind meines Erachtens bei der Entscheidung, wie sie ihr Leben gestalten, einem größeren Druck ausgesetzt und haben dabei weniger Wahlfreiheit als Mehrheitsangehörige. Larcher (in Hafner et al., 1984) z. B. beschreibt auf der Basis von Erfahrungsberichten slowenischsprachiger StudentInnen im Rahmen einer Studie über Zweisprachigkeit und Identität in Kärnten, dass der permanente Zwang in Südkärnten, sich öffentlich zu einer ethnischen bzw. sprachlichen Gruppierung bekennen zu müssen, bei Angehörigen der slowenischen Volksgruppe zu Problemen bei der Ausbildung der persönlichen Identität führe, da die »spezielle Minderheitensituation in Kärnten ein Dominieren kollektiver Interessen und Äußerungen gegenüber persönlichen bewirke« (S. 169). Demnach würden Minderheitenangehörige wenig Möglichkeit haben, »unbeeinträchtigt von Darstellungszwängen der kollektiven Identität Selbstbilder zu veröffentlichen und Fremdbilder des eigenen Selbst zu Gehör zu bekommen, die einen spielerischen, probehandelnden, offenen und kommunikativen Umgang mit Lebensentwürfen und -interpretationen ermöglichten oder förderten« (S. 170). Außerhalb Kärntens, so gaben die StudentInnen an, fiele dieser Zwang weg.

Durch den Bekenntniszwang einerseits und den Assimilationsdruck unter den herrschenden Machtverhältnissen in Kärnten andererseits bekommen die ethnische Identität und die Interessen des ethnischen Kollektivs für Kärntner SlowenInnen eine zentrale Bedeutung. Je stärker Minderheitenangehörige den Druck aufgrund der subtilen Abwertung und offenen Anfeindung seitens der deutschsprachigen Bevölkerung oder durch die Assimilationspolitik der Kärntner Landesregierung erleben, desto eher müssen sie mit Regress auf die ethnische Identität, Rückgriff auf nationalistische Praktiken und Ethnozwang reagieren, so wie ich es im »fremden Dorf« beobachten konnte. Gleichzeitig stehen die Minderheitenangehörigen jedoch vor derselben Möglichkeit wie Mehrheitsangehörige, in einer globalisierten Welt zu leben, einhergehend mit der Emanzipation aus sozialen Verhältnissen durch Bildungskarrieren, der Migration in die Städte oder ins Ausland. Der innere Konflikt, mit dem viele Minderheitenangehörige konfrontiert sind, besteht zwischen dem moralischen Auftrag, in der Minderheit (in Kärnten oder in der Diaspora) zu bleiben, um im Sinne der Solidarität den Erhalt der Volksgruppe zu gewährleisten, und der Entscheidung, sich in der Globalisierung individuell zu entfalten, was mehr Wahlfreiheit von Lebensentwürfen und mehr »Möglichkeit von Mehrfachzugehörigkeiten« (Ottomeyer, 1997, zitiert nach Wakounig, 1999, S. 154[15]) beinhaltet.

Was ist dann aber das (Über-)Leben der Kärntner slowenischen Minderheit in einer globalisierten Welt?

Solange sich die Kärntner SlowenInnen benachteiligt fühlen bzw. sie de facto benachteiligt, subtil unterdrückt und bedroht sind, werden sie dagegen Widerstand leisten durch Rückgriff auf nationalistische Praktiken und ethnozentrische Vorstellungen. Erst wenn die Unterdrückung

---

[15] Ottomeyer (1997) verwendet den Begriff für eine Beschreibung von ethnischer Identität als »eine zeitgebundene soziale Konstruktion mit der Möglichkeit von Mehrfachzugehörigkeiten« (zitiert nach Wakounig, 1999, S.154).

aufhört, indem die Politik die rechtlichen Bestimmungen zum Schutz und Fortbestehen der Volksgruppe der Kärntner SlowenInnen zur Gänze erfüllt (Stichwort: Ortstafeln), ist eine Basis für eine freie kulturelle Entfaltung der Minderheit geschaffen und werden Minderheitenangehörige offener sein können für die Wahl unterschiedlicher Lebensentwürfe und Mehrfachzugehörigkeiten.

Gleichzeitig sollte minderheitenintern in einem Zeitalter der Globalisierung das Recht auf individuelle Entscheidung respektiert werden. Wenn innerhalb der Volksgruppe die Offenheit für das Entstehen neuer Selbstdefinitionen, neuer Identitäten, neuer Lebensformen von Kärntner SlowenInnen gegeben ist, dann wird ein Minderheitenüberleben unter den sich unwillkürlich verändernden Lebensbedingungen auf dieser Welt vermutlich eher möglich sein. Dies muss nicht einhergehen mit dem Aussterben der slowenischen Sprache als Muttersprache oder einer Kärntner slowenischen Identität, sondern kann vielmehr deren Integration in neue Lebensentwürfe bedeuten. Die ständige Berufung auf ethnische Identität oder nationales Bewusstsein von nationalistischen Minderheitenangehörigen – bei synchroner, dem globalen Zeitgeist entsprechender stärkerer Pluralisierung von Lebensverhältnissen und Vielfalt an weltanschaulichen Orientierungen von Kärntner SlowenInnen als Individuen – kann dem Erhalt der Volksgruppe u. U. sogar mehr schaden:

»Wo sich die Minderheit auf rassistische und nationalistische Praktiken einlässt, schwächt sie sich selbst. Denn es wird immer mehr Menschen geben, die irgendeinem Exklusivmerkmal[16] nicht entsprechen. Genaugenommen bedeutet die Verstrickung in den eigenen Rassismus eine große Gefahr der Selbstzerstörung.« (Wakounig, 1999, S. 157)

---

[16] Gemeint sind nach Wakounig Merkmale, die die Volksgruppe konstituieren sollen, die festlegen, was einen »guten Slowenen« ausmacht. »Wer jedoch diese Vorgaben als konstitutive Elemente der slowenischen Volksgruppe zurückweist, betreibt nach Auffassung der Nationalen eine Assimilationspolitik, schwächt die slowenische Minderheit und arbeitet nicht im Sinne des Erhalts und der Stärkung der Minderheit.« (Wakounig, 1999, S. 156)

Literatur

Devereux, G. (1992): *Angst und Methode in den Verhaltenswissenschaften.* 3. Auflage. Frankfurt a. M.: Suhrkamp.

Erdheim, M. (1992): *Die gesellschaftliche Produktion von Unbewusstheit. Eine Einführung in den ethnopsychoanalytischen Prozeß.* 4. Auflage. Frankfurt a. M.: Suhrkamp.

Geertz, C. (1997): *Dichte Beschreibung. Beiträge zum Verstehen kultureller Systeme.* 5. Auflage. Frankfurt a. M.: Suhrkamp.

Gstettner, P. (1999): Subjektivität im interkulturellen Lernprozeß. In: Aluffi-Pentini, A./Gstettner, P.; Lorenz, W.; Wakounig, V. (Hrsg.): *Antirassistische Pädagogik in Europa. Theorie und Praxis.* Klagenfurt/Celovec: Drava Verlag, (S. 183-200).

Hafner, K., Kuchling Z., Larcher D. & Male, L. (1984): Zweisprachigkeit und Identität. Fallgeschichten als Vorstudien zur Erforschung der Identitätsentwicklung zweisprachiger Kärntner. In: Sima, V.; Wakounig, V.; Wieser, P. (Hrsg.): *Slowenische Jahrbücher 1985.* Klagenfurt/Celovec: Drava Verlag, (S. 168-192).

Larcher, D. (1992): *Kulturschock. Fallgeschichten aus dem sozialen Dschungel.* Meran: ALPHA & BETA Verlag.

Nadig, M. (1992): *Die verborgene Kultur der Frau. Ethnopsychoanalytische Gespräche mit Bäuerinnen in Mexiko.* Frankfurt a. M.: Fischer.

Österreichisches Volksgruppenzentrum (Hrsg.) (1993a): *Österreichische Volksgruppenhandbücher. Kärntner Slowenen.* Band 1. 2. aktualisierte Ausgabe. Celovec/Klagenfurt: Hermagoras/Mohorjeva.

Österreichisches Volksgruppenzentrum (Hrsg.) (1993b): *Österreichische Volksgruppenhandbücher. Austria Ethica – Stand und Perspektiven.* Band 6. Celovec/Klagenfurt: Hermagoras/Mohorjeva.

Österreichisches Volksgruppenzentrum (Hrsg.) (1997): *Volksgruppenreport 1997.* Viktring: Hermagoras/Mohorjeva.

Ottomeyer, K. (1988): *Ein Brief an Sieglinde Tschabuschnig: Kriegsfolgen, Vergangenheitsbewältigung und Minderheitenkonflikt am Beispiel Kärnten.* Klagenfurt/Celovec: Drava Verlag.

Rumpf, H. (1986): *Mit dem fremden Blick. Stücke gegen die Verbiederung der Welt.* Weinheim und Basel: Beltz.

Wakounig, V. (1999): Verstrickt in den eigenen Rassismus: Minderheiten in einer anderen Rolle. In: Aluffi-Pentini, A.; Gstettner, P.; Lorenz, W.; Wakounig, V. (Hrsg.): *Antirassistische Pädagogik in Europa. Theorie und Praxis.* Klagenfurt/Celovec: Drava Verlag, (S. 148-159).

Zöchling, Ch. (2006): Das Geisterheer von Lavamünd. In: *profil* Nr. 6, 37. Jg. 6. Februar 2006.

SIGRID AWART
Lebenswelten Südafrikas
Die Regenbogennation im Widerspruch

»The world in one country«

Dieser Werbespruch der Tourismusbranche weist darauf hin, dass es in Südafrika sowohl eine Vielfalt von Landschaften, Flora und Fauna als auch von Kulturen gibt. Die Bedeutung dieser Aussage ist aber auch noch in einer weiteren Hinsicht wichtig; Südafrika ist ein Beispiel für die Strukturen der Welt im Kleinen: die Globalisierung des Alltags, die kapitalistische Ökonomie, die ungleiche Verteilung, die Koexistenz einer elitären Minderheit und einer sich in der Überlebensökonomie befindenden Mehrheit.

»I survived South Africa.« T-Shirts mit diesem Spruch werden in Südafrika als Souvenir angeboten. Es handelt sich dabei um eine Anspielung – auf die gefährlichen Tiere der afrikanischen Wildnis ebenso wie auf die so oft zitierte hohe Kriminalität dieses Landes. Ich finde, dass man diese Aussage auch auf das psychische Überleben in Südafrika beziehen kann, denn die Widersprüche, die man in Südafrika erlebt, sind nicht leicht zu verarbeiten.

So bin ich froh, bei dieser Reise ein Tagebuch, als eines der Instrumente der Ethnopsychoanalyse, im Gepäck mitgehabt zu haben. Diese Methode des Verschriftlichens aller spontanen Assoziationen und Irritationen während einer Forschung in Form eines Tagebuchs und die Analyse dieser Texte nach einer gewissen zeitlichen Distanz – in psychoanalytischer Supervision oder Intervision mit KollegInnen – nennt Maya Nadig (1985) »ethnopsychoanalytische Begleitung«.[1] Obwohl ich

---

[1] Diese Methode ist aus zwei Gründen von Bedeutung: Einerseits können mit ihrer Hilfe unbewusste Reaktionen von ForscherInnen bewusst und handhabbar gemacht werden (Devereux, 1984). Andererseits enthalten Tagebuchaufzeichnungen auch wichtige Informationen über die beforschte Kultur, denn es zeigen sich darin unbewusste und verdrängte Erfahrungen einer Gesellschaft, wie etwa Machtverhältnisse, Widersprüche und Konflikte (Nadig, 1986).

LEBENSWELTEN SÜDAFRIKAS

im Jahr 2004 nicht primär nach Südafrika reiste, um dort zu forschen, sondern um meine Mutter (die vor 20 Jahren in dieses Land immigriert ist und dort als Tennislehrerin arbeitet) zu besuchen, half mir das Aufschreiben meiner Emotionen und Einfälle sowie die Auseinandersetzung mit diesen Texten, mit den Ambivalenzen Südafrikas umzugehen und meine damit verbundenen Abwehr- und Anpassungsmechanismen besser zu verstehen. Die »ethnopsychoanalytische Begleitung« kann daher meiner Erfahrung nach auch sehr gut in Kontexten außerhalb der Forschung angewandt werden, neben der »Reisebegleitung« z. B. auch in der Pädagogik und Sozialarbeit (vgl. Awart, 2006).

A white, white world

Ich sitze neben meinem Lebensgefährten, mit einem Glas Rioja auf dem Abstelltischchen, eingewickelt in eine Decke (ich habe mich für »afrikanische Temperaturen« gekleidet und nun ist die Klimaanlage eiskalt eingestellt!) in der Maschine der Iberia Airways und denke an meine letzte Reise nach Südafrika im Jahre 1994, also genau vor zehn Jahren. Es war kurz vor den ersten freien Wahlen, es herrschten Aufregung, Nervosität und Freude im Land. Die Welt blickte auf die »Regenbogennation«,[2] die es trotz jahrzehntelanger Apartheidspolitik und extremer Gegensätze zwischen Arm und Reich geschafft hatte, ihr politisches System ohne kriegerische Auseinandersetzungen zu verändern. Der ANC (*African National Congress*), die aus der »linken« Widerstandsbewegung entstandene größte Partei Südafrikas, erhielt 1994 fast zwei Drittel der Stimmen (62,6 Prozent) und Nelson Mandela wurde Präsident. Die Einigung der Nation wurde als Hauptaufgabe definiert, eine neue Landesverfassung wurde verabschiedet und die Wahrheits- und Versöhnungskommission unter Bischof Desmond Tutu gegründet, um die Apartheidsvergangenheit zu bewältigen. »A better life for all« war damals der wichtigste Wahlspruch des ANC. Zur Förderung der benachteiligten Gruppen wurden neue Gesetze zur Chancengleichheit

---

[2] Der Begriff »Gottes Regenbogennation«, der besagt, dass in Südafrika die unterschiedlichsten Ethnien zusammen leben, stammt von Bischof Desmond Tutu (Bussiek und Bussiek, 1999).

verabschiedet. Die so genannte *affirmative action* schreibt vor, dass Schwarze bei gleichen Fähigkeiten bei Bewerbungen und Beförderungen bevorzugt werden sollen, und das gleiche gilt für Frauen und Behinderte. Außerdem wurde zum Ausgleich sozialer Gegensätze das so genannte RD-Programm (Reconstruction and Development) gegründet, das Wirtschaftswachstum durch die Erfüllung von Grundbedürfnissen (wie etwa Häuserbau oder Stromversorgung) erreichen möchte (Peters, Engel und Leeb-du-Toit, 2004).[3]

»As we celebrate ten years of freedom in South Africa, we do so as people united for a better South Africa and a better world«, meint Thabo Mbeki (2004, S. 1), der 1999 Mandelas Nachfolge als Präsident antrat. Die Regierungspläne klingen sehr vorbildhaft, doch wie hat sich Südafrika in den »ten years of democracy«, wie der Slogan anlässlich der Jubiläumsfeiern lautet, nun wirklich verändert? Als positive Entwicklungen wird der Regierung angerechnet, dass sie zwischen 1994 und 2004 zwei Millionen Wohnungen ans Stromnetz angeschlossen hat und drei Millionen Menschen Zugang zu sauberem Wasser verschafft hat. Der Bau von neuen Häusern ging zwar langsamer voran als geplant, aber immerhin wurden bis 2004 700.000 neue Häuser errichtet. Das Grundschulspeisungsprogramm erreicht fünf Millionen Kinder, die ebenso wie die sozial Schwächeren von der kostenlosen Gesundheitsversorgung profitieren (Bussiek und Bussiek, 1999). Kritisiert werden muss an der Regierung, dass sie erst viel zu spät Maßnahmen gegen Aids gesetzt hat, sodass 2004 ein Viertel der Bevölkerung Südafrikas mit dem HI-Virus infiziert ist (Rwegera, 2004). Die ökonomische Statistik zeigt vordergründig Erfolge: So ist etwa die Wirtschaft kontinuierlich um 2-3 Prozent gewachsen, der Schuldenberg sowie die Inflationsrate wurden gegenüber der Vorgängerregierung bis zum Jahr 2000 halbiert (Bussiek und Bussiek, 1999). Andererseits beträgt die Arbeitslosigkeit über 20 Prozent und fast die Hälfte der Bevölkerung lebt noch immer unter der Armutsgrenze (Peters, Engel und Leeb-du-Toit,

---

[3] Auch bei den zweiten freien Wahlen 1999 ging der ANC mit 66,4 Prozent der Stimmen als Wahlsieger hervor und Thabo Mbeki trat Mandelas Nachfolge als Präsident an. Bei seiner Rede zur Lage der Nation 2000 betont Mbeki die Stabilität der südafrikanischen Demokratie, erklärt wiederum die Bekämpfung von Rassismus zum wichtigsten gesellschaftlichen Ziel und verspricht, Armut und Kriminalität zu bekämpfen sowie Versäumnisse im Bildungswesen nachzuholen (Baratta, 2000).

2004). Laut Burger (2004) zeigen auch die Strategien der Regierung gegen die Kriminalität erste Erfolge; mit Ausnahme von Raubüberfällen und grober Sachbeschädigung wurde die Anzahl der meisten Delikte in den letzten Jahren verringert oder blieb gleich.

Sich über eine Kultur zu informieren, bevor man diese bereist, dient laut Devereux (1984) auch dazu, durch so genannte »stellvertretende Vorerfahrungen« seine Angst vor dem Fremden abzubauen. Meine Angst in Bezug auf den Aufenthalt in Südafrika bezieht sich vor allem auf die Gewalt, von der man so viel hört. Eigentlich überwiegt bei mir aber die Vorfreude, da ich große Hoffnungen habe, dass sich dieses Land in den letzten zehn Jahren stark zum Positiven verändert hat. Dazu kommt, dass es bei meinen früheren Reisen zu Apartheidszeiten als politisch unkorrekt galt, Südafrika zu besuchen – während ich es jetzt als Unterstützung einer jungen Demokratie betrachte, wenn TouristInnen Anerkennung und Devisen bringen.

Zurzeit befinde ich mich noch »über den Wolken« und frage mich, was darunter liegen würde. »Erwarten Sie das Unerwartete«, meint etwa die Broschüre des South African Tourism (2001). Dabei fällt mir auf, dass ich, obwohl ich nach Afrika fliege, zu 100 Prozent von Weißen umgeben bin.

Gleich nach meiner Ankunft in der 2,5-Millionen-Metropole Kapstadt unterliege ich einer Fehlinterpretation. Bei der Ankunft im hübschen Häuschen meiner Mutter – sie wohnt in einer der teuersten Gegenden Kapstadts mit Blick sowohl aufs Meer als auch auf die Berge, mit dem Auto nur zehn Minuten vom Zentrum und drei Minuten von einer geschäftigen Strandpromenade entfernt – begrüße ich zwei schwarze Frauen, die am Eingang des Nachbarhauses tratschen. Es freut mich, dass in diesem Nobelviertel nicht mehr – so wie früher – nur Weiße leben. Doch leider habe ich mich geirrt, später stellt sich heraus, dass die beiden Frauen Hausangestellte sind, die nur zum Arbeiten in diese feine Gegend kommen.

In der ersten Zeit erleben wir ein »Honeymoon-Stadium«. Oberg (1960) bezeichnet so die erste Phase des Kulturschocks, in der man vom »Fremden« fasziniert ist und nur oberflächlich die schönen Seiten einer neuen Kultur wahrnimmt. Mein Freund und ich sind hingerissen von der Schönheit dieser Stadt, die zwischen zwei Ozeanen unter dem Tafelberg liegt. Uns begeistern die Langsamkeit dieser Metropole, die Mischung asiatischer, afrikanischer und europäischer Tradition, die ausgezeichnete Infrastruktur, die Einkaufsmöglichkeiten. Wir genießen unser TouristInnendasein: Tour zum *Cape point*, Essen und Shoppen an der Waterfront, Besuch der Weinberge, Entspannen am Pool und am Strand. Doch nach einigen Tagen werde ich depressiv.

Wir genießen den Sonnenuntergang auf der Terrasse eines schicken Restaurants mit Blick auf den Atlantik, wunderbarem südafrikanischen Weißwein, frischem Salat mit Meerestieren und tropischen Früchten, freundlicher Bedienung, einem lustigem Straßenmusiker. Alles scheint perfekt zu sein – bis zu dem Zeitpunkt, wo ich die Toilette im Inneren des Lokals aufsuche. Ich irre mich in der Türe – und plötzlich stehe ich in der Küche. Ich erschrecke über die müden, traurigen, schwarzen Gesichter, mit Schweißperlen auf der Stirn, es ist stickig und stressig. Im Restaurant zu arbeiten ist auch in Österreich kein Vergnügen, auch bei uns sind die Arbeitsverhältnisse in diesem Bereich mitunter oft problematisch. Doch hier habe ich es »schwarz« auf »weiß«: Die Gäste, die den wunderschönen Sonnenuntergang genießen, sind alle Weiße, das Personal, das sich in der stickigen Küche plagt, sind alle Schwarze. Die Kluft zwischen dem Luxus, den ich mir hier leisten kann, und den Arbeitsbedingungen der Bediensteten scheint um ein Vielfaches größer zu sein als in Mitteleuropa.

Nun werden mir auch Arroganzen und Ärgernisse wieder bewusst, die ich in den letzten Tagen in der *white world* wahrgenommen habe: Wie weiße Kinder die Dusche am Strand aus Bequemlichkeit den ganzen Tag aufgedreht ließen – in einem Land, wo der Großteil der Bevölkerung Wasserprobleme hat; wie sich eine Bewohnerin des Nobelviertels über ihre Nachbarin aufregte, weil sie vor ihrem Haus parkte – während in den Hütten der Townships oftmals zwei Personen in einem Raum in der Größe eines Parkplatzes wohnen; wie meine Mutter über die Regierung unreflektiert meckert – während diese versucht, die Fehler eines jahrzehntelangen Apartheidsregimes wieder gutzumachen, und auch sehr bemüht ist, dabei die Interessen der Weißen zu berücksichtigen.[4]

---

[4] In dem in Südafrika bekanntesten Comic »Madam und Eve« von Rico Schacherl wird die Beziehung einer schwarzen Hausangestellten zu ihrer weißen Madam karikiert. So jauchzte etwa die Hausangestellte: »Endlich frei«, nachdem der ANC die ersten freien Wahlen gewonnen hatte. »Aber vergiss nicht das Geschirr abzuwaschen«, antwortete

LEBENSWELTEN SÜDAFRIKAS

Auch bei einer nach Ethnien differenzierten Betrachtung der Statistiken von Südafrika bestätigt sich noch immer das Bild der zwei Nationen: »die einen weiß und wohlhabend, die anderen schwarz und arm« (Thabo Mbeki, in Bussiek und Bussiek, 1999, S. 87). Z. B. wohnten Ende der 1990er Jahre 95 Prozent der Weißen in einem eigenen Haus, während jeder sechste Schwarze in einer Shack (Bretterbude) untergebracht war. Ebenso war der Anteil der Arbeitslosen in diesem Jahr bei den Schwarzen sieben Mal so hoch wie bei den Weißen, und bei jenen, die unter der Armutsgrenze leben, waren über 95 Prozent Schwarze und 0,5 Prozent Weiße (ebd.).

Hier auf der Terrasse, mit meiner Mutter und ihrer Freundin, kann ich weder eine politische Diskussionen noch ein selbstreflexives Gespräch führen. So sehe ich im Moment nur eine Möglichkeit, meinen Kulturschock zu verarbeiten: mich zu betrinken – so sehr, dass ich mich das erste Mal in meinem Leben nicht mehr erinnern kann, wie ich ins Bett komme. Ich habe zwei Träume:

Es ist Flüchtlingsball. Ich habe keine Lust hinzugehen, habe auch niemanden, der mit mir geht. Ich möchte nur alleine durch die Nacht wandeln. Ich begegne einem älteren eleganten Herrn, ein Türke oder Spanier vielleicht, mit sehr schönen Schuhen. Er meint: »Setze Dich doch zu mir.« Ich antworte: »Ich bin nicht schön genug dafür.«

Ich habe großen Durst und einen trockenen Hals (kein Wunder nach meinem Besäufnis). Eine freundliche schwarze Hausangestellte presst eine Orange aus, sie gibt mir die Abfälle davon, ich bin ihr sehr dankbar dafür.

Später in Wien habe ich zusammen mit einer Gruppe von Ethnopsychoanalytikerinnen[5] diese Träume analysiert: Den »Flüchtlingsball« (der jedes Jahr in Wien stattfindet und bei dem »Reiche« für »Arme« spenden, es aber keine Ermäßigungen für Flüchtlinge gibt, sodass diese daran teilnehmen könnten) haben wir als Form eines scheinheiligen Umgangs mit Armut interpretiert, des Freikaufens des schlechten Gewissens der Bourgeoisie gegenüber benachteiligten gesellschaftlichen Gruppen.

---

daraufhin trocken die Madam (Plott, 2004).

[5] Elisabeth Reif, Ketajun Dörfler, Susanne Ogris und ich haben uns vom Herbst 2005 bis Frühjahr 2006 regelmäßig getroffen, um die Texte, die wir für diesen Band geschrieben haben, zu diskutieren.

SIGRID AWART

Meinen inneren Konflikt, mein schlechtes Gewissen, das daher kommt, dass ich als »reiche Weiße« von den »armen Schwarzen« profitiere, versuche ich, im Traum zu lösen, indem ich die Positionen umdrehe und mich mit den Benachteiligten identifiziere. Im Traum bin ich diejenige, die in der Gesellschaft »unten« positioniert ist, der dunkelhäutige Mann und die schwarze Frau sind in der »höheren« Position. Dabei idealisiere ich die beiden: »Ich bin nicht schön genug für den Herrn«, und der Hausangestellten bin ich für Abfälle »sehr dankbar«. Auch zeigt sich, dass ich mich alleine fühle, mich aber nicht in die Lebenswelt des weißen Nobelviertels integrieren möchte. Ich wünsche mir näheren Kontakt zu Menschen anderer Ethnien, bin mir aber unsicher, wie sich dieser gestalten wird.

Black peoples world – tourism

Die Welt, in der sich meine Mutter und ihre FreundInnen bewegen, macht mich wütend und traurig. Ich verkrieche mich einen Tag im Bett, nicht nur wegen meinem *hangover*. Erdheim und Nadig (1991) beschreiben genau die Symptome, unter denen ich leide – Verleugnung der Realität, Idealisierung und Rückzug –, als typische Abwehrmechanismen, die in der Feldforschung gegen Ängste eingesetzt werden. Mein Lebensgefährte und ich diskutieren, wie wir mit unserem Kulturschock umgehen können. Wir möchten andere Menschen und Lebenswelten Südafrikas kennenlernen! Wir denken, dass uns das helfen wird, uns in diesem Land wieder wohl zu fühlen. Dazu müssen wir uns aber aus dem Weißen-Ghetto hinausbewegen! Es wird uns nicht leicht gemacht. Beim Barbecue erzählt man uns die neuesten Morde an Farmern, am Pool wird uns von einem Handtaschenraub im Viertel berichtet und im Tennisclub lautet das Thema: Betrügereien aller Art. Das Argument der Gefährlichkeit hat uns bisher gehindert, mit Kleinbustaxis zu fahren, in bestimmte Einkaufshäuser zu gehen, entlegenere Stadtviertel zu erkunden, bestimmte Nachtclubs zu besuchen, d. h., uns in Räumen aufzuhalten, in denen die »Weißen« eine Minderheit darstellen. Vorerst trauen wir uns, der Welt der Schwarzen, ihrer Geschichte und ihres Alltags nur durch geführte Touren zu nähern. Wir

beschließen, das von Kapstadt mit dem Boot eine halbe Stunde entfernte Robben Island zu besuchen.
Diese Insel ist eines der wichtigsten Symbole des Widerstandes und des Sieges gegen das rassistische Regime und seit 1999 Weltkulturerbe. Auf Robben-Island befindet sich das Hochsicherheitsgefängnis, in dem Nelson Mandela 27 Jahre und viele andere politisch Gefangene jahrzehntelang inhaftiert waren. Heute ist es ein Museum, das die Geschichte des politischen Widerstands sehr nachvollziehbar vermittelt. Diese beginnt 1912 mit der Gründung des ANC, der friedliche Appelle gegen die Diskriminierungsmaßnahmen der Regierung richtete. Nachdem sich 1948 das Apartheidsregime verschärfte, wurden verschiedenste Kampagnen durchgeführt und 1955 auf Initiative des ANC die so genannte *Freedom Charter* verfasst, die das Ziel verfolgte, alle Bevölkerungsgruppen Südafrikas im Kampf gegen die Regierung zusammenzuführen. Sie beginnt mit den berühmten Worten: »South Africa belongs to all who live in it, black and white...« Nicht einverstanden damit waren jene politischen Kräfte, die unter dem Schlagwort *black conciousness* eine eigenständige Befreiung der Schwarzen durch die Weißen für notwendig hielten. Sie spalteten sich vom ANC ab und bildeten eigene kleinere Organisationen (Meyns, 2004). Nach gewaltvollen Auseinandersetzungen der Widerstandsbewegung mit der Polizei, vor allem bei dem Massaker von Sharpville im Jahr 1960, wo gegen Passgesetze[6] demonstriert wurde, wurde der ANC verbannt und ging ins Exil, wo er sich militarisierte. Die Aufstände gegen die Regierung vermehrten sich mit der Zeit auch im Inneren des Landes. Bekannt sind beispielsweise jene von Jugendlichen in Soweto 1976, die sich gegen Benachteiligungen von Schwarzen am Bildungssektor richteten und die 600 Tote zur Folge hatten. Die immer stärker werdende Widerstandsbewegung trug dann aber letztendlich maßgeblich dazu bei, dass die Regierung unter De Klerk 1990 das Verbot des ANC aufhob und Mandela sowie andere politische Häftlinge freigelassen wurden (Peters, Engel und Leeb-du-Toit, 2004).[7] Dem politischen Geschick von De Klerk und Mandela

---

[6] Jede/r Nicht-Weiße musste zu Apartheidszeiten immer einen Ausweis mit sich führen, damit er oder sie besser kontrolliert werden konnte.

[7] Natürlich spielten für die Demokratisierung des Landes auch andere Faktoren wie etwa das Ende des Kalten Krieges, wirtschaftliche Probleme und internationaler Druck eine wichtige Rolle.

wird es angerechnet, dass sie dazu beitrugen, dass die freien Wahlen 1994 äußerst friedlich verliefen und dass vorerst dagegen eingestellte Parteien, wie etwa die Zulu-Partei Inkatha, letztlich an dieser teilnahmen (Obrecht, 1994).

Am Hafen von Robben Island sind riesengroße Fotos ausgestellt, auf denen weiße Polizisten schwarze Gefangene zur Haftanstalt führen. Heute ist es umgekehrt: Schwarze Fremdenführer leiten (vor allem) weiße TouristInnen zum Hochsicherheitstrakt. Ein ehemals Gefangener führt uns durch das Gefängnis und erzählt von der totalen Kontrolle, den Erniedrigungen und schweren Foltern. Die Häftlinge durften beispielsweise nur alle sechs Monate Besuch empfangen, mit ihnen war es nur erlaubt, auf Englisch oder Afrikaans zu reden; d. h. mit Angehörigen, die dieser Sprache nicht mächtig waren, war keine Unterhaltung möglich – eine Maßnahme die sowohl der Kontrolle als auch der Diskriminierung diente. Besonders grausam waren die Bestrafungsmethoden, z. B. dass die Häftlinge mit dem Kopf nach unten für mehrere Stunden aufgehängt oder in die Erde eingegraben wurden.

Trotz allem hat der Widerstand überlebt, die Gerechtigkeit gesiegt. Die Häftlinge haben sich gegenseitig aus- bzw. weitergebildet, ihre politischen Theorien weiterentwickelt, geheime Dokumente im Garten versteckt, Aktionen durch versteckte Botschaften in Briefen geplant, sich gegenseitig ermutigt und gestärkt. Robben Island stärkt auch mich wieder und ist ein gutes Mittel gegen meinen Kulturschock. Die didaktisch ausgezeichnete Vermittlung des Widerstands gegen das diskriminierende System unterstützt mich bei meinen Widerstand gegen die sich z. T. wie in Kolonialzeiten verhaltende Umgebung, in der ich im Moment wohne. Ich solidarisiere mich innerlich mit den WiderstandskämpferInnen und grenze mich so von der privilegierten Klasse ab.

Um mehr über den Alltag der AfrikanerInnen in Südafrika zu erfahren, planen wir eine Tour in die Townships, d. h. in die außerhalb der Stadt gelegenen Wohnviertel der Schwarzen und Farbigen (*coloureds*).[8]

---

[8] Zur Zeiten der Apartheid wurde die Bevölkerung in vier Gruppen geteilt: Weiße, AsiatInnen, *coloureds* und Schwarze. Zu den *coloureds* wurden Mischlinge sowie die Nachkommen der Khoi und San zugeordnet. Auch wenn dieser Gruppe ebenso wie den AsiatInnen mit der Zeit mehr Rechte als den Schwarzen zugestanden wurden, blieben sie bis 1994 rechtlich diskriminiert. Auch 2004 klassifizieren sich die meisten Menschen Südafrikas noch weiterhin selbst nach oben genannten Kategorien (Burger, 2004).

LEBENSWELTEN SÜDAFRIKAS

Es gibt seit dem Ende der Apartheid einzelne Familien dieser Bevölkerungsgruppen, die jetzt auch in ehemals als weiß definierte Stadtviertel umsiedeln. Dass andererseits Weiße in Townships ziehen würden, ist (fast) nie der Fall. Interessant ist auch, dass die meisten Schwarzen die Lebenswelt der Weißen kennen, weil sie dort ihren Arbeitsplatz haben, umgekehrt haben viele weiße SüdafrikanerInnen noch nie ein Township oder Homeland besucht (Bussiek und Bussiek, 1999).

Ich hoffe, dass die Tour in die Townships nicht ein peinliches Armut-Schauen wird und auch dass uns nichts passieren wird, denn man hört viel über die Gewaltverbrechen in den Townships. Auch am Folder unseres lokalen Tourveranstalters wird ausführlich darauf hingewiesen, dass dieser keine Haftung für jeglichen Schaden, Verlust oder andere Unannehmlichkeiten übernimmt. An der englischsprachigen Tour nehmen noch vier andere Personen teil, interessanterweise kommen alle aus Deutschland, ein älteres LehrerInnenehepaar und ein junger Pilot mit seiner Frau. Unser Chauffeur und Fremdenführer ist in der Transkei geboren, selbst in einem Kapstädter Township aufgewachsen und hat, nachdem er lange als Reiseleiter tätig gewesen war, nun sein eigenes Kleinunternehmen gegründet.

Bevor wir in die Townships fahren, besuchen wir das »District 6 Museum«, das die Absurdität und Grausamkeit des Apartheidsregimes veranschaulicht. Apartheid bedeutet in Afrikaans, der Sprache der Buren »Getrenntheit«. Die Einschränkung der Rechte aller Bevölkerungsgruppen, die nicht weiß waren, begann schon 1910 mit der Gründung der südafrikanischen Union, die einen Kompromiss zwischen Buren und Briten darstellte.[9] 1948, als die *National Party* der Buren die (weißen) Wahlen gewann, wurde die Rassentrennung zum offiziellen Regierungsprogramm. Die gesamte Bevölkerung wurde damals

---

[9] Die ursprünglichen BewohnerInnen Südafrikas waren Khoi und San. Später wanderten Ndebele, Szazi, Zulu und Xhosa in den Osten des Landes ein. Ab 1652 begannen sich niederländische Soldaten, die sich Afrikaaner bzw. Buren nannten, als Bauern im südlichen Teil anzusiedeln. Als Reaktion der Machtübernahme durch die Briten 1814 und aus wirtschaftlichen Gründen drangen die Buren immer weiter ins Landesinnere vor, besiegten die Zulus und gründeten einen unabhängigen Burenstaat. In Burenkriegen Anfang des 20. Jh. bekämpften sich Briten und Buren, danach war die britische Vorherrschaft gesichert. Bei fast allen politischen Auseinandersetzungen nach den Goldfunden 1886 muss dieser ökonomische Faktor mitberücksichtigt werden (Obrecht, 1994).

nach ihrer Rassenzugehörigkeit erfasst und registriert (*Population Registration Act*). Öffentliche Verkehrsmittel, Strände, Aufzüge, Briefkästen, Blutkonserven und Krankenhäuser wurden nach »Rassen« getrennt, und die minderwertige Ausbildung für Schwarze (*Bantu Education*) wurde gesetzlich festgelegt. Zu den restriktiven Gesetzen gehörten ebenso das Verbot von Küssen, Geschlechtsbeziehungen und Ehen zwischen den vom Regime eingeteilten Bevölkerungsgruppen (*Mixed Marriages and Immorality Act*). Die Absurdität und der ökonomische Hintergrund der Rassenklassifizierung werden an vielen Beispielen sichtbar, z. B. zählten Chinesen (meistens Arbeiter und Händler) zur Gruppe der »Asiaten« und Japaner (Geschäftsleute und Touristen) zu jener der »Weißen«. Zu einer definitiven Verurteilung des rassistischen Systems durch die UNO als »Verbrechen gegen die Menschlichkeit« kam es erst 1973.

»Armut werde ich euch nicht zeigen, ihr sollt einfach erfahren, wie Menschen im Township leben«, meint unser Reiseleiter auf der Fahrt vom Museum ins Township Guguleto. Dort besuchen wir zunächst ein Arbeiterwohnheim. Ein älterer Herr schneidet gerade Suppengemüse, ein jüngerer zeigt uns sein Bett in einem Schlafraum. Die beiden sind sehr freundlich und beantworten offen unsere Fragen, wie z. B. die Frage nach den Wohnkosten. Wir erfahren, dass es verhältnismäßig teuer ist, hier zu leben, denn zu den Ausgaben für die Miete kommen noch die Transportkosten in die Stadt, die ein Viertel des Lohnes ausmachen.[10] »Eng, eng, eng« ist mein Eindruck. Ein Schlafraum ist hier nur halb so groß wie der Vorraum der Toilette im Kelvin-Tennisclub, in dem meine Mutter Mitglied ist, denke ich. »Wie kommen sie untereinander aus, wenn die Wohnverhältnisse so beengt sind, gibt es da nicht oft Konflikte?«, frage ich. »Zum Streiten haben wir keinen Platz«, meint der junge Mann. Unsere Gruppe reagiert unterschiedlich auf die Wohnverhältnisse, die man in Europa als »arm« und »verwahrlost« be-

---

[10] David Goldblatt, der in den 1980er Jahren südafrikanische PendlerInnen fotografiert hat, zeigt auf, dass die langen Anfahrtswege der Schwarzen von den Townships und Homelands in die Städte (eine Richtung bis zu vier Stunden täglich) die Energien dieser Menschen beeinträchtigt haben. Die Ausgrenzung von Schwarzen aus städtischen Wohnvierteln kann somit als eine der Strategien des Herrschaftssystems betrachtet werden, um keinen Widerstand aufkommen zu lassen (Matt, Mießgang und Mistry, 2006).

zeichnen würde: Der jungen Frau wird von der stickigen Luft übel, ihr Mann fotografiert andauernd, das alte Ehepaar stellt viele Fragen. Mein Freund und ich versuchen herauszufinden, ob es hier eine »Spendenbox« gibt. Unser Fremdenführer erklärt uns, dass wir später in ein Geschäft gehen würden, wo wir Produkte, die von den Township-BewohnerInnen hergestellt wurden, einkaufen könnten. Das wäre ein guter Weg, die Leute zu unterstützen, meint er.

Nächste Station ist eine Shebeen, eine lokale Kneipe. In der dunklen Blechhütte sind Holzbänke im Kreis aufgestellt. Männer unterschiedlichen Alters, die den Eindruck vermitteln, schon einiges an Alkohol konsumiert zu haben, begrüßen uns schüchtern. Wir dürfen zwischen ihnen Platz nehmen und das selbstgebraute dunkle Bier verkosten, das aus einem gemeinsamen großen Topf getrunken wird. Für fünf Rand[11] kann man hier den ganzen Tag mittrinken. (In einer Bar in der Stadt bekommt man dafür ungefähr ein kleines Bier.) Die Männer sind amüsiert darüber, dass diese Art von Umtrunk für uns eine neue Erfahrung ist. Die Bemerkung *»ladie's beer«*, der Kommentar des Piloten zum süß schmeckenden Bier, ist in dieser Männerrunde deplaziert, finde ich. Ansonsten scheint unsere Gruppe eine ganz gute Abwechslung und Unterhaltung für die Shebeen-Stammgäste zu sein. Für mich ist es angenehmer, dass wir hier nicht nur BeobachterInnen sind, sondern auch am Trinkritual teilnehmen können.

Endlich kann ich dem Township Geld zukommen lassen: Wir gehen shoppen. Ich kaufe Recyclingprodukte, eine Halskette aus Sicherheitsnadeln, ein Brotkörbchen aus Bierdosen und eine Obstschüssel, beklebt mit Zigarettenpapier. Nun ist es die Lehrerin, die nach der Spendenbox fragt. Township ist nicht gleich Township, lernen wir bei unserer Fahrt durch Crossroads und Langa. Die Gruppe kommentiert die Häuser nach europäischen Kriterien: Die neu erbauten Häuschen mit Garten, Zaun und Hund werden als »schön« bezeichnet, zu den improvisierten Hütten aus Wellblech und Pappe wird geschwiegen. Unser Reiseleiter wird auf seinem Handy angerufen. Ich bin überrascht, als er sich mir zuwendet. »Hast Du eine kleine rote Geldbörse?« Verwirrt schaue ich in meine Tasche, kann sie aber nicht finden. »Die Verkäuferin des Township-Ladens ist am Telefon, Du hast Deine Börse dort vergessen.

---

[11] Für einen Euro erhält man 7,73 Südafrikanische Rand (Wechselkurs April 2006).

Wir können sie auf der Heimfahrt abholen.« Wir alle sind berührt und erstaunt über die Ehrlichkeit der Menschen, die viel weniger Geld besitzen als wir. Das Vergessen der Geldbörse stellt eine der typischen, von Freud (1981, S. 165) beschriebenen Fehlleistungen dar. Dadurch, dass ich sie liegen gelassen habe, habe ich meinen unbewussten Wunsch, Geld im Township zu lassen, in die Realität umgesetzt.

Wir besuchen eine »traditionelle Apotheke«. Es gefällt mir, wie sich der Besitzer auf Touristenbesuche eingestellt hat: Auf einem Schild an der Türe stehen die Hausregeln und der Eintrittspreis. Der Heiler wirkt sehr streng, seine Apotheke macht einen unheimlichen Eindruck. Es ist sehr dunkel, die Gerüche sind undefinierbar, Teile von toten Tieren und getrockneten Pflanzen hängen an der Decke. Ich komme mir vor wie auf einer ethnologischen Feldforschung. Als ich frage, ob ich fotografieren darf, muss ich ein Foto mit ihm in seinem Schamanenkostüm und mir daneben stehend machen lassen. Unsere Gruppe verhält sich ruhig und ehrfürchtig. Der jungen Deutschen wird wieder schlecht.

Nächste und letzte Station: das kleinste Hotel Südafrikas mit kuscheligen 5m^2 Gästezimmern. Wieder ein sehr professioneller Auftritt für TouristInnen. Eine korpulente Frau in buntem Gewand erzählt, wie sie es geschafft hat, das Hotel aufzubauen. Die *donation box* befindet sich gut sichtbar am Tisch, auch bestickte Polster gibt es zu kaufen. Mir imponiert die kreative, geschickte und nicht aufdringlich wirkende Art, mit der diese Frau von den Township-TouristInnen profitiert. So machen diese Touren Sinn, denke ich!

Bei der Rückfahrt, bei der wir noch einen Zwischenstopp beim Shop einlegen, überlege ich, ob ich dem Geschäft meine Geldbörse spenden soll. Ich komme zu dem Schluss, dass dadurch das Bild von den reichen EuropäerInnen zu sehr strapaziert würde. So bedanke ich mich bei der Verkäuferin herzlich mit einem Lob und einem Finderlohn, was wiederum dem Reiseleiter gefällt. Er fragt uns, ob wir noch immer dächten, dass es in den Townships so gefährlich sei. Die Geldbörsengeschichte wirkt wie eine Inszenierung zwischen mir und dem Reiseveranstalter, dabei habe ich sie ja wirklich vergessen.

Bei der Rückfahrt tuscheln die Mitreisenden auf Deutsch und glauben, eine wichtige Erkenntnis gewonnen zu haben, denn sie fragen nun auch mich um meine Meinung: »Was meinst Du, wir sind doch nur ausgesuchte Punkte angefahren, uns wurden doch nur ganz bestimmte Seiten des Lebens im Township gezeigt.«»Was denkt Ihr denn, dass so eine Tour zufällig ist? Auf jeder Tour der Welt fährt man bestimmte Punkte an, warum sollte diese eine Ausnahme sein! Wir TouristInnen nehmen immer nur einen Ausschnitt der Wirklichkeit wahr!« Nach meiner »Lektion« wird es angenehm ruhig im Bus, jede/r von uns ist nachdenklich gestimmt. Draußen wird es langsam dunkel, wir nähern uns der Skyline der Stadt.

Ich wundere mich, dass die anderen die Tour so positiv erlebt haben. Ich war eigentlich eher schockiert, denn ich hätte zehn Jahre nach Ende der Apartheid schon mehr Wohlstand in den Townships erwartet. Sonstwo in Afrika hätte ich diese eben erfahrene Lebenswelt als »normal« empfunden, in Südafrika macht sie mich betroffen – durch den Kontrast zur Welt der Weißen. Die deutschen TouristInnen spiegelten mir, dass auch ich zu den »reichen« EuropäerInnen gehöre, die einen Nachmittag in Township verbringen und dann wieder in ihre privilegierten Räume zurückkehren. Die Diskussionen mit meinen KollegInnen in Wien machten mir bewusst, dass ich »die Deutschen« in meiner Beschreibung der Tour abwerte und mich von ihnen abgrenze. Ich flüchtete in die Rolle der »Ethnologin«, die Fragen stellt, die die Situation dokumentiert, die die anderen aufklärt. Doch ich bin genauso eine weiße TouristIn wie die anderen der Reisegruppe, die sich ein paar Stunden die Lebenswelt der Schwarzen ansieht. »Niemand kann aus seiner Haut heraus«, schon gar nicht in Südafrika. Eine weitere Abwehrstrategie gegen die Ungleichheit ist mein ständiges »Spenden-Wollen« sowie »das Vergessen meiner Geldbörse«. Als ob ich dadurch einen Ausgleich schaffen könnte. Im Gegensatz zu meiner pauschalen Verurteilung der Weißen idealisiere ich immer wieder die Schwarzen – an ihnen habe ich bis jetzt noch nie etwas zu kritisieren gefunden.

United colours of the world

Gibt es in Kapstadt nur Ghettos der einzelnen Ethnien oder gibt es auch gemischte Räume? Oft denkt man in Südafrika nur in Schwarz-Weiß-Gegensätzen, doch was ist mit dem »Rest«, den Nachkommen von gemischten Paaren oder Personen asiatischer Herkunft, die in Kapstadt einen großen Teil der Bevölkerung ausmachen?[12] Oft hört man, dass es diese Menschen besonders schwierig hätten. »Früher unter den Weißen, so heißt es immer wieder, waren wir nicht weiß genug – jetzt sind wir nicht schwarz genug!« (Bussiek und Bussiek, 1999, S. 200)

Südafrika bewirbt sich als *rainbow nation*, die sich sehr bemüht, keine Gruppe zu benachteiligen: »Basotho, Xhosa, Malaien, Zulu, Inder, Europäer, Venda, San – Südafrika ist wahrhaftig die ›Regenbogen-Nation‹. Elf offizielle Sprachen zählt das Land.«[13] (South African Tourism, 2004) Der Regenbogen ist ebenso als Symbol für die Homosexuellen als auch für Kapstadt, eine der Szenestädte für Schwule und Lesben, bekannt. So freuen wir uns, dass wir Gelegenheit haben, die jährlich einmal stattfindende »Regenbogenparade« zu besuchen.

Welch wunderbare Mischung! Feministische Matrosenmädchen, weiße und schwarze *drag queens*, ein Hündchen im Tüllkostüm, braungebrannte Männer in sexy Höschen, eine Selbsthilfegruppe behinderter schwarzer Homosexueller, farbige Kinder mit Regenbogenfahnen, eine junge schwarze Frau in einem T-Shirt mit der Aufschrift: »Hate is not a family value«, ein älteres englisches Ehepaar, das neben uns am Gehsteig sitzend sichtlich die Buntheit der Veranstaltung genießt. Ich kaufe ein T-Shirt, auf dem das Label der Biermarke »Black Label – 120 years of tradition« umgeschrieben wurde in »Black Labour – 120 years of exploitation«.

Auch die politischen Reden am Podium sind beeindruckend: »Wichtig ist für uns im Moment nicht, ob Homosexuelle heiraten dürfen, sondern wichtig ist der Kampf um Gleichheit für alle.« »Wir wünschen uns, dass in diesem Land jeder für jemanden anderen sorgt, und irgendwann wird sich der Kreis dann schließen«, tönt es vom Podium. Ich bin glücklich, eine gemischte, positive, politische Welt gefunden zu haben. Hier ist Buntheit und Vielfalt normal: nicht schwarz, nicht weiß, nicht »farbig«, nicht heterosexuell, nicht homosexuell, nicht Mann, nicht Frau, nicht arm, nicht reich. Ich nehme die Parade durch eine rosa Brille wahr.

Doch dann werde ich in die Realität zurückgeworfen. Hier ist es si-

---

[12]. Von den 45 Millionen Menschen in Südafrika klassifizierten sich 79 Prozent als AfrikanerInnen, 9,6 Prozent als Weiße, 8,9 Prozent als *coloured* und 2,5 Prozent als AsiatInnen (Burger, 2004).

[13] 2004 wird diskutiert, noch eine zwölfte Sprache als Nationalsprache einzuführen: die Gebärdensprache!

LEBENSWELTEN SÜDAFRIKAS

cher leicht möglich, Kontakte zu »Nicht-Weißen« knüpfen, denke ich. Mir fällt eine Gruppe junger AfrikanerInnen auf, die alle das gleiche T-Shirt einer Aids-Aufklärungskampagne tragen. Ich gehe auf ein Mädchen zu, mache ihr ein Kompliment wegen ihrem T-Shirt und frage, ob ihre Gruppe dieses auch verkaufen würde. Sie antwortet, dass sie es nicht wüsste, ich müsste den Leiter der Gruppe fragen. Sie führt mich dorthin und sagt: »Give me five Rand!« Das ist doch viel zu wenig für das T-Shirt, meine ich zuerst. Dann verstehe ich: Ich soll ihr einfach nur so fünf Rand geben. Ich ärgere mich über diese plumpe Forderung und habe keine Lust mehr, die Unterhaltung weiterzuführen. Der Gruppenleiter, ein weißer, älterer Herr gibt mir die Adresse einer Hilfsorganisation für schwarze, homosexuelle Aids-Kranke, an die ich mich wegen des T-Shirts wenden kann. Ich bedanke mich höflich, ziehe mich dann aber rasch von der Gruppe, die an mir auch kein Interesse zu haben scheint, zurück.

Ich bin enttäuscht, denn ich hatte gedacht, einen Raum der Verständigung und des Austausches von verschiedensten Menschen gefunden zu haben. Ich wurde jedoch von dem Mädchen wiederum auf meine Rolle als »reiche Weiße« reduziert. Bei meinen Aufenthalten in anderen afrikanischen Ländern sind mir solche Forderungen täglich passiert und ich habe unterschiedlichste Umgangsformen dafür entwickelt – einen Scherz, eine Spende, ein freundliches Kopfschütteln, eine Rückfrage. Jetzt kann ich mich nur beleidigt zurückziehen, denn in meiner derzeitigen Situation wäre mir der Kontakt sehr wichtig gewesen. Dennoch bin ich mittlerweile ambivalent eingestellt und mir wird bewusst, dass die getrennten Welten für EuropäerInnen natürlich auch große Vorteile haben können. Wagt man keine Seitenblicke, konzentriert man sich auf die schöne weiße Welt und verdrängt man die sozialen Widersprüche, dann kann man in Südafrika sein Leben genießen, ohne belästigt zu werden. »Mich interessiert Politik nicht... Solange man mich in Ruhe lässt, betreffen mich die Dinge wenig. Ich brauche nicht viel zum Leben – meinen Garten, mein Tennis, das Meer, die Berge... das ist mir das wichtigste«, meinte etwa meine Mutter in einem Interview für eine Studie über österreichische Migrantinnen in Südafrika (Obrecht, 1994, S. 642).

SIGRID AWART

World of dangers – public transport

Nachdem wir den ersten Kulturschock überwunden haben, sind wir bereit, die behütete Welt des mütterlichen Heimes zu verlassen und uns auf eine Reise zu begeben. Wir entschließen uns zu einer Zugfahrt von Kapstadt nach Durban an der Ostküste, 1052 Kilometer in 36 Stunden.[14]

Bei der Reservierung erinnere ich mich an einen Irrtum, der mir einige Tage zuvor beim Kauf eines Tickets für eine Lokalbahn passiert ist. Ich kannte noch das *only whites-only blacks*-Zugsystem aus Apartheidszeiten und war mir sicher, dass es nun nach zehn Jahren Demokratie nur mehr einen Zug für alle geben würde. Ich musste nicht nur erfahren, dass es eine erste Klasse und eine ökonomische Klasse gab (wie eigentlich fast überall auf der Welt!), sondern auch, dass mir als Weiße automatisch ein Ticket für erstere verkauft wurde.

Für den Überlandzug nach Durban gibt es drei Klassen, wir kaufen eine Karte für die zweite Klasse. Als Paar bekommen wir ein eigenes Abteil, der Service ist ausgezeichnet, es gibt in jedem Waggon eine Etagendusche und einen *roomservice*. Ich kann mir nicht vorstellen, was in der ersten Klasse noch besser gewesen sein könnte. Auch laut Personal unterscheiden sich die Waggons der beiden Klassen nicht wirklich. Vielleicht zahlen einige Weiße den höheren Preis für die erste Klasse nur, um unter sich zu sein, vermute ich.

Beim Einsteigen bemerke ich, dass die Fahrgäste den verschiedensten Ethnien angehören, eine gute Repräsentation der Regenbogennation, denke ich. Wir gehen in den Speisewagen, meistens ein guter Platz, um Leute kennen zu lernen. Leider sind wir dort fast die einzigen, die meisten Fahrgäste essen in ihrem Abteil und lassen sich außerhalb kaum blicken. Wir werden mehrmals darauf hingewiesen, dass wir in den Stationen unbedingt die Fenster geschlossen halten müssten. Draußen würden erfahrungsgemäß Diebe warten, die oft ge-

---

[14] Auf dieser Strecke hatte Mahatma Ghandi eines seiner Schlüsselerlebnisse, als er als junger Anwalt ein 1. Klasse Zugticket löste. Er musste den Zug verlassen, weil man ihn als indischen Passagier nicht duldete und eine Nacht im Warteraum für »Nicht-Europäer« verbringen. Danach setzte er sich über 20 Jahre für die Rechte der Inder in Südafrika ein und formulierte die Doktrin des passiven Widerstandes. Diese Erkenntnisse setzte er dann auch später im Unabhängigkeitskrieg Indiens gegen die Engländer ein.

schickt und rasch ins Abteil hereingriffen und alles nähmen, was sie kriegen könnten. In der Bahn ist es auch das einzige Mal während unseres einmonatigen Aufenthalts, dass wir mit einer »Betrügerei« konfrontiert werden. Der Junge vom Getränkeservice bringt uns, auch nach mehrmaliger Aufforderung, unser Retourgeld, ca. 80 Rand, nicht zurück. Er nützt den Umstand aus, dass es für uns schwierig ist, farbige Menschen in Uniform voneinander zu unterscheiden, denn er versucht uns einzureden, dass es sein Kollege war, der uns bedient hat. Nachdem er überhaupt nicht mehr kommt, wenden wir uns an seinen Vorgesetzten, stellen das Ganze als Missverständnis dar und bekommen sofort unser Geld retour. Mir ist diese Situation sehr unangenehm, und ich stehe dem Ganzen sehr widersprüchlich gegenüber. Mir ist klar, dass es wichtig ist, Unrecht aufzuzeigen, Betrügereien nicht zu unterstützen und Menschen unabhängig von ihrer Hautfarbe diesbezüglich gleich zu behandeln. Andererseits: Die zehn Euro nicht einzufordern, hätten uns finanziell nichts ausgemacht, die »armen anderen« hätten sie sicher dringender gebraucht, was ist, wenn jetzt wegen uns jemand seinen Job verliert, vielleicht auch noch ein »Unschuldiger«. Mit den Schuldgefühlen und Verunsicherungen von EuropäerInnen in Afrika kann man gutes Geld machen, denke ich und erinnere mich an ähnliche Erlebnisse und Erzählungen. Eigentlich bin ich aber ziemlich froh, dass wir keine gewaltvolle Form von Kriminalität in Südafrika erlebt haben.

In Durban[15] sollen wir von einem Taxi abgeholt werden, das unser Hostel für uns organisiert hat. Es soll uns vor dem Hauptausgang des Bahnhofs erwarten. Ich spreche mehrere Taxichauffeure an, unserer ist nicht dabei. Ich rufe nochmals im Hostel an, das Missverständnis klärt sich auf. Unser Chauffeur, ein Südafrikaner englischer Abstammung, kennt den Hauptausgang des Bahnhofs nicht; er ist – wie viele Weiße, die wir treffen – noch nie mit einem Überlandzug gefahren! Wir unterhalten uns über die Stadt. Zur Gewährleistung unserer Sicherheit empfiehlt er uns, in Durban nur mit seinem Taxi oder mit den städtischen Großbussen zu fahren, Kleinbusse oder andere Taxis wären nicht sicher. Nachdem wir uns in einem Hostel einquartiert und einen Stadt-

---

[15] Durban ist mit einer Einwohnerzahl von 2,7 Millionen Menschen Südafrikas drittgrößte Stadt. Die Metropole, ein beliebter Badeort, aber auch eine wichtige Hafen- und Industriestadt, wird auch Indien-City genannt, weil dort die meisten InderInnen Südafrikas leben.

bummel gemacht haben, möchten wir noch zum nahe gelegenen Strand. Ich frage zwei ältere schwarze Frauen, wie wir dorthin kommen können. Sie verstehen mich nicht, da werden wir von zwei Mädchen in Schuluniform angesprochen: »Möchten Sie zum Strand?« Sie führen uns zu einem Standplatz für Kleinbusse. Trotz der Warnungen entschließen wir uns zu einer Fahrt – nicht ohne Angst. An der Station kümmert sich eine freundliche Inderin um uns, sie erklärt uns alles und bespricht unseren Fall auch mit dem Fahrer. Im Bus werden wir von afrikanischen Frauen in Obhut genommen, die uns mit Wechselgeld aushelfen und uns sagen, wo wir aussteigen müssen! »Sehr gefährlich!?!«, denke ich.

Betrachtet man die Statistiken, stellt sich die Frage, ob Autofahren in Südafrika nicht gefährlicher ist als mit dem Kleinbus unterwegs zu sein, denn bewaffnete Überfälle auf AutofahrerInnen an Ampeln passieren im Durchschnitt 35 Mal am Tag (Bussiek und Bussiek, 1999). Im Minibus hingegen erlebte ich eine gewisse soziale Kontrolle.[16] Auch wenn sich die Anzahl vieler schwerer Delikte in Südafrika in den letzten Jahren verringert hat, im Vergleich zu den Verhältnissen in Österreich und Deutschland ist die Kriminalitätsrate immer noch extrem hoch.[17] Ende der 1990er Jahre gab es in Südafrika jährlich etwa 25.000 Morde und Totschläge, 120.000 Raubüberfälle und 230.000 Fälle von schwerer Körperverletzung. Für uns als MitteleuropäerInnen ist es auch erschreckend, dass 20 Prozent aller SüdafrikanerInnen legal eine Waffe besitzen und dass man am Schwarzmarkt eine Kalaschnikow für 100 Rand kaufen kann (Bussiek und Bussiek, 1999).

Bosse (1979) beschreibt Lüge und Diebstahl als Widerstandsformen von unterdrückten Gruppen gegenüber den Herrschenden. Für die jungen, benachteiligten schwarzen Männer in Südafrika schaffen gewalt-

---

[16] Vor einigen Jahren war die Nutzung der Minibusse aber wirklich riskant. Es herrschte der so genannte Taxikrieg. Viele private Busse werden von so genannten Assoziationen kontrolliert, die zum Teil mafiöse Strukturen aufweisen. Konflikte der einzelnen Assoziationen werden gewaltvoll ausgetragen, so gingen 1997/1998 viele Busse in Flammen auf und 350 Menschen kamen ums Leben. Laut Burger (2004) kommt es seit 2004 aber nur mehr sporadisch zu solchen Auseinandersetzungen.

[17] So gab es z. B. 1997 pro 100.000 EinwohnerInnen ca. 20 Mal so viele Morde und Totschläge wie in Deutschland und ca. doppelt so viele Fälle von schwerer Körperverletzung (Bussiek und Bussiek, 1999).

LEBENSWELTEN SÜDAFRIKAS

volle Handlungen Abfuhr für die jahrzehntelange Ausbeutung und Erniedrigung, weiter sind sie ein Versuch, ökonomische Differenzen auszugleichen, und schaffen Identität, Status und Zugehörigkeit. Die reiche, weiße Bevölkerungsschicht wiederum kann ihre Abschottung, ihren Rassismus und ihre Hierarchie mit der Kriminalität rechtfertigen.

Am Strand von Durban genießen wir die Mischung der Leute: verhüllte muslimische Frauen, die Eis essen; indische Damen in eleganten Kleidern, die sich im Wasser stehend unterhalten; drei Japaner, die sich im Sand eingraben; afrikanische fußballspielende Jungen; ein altes, Bücher lesendes Ehepaar auf einer Parkbank. Hier habe ich wirklich den Eindruck, die Regenbogennation erleben zu können. Der afrikanische *lifeguard* regt sich zu Recht in seinen Durchsagen ständig über die jungen Leute auf, die sich übermütig außerhalb der bewachten Zone in die hohen Wellen werfen. Dieses Verhalten finde ich nun wirklich gefährlich.

Es wird dunkel, wir möchten noch gerne ins Stadtzentrum, um ein Jazzkonzert zu besuchen. Wir biegen, von der Strandpromenade kommend, in eine belebte Strasse ein und sind dort die einzigen Weißen, die jetzt noch zu Fuß unterwegs sind. Beim Taxistand steigen wir in ein klappriges Auto ein – wieder mit einem mulmigen Gefühl. Ich versuche, meine charmanteste Seite zu zeigen, und plaudere die ganze Zeit mit dem Chauffeur. Vielleicht ist unsere Chance, von ihm nicht ausgeraubt zu werden, größer, wenn er uns nett findet, denke ich. Natürlich passiert wieder nichts. Mir wird erst jetzt so richtig bewusst, dass die Warnungen bezüglich der Taxis meistens wahrscheinlich ökonomische Gründe haben. Wenn der weiße Taxibesitzer den TouristInnen erzählt, dass andere Taxis gefährlich seien, kann er sie als KundInnen an sich binden! Mit rassistischen Argumenten lässt sich gut die Konkurrenz ausschalten!

Als wir am Ziel aussteigen, erleiden wir den nächsten Kulturschock: Das Konzert findet im 30 Stockwerke hohen Glaskomplex des Hilton Hotels statt! Wir werden von einem Dienstboten in eleganter Uniform empfangen – und auch unser schmuddeliger Taxichauffeur wird sehr höflich und kollegial begrüßt.

SIGRID AWART

One world!

Obwohl wir vornehm empfangen werden, bin ich mir letztlich ziemlich sicher, dass wir nicht in die noble Hotelbar hinein dürfen. Schon wegen unseres Outfits müsste sie für uns tabu sein: Mein Freund trägt Dreiviertelhosen, ich ein Badekleid und Sandalen. Es ist aber kein Problem. Ich denke natürlich gleich, dass das nur daran liegt, weil wir weiß sind. Doch da ich habe mich geirrt. Bisher waren meine Fehldeutungen der Art, dass ich dadurch die sozialen Unterschiede zwischen Weißen und Schwarzen zu verleugnen versuchte; jetzt ist es interessanterweise umgekehrt, denn ich schreibe uns als Weißen Privilegien zu, die wir gar nicht haben. Denn so schick die Bar ist, so leger und gemischt ist das Publikum. Wir sind bei weitem nicht die einzigen in Freizeitkleidung, daneben gibt es auch Menschen im Anzug oder Cocktailkleidchen. Mir fällt ein großer Afrikaner in Hausschuhen auf, der zeitungslesend und biertrinkend an der Bar steht. Ich weiß nicht warum, aber irgendwie hat er eine sehr angenehme Ausstrahlung. Wir nehmen in der Nähe von ihm Platz.

Nachdem wir zufällig die gleiche riesige Seafood-Platte essen, spreche ich ihn an: »Die Portionen sind einfach zu groß hier.« Er lächelt mir zu. »Ja, das stimmt, ich werde mir etwas einpacken lassen und es dann einem armen Menschen auf der Strasse geben.« Nach meinen persönlichen Smalltalk-Regeln liegt es nun an ihm, das Gespräch mit uns weiterzuführen, oder nicht. Nachdem er fertig gegessen hat, meint er: »Mögt Ihr Jazz?« Wir rücken näher zusammen, und es folgt vorerst ein angeregtes Gespräch über Musik, dann wird es persönlicher: Er trägt Hausschuhe, weil er im Hotel wohnt und eigentlich nur kurz auf einen Drink in die Bar kommen wollte. Eigentlich lebt er in Kapstadt, arbeitet als Elektroingenieur bei einem internationalen Konzern und ist hier in Durban nur ein paar Tage auf Geschäftsreise. Ohne dass wir ihn danach fragen, zeigt er uns seine Visitenkarte. Ich denke, wenn er Weiße kennenlernt, muss er das machen, um anerkannt zu werden. Seine Lebensgeschichte ist sehr interessant, sein Vater war ein Moslem, der von französischen katholischen Priestern missioniert wurde. Er fühlt sich jetzt keiner Religion zugehörig, trotzdem ist für ihn Spiritualität wichtig. Seine Mutter stammt von der entlegenen Atlantikinsel St. Helena, ihrer Unterstützung hat er seine Karriere zu verdanken; er betont die Wichtigkeit der Frauen für eine Gesellschaft.

Wir diskutieren auch über die Veränderungen der letzten zehn Jahre. In Bezug auf Bildung habe sich sehr viel getan, in Bezug auf die Wohnsituation müsse sich noch vieles verbessern. Als wichtiges Prinzip beschreibt er uns die *affirmative action*, wonach Schwarze, Farbige, Frauen und Behinderte bevorzugt eingestellt werden müssen. Prinzipiell ist die Regierung also auf dem richtigen Weg. »Welche Strategien sollten gegen Rassismus eingesetzt werden?«, frage ich ihn. Der Umgang mit Diversität müsse eine Schlüsselkompetenz sein und bei Bewerbungen eine entscheidende Rolle spielen. Gleichzeitig sollte das *empowernment* durch Trainings- und Bildungsmaßnahmen noch stärker gefördert werden, fordert er. Seinen Ansatz, dass Wirtschaft stärker mit sozialen Anliegen und Umweltverträglichkeit verbunden werden müsse, finden wir ebenso interessant wie seine Aussage, dass er mit seiner Familie nach Südamerika auf Urlaub fahren möchte und nicht nach Europa: »Europa haben wir hier in Südafrika, ich möchte eine andere Kultur kennen lernen!«

Auch er stellt uns spannende Fragen zur Kultur, Sprache, Identität und Politik in Österreich, die uns zur Reflexion anregen. Wie es mit unserer Identität stehe, wenn wir keine eigene österreichische Sprache hätten, wundert er sich. Mir wird wieder einmal bewusst, dass in Österreich die »deutsche Sprache« ziemlich dominant ist und die Kulturen der Minderheiten wenig Platz haben. Als wir von der Verschlechterung des Sozialsystems berichten – Studiengebühren, Selbstbehalt bei den Krankenkassen, Kürzungen bei den Pensionen –, wird uns klar, wie relativ diese Verschlechterungen sind, wenn man an die Situation in Südafrika denkt.

Fünf Stunden Diskussion vergehen wie im Flug. Unser Gesprächspartner meint, dass es kein Zufall gewesen sei, dass wir uns getroffen hätten, er betrachte es als spirituelles Ereignis, für das er sehr dankbar sei. Wir bedanken uns für das aufschlussreiche und angenehme Gespräch und betonen, wie viel wir von ihm gelernt hätten. Endlich habe ich gefunden, was ich bei meiner Reise gesucht habe: Nähe und Beziehung – unabhängig von der Hautfarbe. Diese gemeinsamen Stunden in der Bar waren für uns alle etwas Besonderes, und eigentlich ist es traurig, dass so etwas nicht zum normalen Alltag in Südafrika gehört.

Wir tauschen unsere Adressen aus. Er lädt uns noch auf einen Abschiedsdrink ein, ruft uns ein Taxi, begleitet uns dahin und sagt zum Chauffeur: »Bringe sie gut nach Hause!«
What a wonderful world – this could be!

Überleben in der Welt der Widersprüche

»Der Widerspruch in der Gesellschaft ist zum Widerspruch im Subjekt geworden. Das Ich erscheint nun nicht mehr allein als Widerpart der gesellschaftlichen Umwelt; es trägt auch die gesellschaftlichen Widersprüche als Rollenidentifikationen in sich. Die Aufklärung der Subjektivität kann die gesellschaftlichen Verhältnisse enthüllen; das von seinen inneren Widersprüchen befreite Ich gewinnt jene Stärke und Autonomie, die es braucht, um seine Bedürfnisse wahrzunehmen« (Parin, 1983, S. 120).

Dadurch, dass Südafrika die ungleichen Strukturen der Welt sehr nachvollziehbar repräsentiert, ist es ein Land voll von Widersprüchen, die jeder und jede tagtäglich erlebt und die unbewusst gemacht werden müssen, um psychisch in diesem Land zu überleben. Durch die Beschreibung meiner eigenen Subjektivität habe ich versucht, einen der vielen möglichen Prozesse der Unbewusstmachung der gesellschaftlichen Verhältnisse aufzuzeigen. Zu meinem persönlichen Repertoire an Abwehrmechanismen, die ich in Südafrika eingesetzt habe, gehören Fehlleistungen wie Irrtümer und Vergessen, Idealisierungen und Abwertungen, Rückzug und Betrinken sowie Identifikation mit der Rolle der Ethnologin.

Die Widersprüche machen das Land aber auch extrem dynamisch, spannend sowie innovativ und in ihnen liegt ein großes Entwicklungspotential. «In Südafrika werde bestimmt niemand an Langeweile sterben,« meint Denis Becket (zit. in Drechsler, 2004, S. 2).

Eine bessere Welt?

Bei den Wahlen 2004, die kurz nach unserer Südafrikareise stattfanden, ging wiederum der ANC als eindeutiger Wahlsieger hervor, dieses Mal erhielt er fast 70 Prozent der Stimmen. Interessant fand ich, dass der

LEBENSWELTEN SÜDAFRIKAS

ANC 2004 den gleichen Wahlspruch verwendete wie zehn Jahre zuvor – »a better life for all«. Wurde der ANC einst als kommunismusnahe betrachtet, wird er heute wegen seiner neoliberalen Politik kritisiert. Prognosen gehen davon aus, dass Südafrika längerfristig eine 30:70-Gesellschaft werden wird, d. h. 30 Prozent profitieren von den Neuerungen, während 70 Prozent weiterhin ohne anständige Arbeit und Unterkunft bleiben werden (Bussiek und Bussiek, 1999).[18] Heute sind die Lebenswelten Südafrikas theoretisch nicht mehr aufgrund der Hautfarbe getrennt, sondern praktisch aufgrund des Geldes. Der Kapitalismus hat den Rassismus abgelöst. Auch wenn die Politik die Benachteiligten fördert und es jetzt auch schwarze Eliten gibt, das »weiße« Südafrika liegt mit seinem Lebensstandard in der Gruppe der 40 führenden Länder, das »schwarze« an 128. Stelle (ebd.). So gesehen ist Südafrika wirklich ein gutes Beispiel für die Situation der Welt.[19]

Aber nicht nur das Geld schafft eine Kluft zwischen den Menschen Südafrikas. Die jahrzehntelange getrennte Entwicklung wirkt heute noch nach. So gibt es in Südafrika wenig wirkliche Mischung unter den Bevölkerungsgruppen. Drechsler (2004) zufolge zeigen schon die Staatssymbole Südafrikas, dass das Übereinander der Bevölkerungsgruppen von einem Nebeneinander abgelöst worden ist, sowie z. B. die Staatshymne, bei der der Choral des schwarzen Befreiungskampfes »Nkosi Sikeleli Afrika« (Gott segne Afrika) und die burische »Stem« (Die Stimme), die Hymne des Apartheidstaates, einfach aneinandergehängt wurden. Winnie Mandela (zit. in Bussiek und Bussiek, 1999) bemerkte auch sarkastisch zum sonst so positiv besetzten Begriff der Regenbogenfarben, dass es bei diesen kein Schwarz gibt.

---

[18] Auch stellt sich die Frage, wie Aids Südafrika in Zukunft verändern wird, denn 25 Prozent der Bevölkerung sind mit dem tödlichen Virus infiziert. Aids ist nicht nur eine menschliche Katastrophe, sondern auch eine wirtschaftliche. Die Versorgung von Aidskranken, der Tod junger Erwachsener und die steigende Zahl von Waisen führen zu Einkommensverlusten und Absinken des BIP. Außerdem sind drastische Budgeterhöhungen für das Gesundheits- und Bildungswesen erforderlich, und durch den aidsbedingten Mangel an Fachkräften müssen für einen Arbeitsplatz gleich drei Personen ausgebildet werden (Rwerga, 2004).

[19] Andererseits muss man aber auch bedenken, dass die sieben Prozent der Steuerzahler, die mehr als 100.000 Rand im Jahr verdienen, fast die Hälfte des Einkommensteueraufkommens erbringen (Bussiek und Bussiek, 1999).

Trotz allem wird der Zukunft Südafrikas immer wieder mit Hoffnung und Zuversicht entgegengeblickt, weil man auch schon vieles gemeinsam in den letzten Jahren geschafft hat. So meint etwa der Schriftsteller Alon Paton, dass Südafrika ein Land ist, in dem man am Sonntag verzweifeln und am Montag schon wieder hoffen kann (Drechsler, 2004). Und Desmond Tutu (2004, S. 28) meint zur aktuellen Situation in seinem Land: »Scheint die Sonne nicht über den Wolken?«

Literatur

Awart, Sigrid (2006): Alternative Sozialisationsmodelle – interkulturelle Beispiele. Vorlesung für den MSc Integrated Child Development am 30. 01. 06. Inter-Uni. Graz-Seggau.

Baratta, Mario (Hrsg.) (2000): *Der Fischer Weltalmanach 2001*. Frankfurt a. M.: Fischer Taschenbuch.

Bosse, Hans (1979): *Diebe, Lügner, Faulenzer. Zur Ethno-Hermeneutik von Abhängigkeit und Verweigerung in der Dritten Welt*. Frankfurt: Syndikat.

Burger, Dellien (Hrsg.) (2004): *South Africa Yearbook*. Pretoria: Government Communications.

Bussiek, Christel; Bussiek, Hendrik (1999): *Mandelas Erben. Notizen aus dem neuen Südafrika*. Bonn: Dietz Taschenbuch.

Devereux, Georges (1984): *Angst und Methode in den Verhaltenswissenschaften*. Frankfurt a. M.: Suhrkamp.

Drechsler, Wolfgang (2004): Kap der Hoffnung. In: *Der Standard*. Album. 10. 04. Wien, S. 1f.

Erdheim, Mario; Nadig, Maya (1991): Ethnopsychoanalyse. In: *Ethnopsychoanalyse 2. Herrschaft, Anpassung, Widerstand*. Frankfurt a. M.: Brandes & Apsel.

Freud, Sigmund (1981): *Zur Psychopathologie des Alltagslebens*. Frankfurt a. M.: Fischer.

Matt, Gerald; Mießgang, Thomas; Mistry, Iyoti (2006): *Black, brown, white. Fotografie aus Südafrika*. Nürnberg: Verlag für moderne Kunst.

Mbeki, Thabo (2004): Foreword: In: Burger, Dellien (Hrsg.): *South Africa Yearbook*. Pretoria: Government Communications.

Meyns, Peter (2004): Freedom Charter. In: Mabe, Jacob (Hrsg.): *Das Afrika Lexikon. Ein Kontinent in 1000 Stichwörtern.* Wuppertal: Peter Hammer Verlag & Weimar: Verlag J. B. Metzler, S. 201.

Nadig, Maya (1985): Ethnopsychoanalyse und Feminismus – Grenzen und Möglichkeiten. In: *Feministische Studien.* Nr.4, S. 105-108.

Nadig, Maya (1986): *Die verborgene Kultur der Frau.* Frankfurt a. M.: Fischer.

Oberg, K. (1960): Cultural Shock. Adjustment to new cultural environments. *Practical Anthropology* 7, Nr. 4, S. 177-182.

Obrecht, Andreas (1994): Österreicher und ÖstereicherInnen in Südafrika. In: Horvath, Traude; Neyer, Gerda: *Auswanderungen aus Österreich. Von der Mitte des 19. Jahrhunderts bis zur Gegenwart.* Wien: Böhlau, S. 649-664.

Parin, Paul (1983): *Der Widerspruch im Subjekt. Ethnopsychoanalytische Studien.* Frankfurt a. M.: Syndikat.

Peters, Walter; Engel, Andrea; Leeb-du-Toit, Juliet (2004): Südafrika. In: Mabe, Jacob (Hrsg.): *Das Afrika Lexikon. Ein Kontinent in 1000 Stichwörtern.* Wuppertal: Peter Hammer Verlag & Weimar: Verlag J. B. Metzler, S. 600-605.

Plott, Gerhard (2004): Madam and Mandela. In: *Der Standard.* Album. 10. 04. Wien, S. 3.

Rwerga, Damien (2004): Aids. In: Mabe, Jacob (Hg.) *Das Afrika Lexikon. Ein Kontinent in 1000 Stichwörtern.* Wuppertal: Peter Hammer Verlag & Weimar: Verlag J. B. Metzler, S. 22-23.

South African Tourism (2001): *Willkommen in Südafrika. Erwarten sie das Unerwartete.* Sandton: South African Tourism.

Tutu, Desmond (2004): Scheint die Sonne nicht über den Wolken. In: *Südafrika verstehen.* Sympathie Magazin: Ammerland: Studienkreis für Tourismus und Entwicklung, S. 28.

KETAJUN DÖRFLER
Lunchtime
Ein Blick in die sozialen Welten des Iran

Als in Österreich aufgewachsene Tochter eines iranischen Vaters und einer österreichischen Mutter besuchte ich Ende der 1990er Jahre zum ersten Mal den Iran. Mit den folgenden Beschreibungen und Überlegungen versuche ich, einerseits die Atmosphäre eines Nachmittags bei einer Einladung entfernter Verwandter, wie ich sie erlebt habe, anklingen zu lassen und gleichzeitig damit einige meiner Eindrücke, wie ich sie nicht nur an diesem Nachmittag, sondern in vielen unterschiedlichen Momenten und Gesprächen im Iran und mit Menschen, die lange Zeit im Iran lebten, erfahren habe, darzustellen und mit zusätzlichen Informationen anzureichern. Es geht mir darum zu zeigen, wie sich verschiedene soziale Realitäten in *einer* der vielen iranischen Welten situativ dargestellt haben, und etwas davon meinem Verständnis nach zu ordnen. Dabei habe ich nur einzelne Aspekte dieses nachmittäglichen Zusammentreffens aufgegriffen und mich mit ihnen näher befasst.

Eine Dreiviertelstunde durch die trockene, heiße, karge Landschaft, begleitet von der Schwere persischer Lieder aus dem Autokassettendeck, bis wir von der Hauptstraße einen nicht asphaltierten Weg einschlagen, der nach einer Weile in eine kleine Asphaltstraße übergeht. An der rechten Seite taucht ein einfacher Drahtzaun auf, der von einem Holzzaun abgelöst wird, an dem sich verstaubte Weinreben festhaken; hinter dem Zaun entlang eine Reihe Zypressen, beinahe kräftig grün. Als der Zaun sich öffnet für ein rasenbestücktes Rondo wird auch ein erster Blick frei auf Haus und Garten, die Einfahrt zum Parkplatz möglich. Eine ziegelsteinartige Laube – ein schattiger Platz! – stellt den kleinen »Luxus«, der in diesen weiten wüstenähnlichen Landschaften so selten ist, zur Verfügung, unter ihrem Dach parken schon verstreut einige Autos.
Der Weg zum Haus führt an mit Rosenstöcken bepflanzten Kieswegen entlang, im saftigen Rasen – welch selten sattes Grün! – steht ein

wuchtiger steinerner Springbrunnen. Das Haus ist ebenerdig, langgestreckt, an der Front liegt eine breite Terrasse, die von mehreren Säulen zum Garten hin begrenzt wird. Ich bin fasziniert von dem großzügig anmutenden Stil. Unweigerlich fällt mir die Fernsehserie Dallas mit ihren aufwendigen Villen-Entrees ein, die erste TV-Serie, an die ich mich erinnere, die Glanz und Leiden »richtig reicher« Leute mitverfolgen ließ.

Auf der Terrasse sitzen unsere Gastgeberin und einige BesucherInnen schon bei Tee. Da kaum Jüngere anwesend sind, bleiben bei unserer Ankunft fast alle der Anwesenden in ihren Korbsesseln und -bänken sitzen. Das süße Geschenk, das meine Tante auf dem Weg hierher am Stadtrand in einer stark frequentierten Bäckerei gekauft hat, einen saftigen Kuchen, der aussieht wie ein Gugelhupf, übernimmt eine Frau, die damit ins Haus geht. Ein höflich-freundliches Begrüßungszeremoniell beginnt, zu dem, wie üblich, ausführliche Fragen nach dem Befinden des Gegenübers und seiner Angehörigen gehören.

Das Innere des Hauses ist einfach und imposant zugleich, in der funktionalen Ausstattung von anderen Häusern, die ich bisher kennen gelernt habe kaum verschieden: die glatte kühle Schlichtheit der hellen Gänge mit ihrer dürftigen Möblage, die Wohnräume mit den eleganten Sitzgarnituren, niedrige Tischchen, auf die sofort eine Tasse Tee gestellt wird, kaum dass ein/e Besucher/in Platz genommen hat, hie und da ein Bild, immer Fotos der Familienmitglieder auf einer Kommode oder dem Kaminsims – jedoch um einiges wohlhabender bestückt. Ich bin begeistert von der Anlage des Hauses (ein hinter der Arkade parallel geführter Gang, an dessen Enden jeweils mehrere Räume liegen) und der geschmackvollen Ausstattung. Im größten Raum steht ein fertig gedeckter Tisch, eine Säule mitten im Raum teilt den Ess- vom Sitzbereich, der, wie in vielen Wohnungen, die ich gesehen habe, zwei Sitzgruppen anbietet. Hinter den bis zum Boden reichenden Fenstern, die von dicken, dunkelroten, von goldenen Kordeln gefassten Vorhängen gerahmt werden, vibriert grelle Hitze. Zwei Deckenventilatoren und ein großer Standventilator rotieren leise, den Boden bedecken Teppiche. Trotz des durch Zimmerpflanzen hindurch verstreuten Einströmen des Lichtes sind zwei Kristalllüster über dem Tisch eingeschaltet.

Als wir Frauen uns zu der kleinen Gruppe setzen, muss ich innerlich lächeln: Selbstverständlich haben sie – zwei ältere Frauen in ganz unter-

LUNCHTIME

schiedlichen Gewändern und eine Frau mit ihrer erwachsenen Tochter – nicht in der niedrigen, ausladenden, dunklen Ledergarnitur Platz genommen, sondern in der dezent bunt bestofften Stilmöbelgarnitur *auf* der und nicht *in* der man/frau Platz nimmt, und auf der das Sitzen eine gefasstere, vornehmere Pose einzunehmen erleichtert, wenn nicht geradezu erfordert. Nach dem anfänglichen höflichen Begrüßungsaustausch und einer herzlichen Begrüßung zwischen zwei der Frauen entspinnt sich eine Konversation, die ich, da ich Persisch nur in Ansätzen verstehe, nur bedingt mitverfolgen kann. In einem ausgesucht freundlich-höflichen Ton fragen die Frauen einander nach den Angehörigen, vor allem den Kindern, wer gerade bei wem auf Besuch heimgekehrt ist oder sich im Ausland befindet, nach der Ausbildung der Kinder, Erkrankungen von Verwandten, eine eventuell bevorstehende Heirat und andere Familienangelegenheiten in einer unaufgeregten Atmosphäre mit dezenten Stimmen.

Das Umfeld meiner Verwandten besteht zum großen Teil aus Familien, deren Wohlstand seit mehreren Generationen auf dem Anbau und Handel mit Pistazien gründet. Viele »Kinder« dieser Familien studier(t)en, nun in der dritten Generation, an europäischen oder US-amerikanischen Universitäten und arbeiten im Anschluß an ihr Studium z. B. als ÄrztInnen, JuristInnen, TechnikerInnen. Manche kommen gleich nach dem Studium, andere erst nach einigen Jahren in den Iran zurück oder bleiben für immer in Europa oder den USA. Während der Zeit meines Aufenthaltes habe ich gemeinsam mit meinen nächsten Verwandten fast täglich einen, manchmal auch mehrere Besuche bei anderen Verwandten und Bekannten abgestattet und daher viele Familien aus dem wohlhabenden Milieu einer größeren Provinzstadt kennen gelernt. Darüber hinaus wurden meine nächsten Verwandten, bei denen ich wohnte, von Familien oder einzelnen Familienmitgliedern und Bekannten besucht. Unter diesen Bekannten gab es auch Familien, die traditioneller orientiert waren, als es die Mitglieder meiner (Groß-) Familie im Allgemeinen sind.

Religiosität im Sinne des Islam (der von verschiedenen Kulturen, Gesellschaften, Gruppierungen unterschiedlich gedacht wird) spielt für meine näheren Verwandten eine marginale Rolle. Unterschiede zwischen traditioneller und »westlicher« orientierten Gruppen und Individuen beziehen sich auf u. a. auf das Tragen des Schleiers, die Art der

Kleidung, das Geschlechterverhältnis, Familienstrukturen, Religiösität und differieren abhängig vom sozialen Ort.

Ich erinnere mich, wie viel Verwirrung das Auftreten meiner Familienangehörigen mit für mich europäisch-»westlichem« Flair bei mir ausgelöst hat. Erst nach einiger Zeit der Orientierung konnte ich besser verstehen, dass mir bekannt erscheinendes Verhalten und Äußeres nur zu einem geringen Teil für »westliche« Auffassungen, Mentalitäten usw. stehen, wie ich sie kenne und gewohnt bin.

Als eine entfernte Cousine sich zu uns setzt, die ihr Studium in England absolviert hat und sich mit mir auf Englisch zu unterhalten beginnt, wird die englische Sprache Gesprächsthema; ich höre, wie schon in anderen Zusammenhängen auch, dass das englische Englisch wesentlich besser als das Amerikanische sei, das nicht vornehm, sondern vulgär wäre. England wird, im Unterschied zum kontinentalen Europa, das primitivere Umgangsformen haben soll, Stil und Kultiviertheit attestiert. Diese anglophile Einstellung drückt sich auch in einer gewissen Bewunderung für das britische Königshaus aus. Erst jetzt fällt mir auf, dass Teile der Einrichtung – die Sitzgarnitur auf der Terrasse und ein ganzes Zimmer, in das ich beim Vorbeigehen einen Blick geworfen habe – deutlich an den Stil englischer Cottages angelehnt ist.

Meine Cousine trägt eine weiße Bluse im klassischen Marinestil, die mit einem goldfarbenen Anker bestickt und an den Manschetten von goldfarbenen Streifen umrandet ist, dazu ein »klassisches« Pferdekopf-Tuch, locker um den Hals gelegt, und eine Reithose mit Stiefeln. Dazu hat sie einen passenden hellgelben Baumwollpullover bei sich, mit einer kleinen grünblauen Stickerei, die eine Krone darstellt. Jetzt sehe ich auch Gerte und Lederhandschuhe auf einem Sessel liegen.

Wenn auch viele Frauen meiner engeren (Groß-)Familie studiert haben,[1] hören die meisten von ihnen spätestens dann zu arbeiten auf, wenn sie ihr erstes Kind bekommen. Der Alltag der Frauen besteht dann zu einem Teil aus Erledigungen für den Haushalt (wobei die meisten manuellen Arbeiten von Dienstboten übernommen werden), ein anderer, wesentlicher Teil des Alltags wird Besuchen bei näher und entfernter verwandten Familien gewidmet, in iranischen bzw. orientalischen Gesellschaften ein fester Bestandteil des sozialen Lebens.

---

[1] 65 Prozent der Studierenden und 40 Prozent der Lehrkräfte im Iran sind Frauen: www.asyl.net/ Laenderinfo/Iran.html, Dokumente 4/2004 vom 2.4.2006.

LUNCHTIME

Die meisten Frauen unserer kleinen Runde sind, so wie alle Frauen meiner engeren Familie, ganz im »westlichen« Stil gekleidet: klassisch-einfache Blusen, die über den Ellenbogen reichen, zumindest knielange Röcke. Auch wenn nicht verwandte Männer anwesend sind, tragen sie kein Kopftuch. Die Mädchen, vor allem die kleineren, dürfen auch Hosen und kurzärmelige T-Shirts tragen und tollen mit den kleinen Buben herum, für jugendliche Mädchen gelten etwas strengere Regeln: Das T-Shirt muss langärmelig sein, Jeans sind zu Hause manchmal erlaubt.

Eine der älteren Frauen ist von einem Tuch umhüllt, das auch ihren Kopf bedeckt, welches sie, immer wieder daran zupfend, wenn es zu sehr verrutscht, zusammenzieht, damit es wieder über Oberschenkeln und Knien liegt. Eine andere Frau, die für einige Tage aus Indien zu Gast ist, trägt einen Sari. Ich denke an Bilder, die ich im Kopf hatte, bevor ich hierher kam. Dieses Wiederholen von Enthüllen und Bedecken mit dem luftigen Tuch, das für mich auch etwas Spielerisches hat, und das selbstbewusste Auftreten der Frauen stellen sich mir weit entfernt von jenen Eindrücken dar, die die Kommentare und Bilder der europäischen Medien bei mir hinterlassen haben. In diesen Darstellungen kommt die Verschleierung ausschließlich als Instrument und Symbol der politischen und gesellschaftlichen Unterdrückung von Frauen vor.[2]

Zwischen dem spielerischen Ver- und Enthüllen und dem Zwang der Bekleidungsvorschriften liegen Welten: bei Unternehmungen auf der Straße, bei Autofahrten durch die Stadt, bei Picknicks in Parks (die in Teheran sehr beliebt sind), bei Ausflügen in die Berge oder ans Meer – immer in Kopftuch und Mantel unterwegs. Bei Überlandfahrten auf größeren Verkehrsrouten und entsprechend hoher Geschwindigkeit war es möglich, das Kopftuch manchmal abzunehmen. Bei jedem Näherkommen eines Militärfahrzeuges jedoch, bei Tankstellen, bei jedem Halt, wo sich Menschen in der Nähe befinden, muss es wieder aufgesetzt werden – oft es dann doch nur vom Kopf nach hinten rutschen lassen und schnell wieder über die Haare schieben, wenn notwendig – wie

---

[2] Der Diskurs zum Phänomen der Verschleierung in seinen vielfältigen Facetten und seiner komplexen Verkettung mit Geschlechterverhältnis, Religion, Tradition, Modernisierung ist mittlerweile umfangreich; er beinhaltet die sehr kontrovers geführte Diskussion zu den auch von westlich-feministischer Seite festgeschriebenen Bildern der im islamischen Raum vollkommen unterdrückten Frau.

auch auf dem Weg hierher, der zwar über Land ging, aber immer wieder an einzelnen Häusern vorbeiführte.

Mir fallen die jungen Frauen in Teheran ein, zwei Studentinnen, die ziemlich verärgert darüber klagten, wie lästig ihnen »dieses Ding auf ihrem Kopf« sei: Es ist unpraktisch, behindert beim Hören, wenn es verrutscht beim Sehen, muss immer wieder zurechtgeschoben werden und ist im Sommer manchmal unerträglich so wie der Mantel, den sie zu tragen gezwungen sind.

Wie die meisten jungen Frauen sind sie sehr stilvoll geschminkt und haben ihre Augenbrauen genauestens konturiert. Ich bin fasziniert von der Gekonntheit und den Ergebnissen dieser Aufwendungen. Gutes Aussehen und Schönheit sind so immens wichtig und präsent, dass ich nach einer Weile dem Gedanken erliege, dass die meisten Menschen in Europa in Relation zu hier eigentlich ungepflegt erscheinen bzw. den Menschen hier so erscheinen müssten. Die beiden Teheraner Studentinnen verknüpften ihren Ärger über die Bekleidungsvorschriften mit einer Schuldzuweisung: An dieser und den vielen anderen einengenden Vorschriften seien »die Araber« schuld, die den Iran seit Jahrhunderten besetzt halten würden und ihnen mit dieser Art von Regeln ihre weniger zivilisierte Kultur aufzwingen würden.[3]

---

[3] Diese stereotype Erklärung für unterschiedliche Missstände und Unzufriedenheiten in Zusammenhang mit dem Regime der Mullahs ist immer wieder zu hören. Abgesehen von einer vereinfachten Geschichte des Iran werden damit die jüngeren historischen Entwicklungen wie etwa die Tatsache, dass fast alle (auch linke) Gruppierungen des Landes Khomeini in der Anfangsphase unterstützten, nicht berücksichtigt. Als Ausdruck einer Gegenposition zu den »arabischen Mullahs« betonen manche IranerInnen ihr Persertum und weisen auf die Tradition der Zoroaster hin. Dieser Rückgriff ist sicher im Sinne der Identitätsstiftung und Legitimation gegenüber der herrschenden Elite zu verstehen; mir schien er viel weniger religiös als politisch, dem Wunsch nach liberaleren Verhältnissen, motiviert zu sein.
Perser und Perserinnen sind die größte ethnische Gruppe im Iran (51 Prozent). Zu den Minderheiten gehören die türkischsprachigen Azeris und Turkmenen (26 Prozent), die mehrheitlich sunnitischen Kurden (neun Prozent), die arabische Minderheit (drei Prozent) und die Baluchis (zwei Prozent). KurdInnen und AraberInnen werden wegen ihrer Sprache diskriminiert. Den arabischen Minderheiten ist es verboten, Zeitungen in ihrer Sprache zu publizieren. Nichtmuslimische Religionen ein Prozent (Christen, Juden, Baha'i, Zoroastrier) www.asyl.net/Laenderinfo/Iran.html, Dokumente 4/2004 vom 2.4.2006.

LUNCHTIME

Auch mir wurde »dieses Ding auf meinem Kopf« zunehmend lästig, vor allem als mir meine Umgebung vertrauter wurde und ich mich sicherer zu fühlen begann.

Einstweilen kommen die anderen Gäste herein und beginnen, um die Tafel herum Platz zu nehmen. Neben den Eltern des Gastgebers, einem alten Ehepaar, sitzen die nächsten Verwandten der GastgeberInnen am Tisch. Die Atmosphäre ist höflich-verhalten und verbindlich-familiär, zugleich munter. Es gibt einen eigenen Tisch für die Kinder, die weitgehend sich selbst überlassen sind und dezent herumtoben.

Der Etikette entsprechend nehmen die Jüngeren erst Platz, wenn die Älteren sich gesetzt haben. Auch in den Geprächen während des Essens sind die jungen gegenüber den älteren Erwachsenen ausgesprochen höflich: Sie überlassen ihnen weitgehend das Reden, fallen ihnen nicht ins Wort, sondern hören zu. Sie machen humorvolle Bemerkungen, die taktvoll, fast schüchtern wirken. Beim Reichen der Speisen über den Tisch sind sie zuvorkommend. Es wirkt acht- und liebevoll, wie sie dies alles tun. Zum respektvollen Umgang gehört auch, dass Jüngere aufstehen, wenn ältere Personen einen Raum betreten oder verlassen, ihnen einen Sitzplatz anbieten und manchmal, bei besonders »ehrwürdigen«, vor allem alten Menschen, sich leicht verbeugen. Dieser manches Mal beinahe liebevoll-zärtliche Respekt war mitunter sehr berührend. Im Vergleich dazu schienen mir ältere Menschen in Europa als wertlos betrachtet und behandelt zu werden.

Zum höflichen Umgang gehört auch, dass Jüngere in der Öffentlichkeit beim Betreten eines Restaurants, beim Stiegensteigen etc. Älteren und Ehrenswerten, also auch Gästen, den Vortritt überlassen. Diese Höflichkeit brachte mich zeitweise in merkwürdige Situationen, als ich auf Teherans Straßen den mich begleitenden jüngeren Verwandten und FreundInnen vorausgehen sollte, obwohl ich gar nicht wusste wohin des Wegs. Auch beim ersten Betreten eines Restaurants und beim Auswählen eines geeigneten Tischs für eine zehnköpfige Gesellschaft, das man mir höflicherweise überlassen wollte, fühlte ich mich überfordert. Obwohl ich versuchte, verständlich zu machen, dass ich mich erst orientieren müsse, taten sich meine GastgeberInnen offensichtlich schwer, diese Geste der Ehrerweisung abzulegen. Das Aufrechterhalten der Respekt- und Höflichkeitsformen erschien mir für alle Beteiligten quasi zwingend, auch in Hinblick auf die öffentliche Darstellung: Wenn die Familienmitglieder sich würde- und respektvoll verhalten, bestätigt dies das interne und nach außen gerichtete Bild einer »guten Familie«. Deren Repräsentation nimmt im Alltagsleben einen überaus großen Platz ein.

Die Tafel für etwa 20 Personen mit Service, Silberbesteck, Karaffen mit Wasser, kleinen Behältern für verschiedene Kräuter; die licht- und tongedämpfte und doch unterhaltsam-angeregte Atmosphäre, das zwischen den die Fenstertüren umschließenden dunklen Samtvorhängen durch die Blätter der Topfpflanzen hindurch stellenweise einströmende gleissende Licht, das den Unterschied noch betont: hier innen, kühl und angenehm gedunkelt, draußen brütende Hitze; der strahlende Kristallluster im klassischen Stil über uns. Durch die geöffnete Glastüre vom Flur herein kommen die Dienstboten mit silbernen Tabletts, auf denen das Essen, eine Augenweide, angerichtet ist: im Kreis drapierte gefüllte Auberginen, Tomaten, Hühnerteile, Lamm, zwei Pyramiden von weißem, an der Kuppe gelb gefärbtem Reis, umgeben von Petersilie und Radieschen, aufgeschnittenes Brot, in der Luft der himmlische Duft persischer Küche. Die Dienstboten servieren die Tabletts entweder hoch über ihrem Kopf haltend oder tragen sie, wie ein offenbar besonders schweres, zu zweit.

Der Beginn dieses Essens ist eine Szene, die mich kurz in Gedanken an Bilder von 1001 Nacht versinken lässt, da sehe ich, dass die Männer und Frauen, die dieses duftende, dekorierte, einem das Wasser im Mund zusammenlaufenlassende Essen hereinbringen, ziemlich gestresst aussehen und sehr ärmlich gekleidet sind. Die Frauen und Männer, die, wie ich später erfahre, aus Pakistan kommen, tragen um die Hüften gewickelte fast knöchellange Tücher (eine nicht unübliche Bekleidung), die Frauen alte, verwaschene, teilweise löchrige T-Shirts, die Männer »westliche« Hemden, die an ein, zwei Stellen eingerissen sind. Eine Frau und ein Mann tragen ausgetretene Gummischlappen, eine Frau geht barfuß, und einer der Männer geht mit einem Schlappen, der so kaputt ist, dass er ihn beim Gehen behindert. Erstaunt bin ich darüber, dass einer der Männer sein Hemd so weit geöffnet trägt, dass ein größerer Bereich seiner Brust frei ist. Ich hatte angenommen, ein solches Zeigen des Körpers widerspreche der Konvention, sei allgemein und bei Anlässen wie diesen, gesellschaftlich, und zwar unabhängig von der

LUNCHTIME

sozialen Position, inakzeptabel. Doch entgegen dieser Annahme ist es offenbar nicht außergewöhnlich, sehen die Gastgeber offenbar keine Notwendigkeit, »ihr« Personal besser gekleidet zu sehen, z. B. um ihre soziale Kompetenz darzustellen oder, aus Gründen der Höflichkeit, gegenüber dem Blick der Gäste. Nun fällt mir auch die wirklich zerschlissene Livree eines Kellners eines Hotelrestaurants wieder ein. Auch damals habe ich mich gewundert und gefragt, wie das zusammengeht – ein Restaurant, das einerseits einen beinahe noblen Eindruck vermittelt, aber offenbar keinen Wert auf das optische Erscheinungsbild des Personals legt. Während des gesamten Essens gab es keine – zumindest verbale – Kommunikation mit den Dienstboten, im Laufe des Nachmittags höre ich zweimal kurze Anweisungen in kühlem Tonfall.

Nach dem Essen gelingt es mir, einen Blick in die Küche zu werfen: die vier Frauen und Männer arbeiten hektisch. Ein relativ kleiner Raum, eng, stickig und heiß; ich kann keine Sitzgelegenheit sehen, kein Ventilator sorgt für etwas erleichternde Kühle.

So wie die hier Arbeitenden kommen viele der Dienstboten aus den benachbarten Staaten Pakistan, Afghanistan und Indien. Auch für meine Verwandten, bei denen ich wohne, arbeitet ein Saisonarbeiter aus Afghanistan. Bis auf einen halben Tag in der Woche ist er täglich zuständig für die Zubereitung aller Mahlzeiten, das Servieren und Abräumen einschließlich dem Servieren von Obst, Tee und Gebäck und Bedienen der Familienmitglieder und Gäste des Hauses, das je nach der Frequenz eintreffender Besuche bis zu mehrmals am Tag sein kann. Außerdem ist er verantwortlich für den Abwasch, das Putzen der Küche, das Kehren, sowie anfallende kleinere Reparaturen, das Tränken des Reitpferdes, das Rasenmähen, das Reinigen des Swimmingpools. Die übrige Hausarbeit wird von einem Mann und einer Frau, die einmal in der Woche kommen, übernommen. Von meinen Verwandten wird der Dienstbote mit seinem Vornamen angesprochen, er spricht seine Dienstgebenden mit »Frau Soundso« an.

Es fiel mir schwer, kommentarlos zu beobachten und mich in meinen Handlungen zumindest annähernd so anzupassen, wie es für meine Verwandten selbstverständlich war: Sie forderten mich auf, mein gebrauchtes Geschirr nach dem Essen stehen zu lassen, selbst wenn ich Richtung Küche gehe. Stattdessen sehen wir zu, wie der Dienstbote das Geschirr übereinander stapelt und abräumt, nachdem er während des

KETAJUN DÖRFLER

Essens auf der Terrasse auf einem viel zu engen kleinen Hocker einige Meter vom Tisch entfernt auf eventuelle Anweisungen gewartet hat. Sogar solche Selbstverständlichkeiten, wie etwas aus meinen Händen auf den Boden Gefallenes selbst aufzuheben, einen Löffel aus der Küche oder einen zwei Meter entfernten Sessel zu holen, soll ich ihm überlassen.

Der Bedienstete bewohnt einen Raum im leerstehenden Haus des Nachbargrundstückes, das meiner Familie gehört und seit Jahren nicht gewartet wird. Sein Zimmer ist reduziert auf das Notwendigste: ein wackeliges Bettgestell, Decken, ein kleines Kästchen. Abends betet er auf der besprengten Wiese neben dem Swimmingpool, die Hände zuerst aneinandergelegt, versunken, den Kopf gesenkt, um sich anschließend niederzuknien; die Hände und Arme hebend und senkend spricht er leise vor sich hin. Mich berührt diese stille Szene. Und ich bin überrascht, als, anders als wahrscheinlich viele über westliche Medien informierte Menschen annehmen würden, meine Verwandten dieses Betritual in seiner ernsten Andacht keineswegs respektieren: »Look, he is praying, he is very serious«, sagt mein Verwandter schelmisch schmunzelnd. Seine Tochter ruft dem Betenden scherzhaft etwas zu und entlockt ihm damit ein Lächeln, das ich öfter gesehen habe, wenn die Kinder der Familie ihn »neckten«. Ein Lächeln, das sich manchmal, wie mir schien, schnell mit Traurigkeit mischte. Einmal erlebe ich eine Szene, bei der sich der Dienstbote nachmittags zurückziehen wollte – im Iran wie in vielen anderen heißen Ländern üblich; er hatte aber die Aufgabe erhalten, eine Reparatur eines Spiels für eines der Kinder zu erledigen. Er argumentierte, er sei müde und wolle dies auf später verschieben, konnte sich allerdings nicht durchsetzen. Als die Tochter des Hauses ihn auch noch »neckt«, fängt er, ein etwa 30-jähriger Mann, beinahe zu weinen an.

Ein halbes Jahr arbeitet der Bedienstete im Iran, um dann für ein halbes Jahr zu seiner Frau und seinem Kind zurückzugehen. Er zeigt mir freudig und stolz ein Foto, eine Aufnahme seiner Familie und seines Hauses, das er selbst gebaut hat: Auf einer betonierten Terrasse auf einer Decke sitzt seine Frau, neben ihr, ihr beider nicht ganz ein Jahr altes Baby. Seine Frau lehnt mit dem Rücken an einer, aus neuen Ziegeln hochgezogenen einfachen Wand ohne Putz, die Wand eines Raumes ohne Tür- und Fensterrahmen, der offen über die Terrasse zu be-

LUNCHTIME

treten ist. Das gesamte Haus, ein Rohbau, ist nicht größer als 20 Quadratmeter. Beim Zeigen des Fotos geht seine Freude über in einen traurigen Seufzer, mit dem Handrücken wischt er Tränen aus dem Gesicht. Er sagt, die beiden, seine Frau und sein kleines Kind, würden seine Hilfe brauchen, aber er könne nicht bei ihnen sein. Zu diesem Zeitpunkt wollte ich ihn gerne fragen, ob er für seine Arbeit gut bezahlt wird, doch das scheint mir dann unhöflich zu sein. Vom Sohn der Familie höre ich später, dass er so viel verdienen soll, dass er seine Familie versorgen und die andere Hälfte des Jahres bei ihr in Afghanistan leben könne. An einem Nachmittag zeigt mir der Bedienstete ein Videoband seiner Hochzeit, eine ca. dreistündige, sehr aufregende Collage mit Ausschnitten der Reise von Afghanistan nach Pakistan, wo die Hochzeit stattfand, weil, wie er mir sagt, in Afghanistan eine Feier wie diese nicht möglich bzw. viel zu gefährlich gewesen wäre, mit Aufnahmen von den Hochzeitsvorbereitungen der Brautleute, Teilen des Hochzeitszeremoniells und der anschließenden Feier, bei der in einer ausgelassenen fröhlichen Stimmung zur mitunter sehr rhythmusbetonten Musik einer kleinen Kapelle getanzt wurde. Ganz ähnlich wie ich es von »daheim« in Österreich kenne, findet mein Verwandter, ich nehme an wegen der Buntheit der Kleider, der Zurschaustellung des Schmucks, der Ausgelassenheit des gesamten Auftretens, welches im Vergleich zu den von meinen Verwandten geübten Umgangsformen so ganz anders ist, spöttische Bemerkungen wie: »You know, like gypsies!« Der Bedienstete reagierte auf diese und andere ähnliche Situationen meist mit einem, wie mir schien, peinlich berührten Lächeln; ich hatte den Eindruck, dass er in diesen Momenten vielmehr gekränkt, vielleicht auch beschämt, als verärgert war.

Ungefähr einmal in der Woche wird meine Familie von einer etwas älteren Frau besucht, die bereits in ihrer Jugend im Haushalt meiner Großmutter gearbeitet hat. Obwohl sie eigentlich nicht mehr als Dienstbotin der Familie arbeitet, kommt sie regelmäßig, um, wie meine Verwandte sagt, »zu helfen«. Sie übernimmt dann Arbeiten wie z. B. das Schneiden des frisch gelieferten Brotes, wobei sie im Schneidersitz auf dem Boden sitzend mit der Schere hantiert, während sie mit meiner Verwandten spricht, umhüllt vom weiten blauen Tschador, den sie immer wieder, wenn er zu sehr nach unten rutscht, mit den Zähnen fest- und damit zusammenhält. In der Beziehung zwischen dieser Frau und meiner Verwandten liegt eine gewisse Vertrautheit. Die Zusammenkünfte strahlen eine entspannte Atmosphäre aus. Vonseiten der »Besucherin« spüre ich gegenüber meiner Verwandten warmherzigen Respekt, beinahe freundschaftliche Loyalität, meine Verwandte wirkt gelassen freundlich. Im Verlauf des Gesprächs erfahre ich, dass die Besucherin nicht nur eine ganze Generation der Familie hat groß werden sehen, sondern bereits als Mädchen im »Dienst« der Großeltern stehend mit deren Kindern praktisch aufwuchs – mit meiner Verwandten und deren Geschwistern – und also ihr ganzes Leben lang die Generationen der Familie als Dienstbotin begleitet hat. Ein Leben, in welchem die Kombination von jahrzehntelanger persönlicher Nähe und sozialer Distanz auf dem Hintergrund des starken hierarchischen Gefälles offensichtlich eine starke Verbindung hat entstehen lassen. Jetzt lebt sie, ein paar Häuser weiter, mit ihrer Familie in ärmlichen Verhältnissen und ist weiterhin bis zu einem gewissen Grad abhängig von den Zuwendungen ihrer ehemaligen Herrschaft.

Nach meinem Blick in die Küche schließe ich mich den Frauen an, die sich in den privaten Teil des Hauses am gegenüberliegenden Ende des Ganges zurückziehen, um die gewohnte Nachmittagsruhepause einzulegen: in zwei dürftig ausgestatteten Räumen. Im Fauteuil hält eine der Frauen einen kurzen *nap*, ein Mittagsschläfchen, auch die anderen Fauteuils und Betten werden belegt. Die Frauen unterhalten sich ein wenig, zwei Zimmer weiter spielen die Kinder.

Eine Weile später verlasse ich den Rückzugsort der Frauen, um mich draußen umzusehen. Im Gang sitzen zwei Männer auf der kleinen eleganten Bank und unterhalten sich; ein paar Schritte weiter, in der Tür zur Küche, scheint unsere Gastgeberin zwei Frauen etwas zu erklären; es dürfte sich um eine das Personal betreffende Angelegenheit handeln. Die geschliffene Glastüre des gegenüberliegenden Raumes steht halb offen. Einige, vorwiegend ältere Männer sitzen im sonnendurchfluteten Zimmer auf mit hellem Blumendekorstoff bezogenen Bänken und Korbsesseln. Am Boden steht ein ca. 30 auf 40 Zentimeter großes Metallgestell, eine dreifingerbreite Wanne auf vier Beinen, darin kleine glühende Kohlestückchen. Zwei der älteren Männer, die offenbar auf mein Erstaunen reagieren – ich wusste zwar, dass im Iran Opium geraucht wird, hatte jedoch angenommen, dass das Opiumrauchen in diesem Umfeld eher verpönt sein würde –,winken mir mit einer einladen-

LUNCHTIME

den Geste zu. Ich zögere zunächst, dieser Aufforderung nachzukommen, da ich die Bedeutung dieser Situation nicht ganz einzuschätzen weiß: Es ist anzunehmen, dass es nicht dem guten Benehmen entspricht, sich als einzige Frau unter Männern in diesem Raum aufzuhalten; vor allem aber weiß ich bezüglich des Rituals des Opiumrauchens und seiner geschlechtsspezifischen Konnotationen überhaupt nicht Bescheid. Da ich annehme, dass die Anwesenden mein Interesse mit der Neugier der Europäerin für das Opiumrauchen verbinden und mich als meine entfernten Verwandten, die diese Männer ja sind, nicht einladen würden, wenn es gänzlich unschicklich wäre, dieser Aufforderung nachzukommen, betrete ich dann doch den Raum und nehme für kurze Zeit Platz. Den Männern scheint es Spaß zu machen, mir den Gebrauch des kleinen Gestells zu erklären. Reihum wird geraucht, die Atmosphäre wirkt entspannt, freundschaftlich. Mir wird sogar angeboten mitzurauchen, ich lehne jedoch ab – es erscheint mir als selbstverständlich, als Frau und noch dazu als einzige Frau hier dieses Angebot auszuschlagen, will ich mir nicht den Verdacht ungebührlichen, anstößigen Benehmens zuziehen. Ich bleibe noch kurz, bedanke mich – um, so hoffe ich, den »Informationscharakter« meiner kurzen Anwesenheit in der Männerrunde zu unterstreichen – und verlasse den Raum. Beim Hinausgehen treffe ich zwei Verwandte etwa meines Alters, die mir erklären, dass vor allem Männer der älteren Generation Opium rauchen würden, sie als Jüngere würden sich aber davor hüten, denn sie wüssten, wie gefährlich es sei. Viele der älteren Männer wären abhängig, diese Sucht sei ein großes Problem im Iran.[4]

Nachdem ich mich nach dem Besuch bei der rauchenden Männerrunde noch einmal in die abseits gelegenen Räumlichkeiten zu den anderen Frauen zurückgezogen habe, sitzen wir, einige Frauen, wenige Männer, auf der Terrasse bei Tee. Im Kreis der BesucherInnen hat unsere Gastgeberin ein Gespräch über Haushaltsführung initiiert. Es geht um die Wichtigkeit der Frische von Kochzutaten und um das Engagement, das eine Frau für Haushalt und Essen aufbringt. Ins Gespräch involviert, sage ich, wie gut mir die persische Küche schmeckt und dass

---

[4] Männer rauchen nach dem Essen nicht üblicherweise gemeinsam Opium; dies hängt von der regionalen Tradition, von den Gepflogenheiten der Familie u. a. Faktoren ab. Nach UN-Angaben im Jahr 2000 waren 2,8 Prozent der iranischen Bevölkerung heroin- oder opiumabhängig. www.taz.de/pt/2002/03/15/a0025.1/text, vom 4.5.2006.

viele der Speisen ja eine lange Zubereitungszeit erfordern. Das Gespräch entwickelt sich in Richtung Tiefkühlkost, die immer verbreiteter werde. Unsere Gastgeberin wendet sich an mich und fragt, ob ich viel selbst koche und ob ich das mit frischen Zutaten tue. Ich bejahe, was sie, wie mir scheint, mit einer gewissen Zufriedenheit zur Kenntnis nimmt. Ein wenig später im Gespräch bemerkt sie, dass sie Frauen nicht möge, die ihren Haushalt vernachlässigten und keinen Sinn für die richtige Zubereitung von Speisen hätten; sie würden nicht nur den Haushalt, sondern auch ihren Mann und ihre Kinder vernachlässigen. Eine Verwandte, die in Europa lebt, hätte ihr erzählt, dass die Frauen dort fast nur noch mit Tiefkühlkost kochen würden, sich nicht mehr um ihren Haushalt kümmern und stattdessen, nur auf ihre eigenen Wünsche bedacht, ständig ausgehen würden.

Diese Feststellung macht mich nun einerseits ärgerlich, andererseits bin ich überrascht über diese Einschätzung der Realität von Frauen, die mir zudem reichlich unsolidarisch erscheint. Ich ergreife die Gelegenheit, die »Tiefkühlkost« zu verteidigen: Ich sage höflich, dass es viele Frauen in Europa gebe, die wenig Zeit hätten, da sie ja arbeiten gehen würden, und dass für diese Frauen die Möglichkeit, Tiefkühlkost zu verwenden, sehr praktisch sei. Das wäre auch deshalb von Vorteil, weil sie dann mehr Zeit für ihre Kinder hätten. (Meine Gastgeberin darauf hinzuweisen, dass auch Frauen im Iran arbeiten müssten, erschien mir zu unhöflich zu sein.) Meine Meinung, dass viele Männer leider nicht bereit wären, zu gleichen Teilen die anfallende Arbeit im Haushalt zu übernehmen, spreche ich nicht an. Dass es dann besser wäre, wenn diese Frauen nicht arbeiten gehen würden, bemerkt unsere Gastgeberin daraufhin. Ich bin neuerlich verblüfft über das offenbare Unwissen bezüglich der Lebensbedingungen europäischer Frauen und sage, dass viele Frauen aus finanziellen Gründen arbeiten müssten. Ich sehe mich nun in der nicht unbedingt wünschenswerten Position, die Anwaltschaft arbeitender Frauen in Europa übernommen zu haben, daher spreche ich zwei weitere Argumente, an die ich denke, nicht aus: dass nämlich viele Frauen arbeiten *wollen* und dass das in Europa für Männer und Frauen weitgehend eine Selbstverständlichkeit ist.

An dieser Stelle reißt der Faden meiner Aufzeichnungen und Erinnerungen; die genaue Fortführung des Gesprächs ist mir nicht mehr rekonstruierbar; ich bin mir nicht sicher darüber, ob unsere Gastgeberin meinte, dass ihr die Frauen, die arbeiten müssten, leid täten. Die Konversation entwickelte sich bald in eine andere Richtung. Während das Gespräch auf der Terrasse noch einige Zeit andauerte, schenkten uns die Dienstboten Tee nach und servierten Obst, Kuchen und kleines Gebäck. Vor unserer Rückfahrt, vorbei an Weinreben und Zypressen, eine Dreiviertelstunde durch die trockene, heiße, karge Landschaft, begleitet von der Schwere persischer Lieder, sehe ich noch einmal das Haus, hinter Springbrunnen und Rosenstöcken liegend...

Im Folgenden möchte ich den Eindrücken nachgehen, die mich während meines Aufenthaltes und danach besonders beschäftigt haben. Ich greife Erfahrungen heraus, die mir in drastischer Distanz zu meinen gewohnten Vorstellungen und Umgangsformen aufgefallen sind.

Frauen im Iran und im »Westen«: Zuschreibungen und Bilder

Ich beziehe mich noch einmal auf das Gespräch, das sich auf der Terrasse zum Thema »Tiefkühlkost« entwickelt hat: An der Verwendung von Tiefkühlkost hängt die Kritik an europäischen Verhältnissen. Neben der Frage, inwieweit eine moderne Haushaltsführung qualitativen Ansprüchen entspricht, geht es um Vorstellungen von frauenspezifischem Verhalten, den darin enthaltenen »Aufgaben«, die eine Frau zu übernehmen hat, und welches Verhalten sie zu unterlassen hat. Europäische Frauen werden aus dieser Sicht den entsprechenden Anforderungen nicht gerecht. Augenfällig ist an der kurzen Gesprächssequenz die Verkennung europäischer Realitäten, denn viele Verwandte leben zumindest für einige Jahre in Europa, und selbst in privilegierten Verhältnissen müsste, so nehme ich an, die Situation berufstätiger Frauen mit Familie bekannt sein.

Zunächst ist festzuhalten, dass dem Essen im Iran traditionellerweise als Rahmen häufiger familiärer Zusammenkünfte sowie wichtiger familiärer und gesellschaftlicher Ereignisse eine zentrale Bedeutung zukommt. Frauen, die diesen gemeinschaftlichen Akt oraler Befriedigung zum Großteil organisieren, tragen dafür die Verantwortung und übernehmen damit eine wichtige soziale Funktion. Eine zweite Komponente: Im Rahmen der Geschlechterordnung orientalischer Gesellschaften gehört, mehr als in Europa, das Sorgen für, das Besorgtsein um die Familie, die Kinder, zu einem wesentlichen Bestandteil weiblicher Identität, die für erwachsene Frauen positiv praktisch nur über Mutterschaft und Ehe gedacht werden kann. Das lange Kochen steht in diesem Zusammenhang für die ausführliche Widmung und die Ernsthaftigkeit, mit der eine Frau für ihre Familie sorgt, und sagt daher etwas über die »richtige« Übernahme ihrer sozialen Rolle aus, was wiederum der Festigung ihrer persönlichen wie sozialen Identität ent- oder widersprechen kann. In diesem Sinn könnte ein abweichendes Verhalten »westlicher« Frauen die eigene Identität innerhalb der Institution Familie und die Geschlechterordnung in Frage stellen.

Als Angehörige der sehr kleinen Minderheit Wohlhabender im Iran war es unserer Gastgeberin vielleicht auch lieber, die Lebens- und Arbeitsbedingungen der mehrheitlich anderen Frauen mit weniger privilegierten Möglichkeiten nicht wahrzunehmen, um ihre eigene Position nicht anzweifeln und eventuell sogar rechtfertigen zu müssen.

Das Gespräch ist auch hinsichtlich dessen aufschlussreich, was ich mir während des Gesprächs verkniffen habe anzusprechen: die ungleiche Übernahme von Hausarbeit. Eine solche Aussage, da bin ich mir sicher, wäre hier vollkommen fehl am Platz und weder für Frauen noch Männer nachvollziehbar. Auch dass Frauen arbeiten *wollen,* spreche ich nicht an: Dies wäre zu sehr mit der Assoziation einer egoistischen Vernachlässigung der Familie verknüpft. Ich halte bei unserem Gespräch auf der Terrasse also meine »westlich«-feministischen Anschauungen, die das Geschlechterverhältnis betreffen, zurück, ich zensiere meine Äußerungen, um nicht zu den unliebsamen Frauen zu gehören.

Immer wieder ist mir in Gesprächen über Frauen, die nicht den ihnen zugewiesenen Verhaltensweisen entsprachen, ein Tonfall aufgefallen, der in meinen Ohren eine gewisse anklagende Strenge ausdrückte und der mir im Laufe meines Aufenthalts zunehmend vertraut wurde. Auch das Gespräch auf der Terrasse war von diesem Tonfall begleitet und signalisierte mir, dass hier von unstatthaftem, nicht zu tolerierendem Benehmen die Rede war. Auch bei dem »egoistischen« Bedürfnis auszugehen, war ich mir nicht sicher, inwiefern damit nicht eine (bewusste oder unbewusste) Anspielung auf ein allzu freizügiges, letztlich sexuelles Verhalten verknüpft war: Ich hatte das

LUNCHTIME

Gefühl, dass diese Thematik ständig präsent war und viele Situationen und Gespräche über das Verhalten von Frauen im Hintergrund mitbestimmte.

Die – von Frauen und Männern – ausgeübte verbale Zurechtweisung in Bezug auf das Verhalten von Frauen ist mir besonders bei der geschlechtsspezifischen Thematisierung von Verantwortung und Schuld aufgefallen. In einem größeren Ausmaß als Männern wurde Frauen berechnendes, machtvolles, schuldiges Verhalten zugedacht. Männer wurden als wesentlich weniger schuldfähig angesehen, z. B. Entschuldigungen für »Vergehen« schneller gefunden, »Fehler« leichter verziehen, bei Scheidungsangelegenheiten etwa oder auch bei Erörterungen, die den Ehebruch betrafen. Z. B. der Ehebruch der britischen Prinzessin Diana wurde ihr sehr übel genommen und ihr Tod mit Verständnis für ihre Verfolger quittiert. Oder (iranische) Studentinnen würden sich an der Universität prostituieren, während den Studenten hinsichtlich eventueller Freundinnen nicht nur Nachsicht konzidiert, sondern ihre Verführbarkeit augenzwinkernd begrüßt wurde. Diese beiden Beispiele beziehen sich eindeutig auf sexuelle Inhalte, ich hatte aber auch bei anderen Themen den Eindruck, dass Verantwortung und Schuld durchweg Frauen zugeschrieben wurde, was sie in rigidere Verhaltensnormen zwingen sollte.

»Westliche« Umgangsformen und die medial vermittelte Präsenz »westlicher« Frauen – meine Verwandten hatten Fernsehen via Satellitenempfang – müssen aus dieser Perspektive katastrophal erscheinen: Frauen scheinen frech, ungezügelt, schamlos und in ungeordneten Verhältnissen zu leben und stellen in jeder Hinsicht eine Gefahr für geordnete Familienverhältnisse dar. Auf diesem Hintergrund ist das Bild von »westlichen« Frauen, anstandslos und gegenüber ihren Familien ignorant zu sein, zu verstehen, welches tendenziell großen Argwohn erregt. Mir wurde, z. B. in Anbetracht dümmlicher TV-Shows, die aus dem »Westen« kamen, zunehmend die direkt und indirekt vermittelte Vorstellung, in Europa und den USA würden irgendwie verlotterte Verhältnisse herrschen, verständlich. Auch dass im Vergleich zu den feinen, höflichen und gesitteten Umgangsformen meine iranischen Verwandten in Bezug auf den »Westen« zuallererst dessen »Unkultiviertheit« vor Augen hatten, konnte ich nach einiger Zeit gut nachvollziehen.

KETAJUN DÖRFLER

Das Generationenverhältnis:
zwischen Loyalität und Individualität?

»Hierarchische Strukturen beeinflussen, ebenso wie jede andere Art der Familienordnung, die Problemlösungsstrategien innerhalb des Familienverbands. In einer hierarchisch organisierten Familie hat ›Respekt‹ eine tragende Funktion; offene Auseinandersetzungen werden eher vermieden«,[5] schreibt Saied Pirmoradi, der sich mit Paar- und Familienbeziehungen im Iran befasst.

In seinen Überlegungen zur Psychotherapie mit iranischen PatientInnen beschreibt der Psychoanalytiker Mohammad E. Ardjomandi eine Variation des ödipalen Konfliktes, den er im iranischen Nationalepos »Schahnameh«, dem »Buch der Könige«, ausgedrückt sieht: Anders als in der griechischen Sage, die damit endet, daß Ödipus seinen Vater tötet und die Mutter heiratet, »enden mehrere Sagen des ›Schahnameh‹ damit, dass der Vater im Zweikampf mit dem Sohn letztendlich Sieger bleibt und diesen tötet.«[6] Ardjomandi geht von der Annahme aus, »dass dieser Ausgang des ödipalen Konfliktes das Ausmaß der Kastrationsdrohung und der daraus resultierenden Angst im iranischen Kulturraum erheblich verstärkt und dazu geführt hat, dass spezifische Verarbeitungsmodi der Kastrationsangst entstanden sind«. Diese Verarbeitungsmodi, so Ardjomandi, manifestieren sich im Alltag der IranerInnen in den »alltäglichen verbalen und nonverbalen Interaktionen zwischen den Älteren und den Jüngeren«, die »durch die strikte Wahrung der Etikette und durch Ritualisierungen« geregelt werden. Diese »dienen dazu zu verhindern, dem Vater, dem kastrierenden bedrohlichen Objekt, zu nahe zu kommen, ihn anzugreifen oder zu beschämen. Rituale und Etikette haben die Funktion, dem Vater zu signalisieren, dass die Söhne seine Macht anerkennen, ihn respektieren, ehren und seine Tradition wahren. Alle Erneuerungen, die die Söhne vornehmen, werden gewöhnlich als eine Erweiterung der Tradition der Väter verstan-

---

[5] Pirmoradi, S. (2003): Paar- und Familienbeziehungen im Iran: Eine kulturpsychologische Perspektive, S. 78.
[6] Ardjomandi, Mohammad E. (1993): Die fremde Kultur der Schiiten. Scham, Schuld und Narzißmus in der psychoanalytischen und psychotherapeutischen Behandlung von Iranern. In: Streeck, Ulrich (Hrsg.): Das Fremde in der Psychoanalyse. Erkundungen über das »Andere« in Seele, Körper und Kultur, S. 65ff.

LUNCHTIME

den. (...) Die Etikette reguliert die sprachlichen Interaktionen, die Begegnungen und die Begrüßungszeremonien. Während die Jüngeren darin zum Ausdruck bringen, dass sie die Älteren ehren und deren Macht anerkennen, sind die Älteren in ihren sprachlichen Formulierungen dazu verpflichtet, ihre Fürsorge und ihre zärtlichen Regungen den Jüngeren, auch den Söhnen gegenüber, zum Ausdruck zu bringen. (...) Die Etikette dient vor allem der Anpassung, der Sublimierung und der Kulturbildung. Im Alltag befähigt sie die Menschen dazu, mit der Gruppe der Gleichaltrigen, vor allem aber generationenübergreifend zu den Älteren oder zu den Jüngeren relativ angstfrei Kontakt aufzunehmen und Beziehungen zu pflegen.« Auch für die Frauen gilt, dass »bei der Erziehung der Frauen die unwidersprochene Autorität des Vaters (...) das oberste Prinzip (bleibt). Die Macht und die Autorität des Vaters sind trotz der Nähe der Frauen zu ihren Müttern unumstößlich.«[7]

Bei den Respekt- und Höflichkeitserweisungen hatte ich immer den Eindruck, dass Männern dabei eher auch Liebe entgegengebracht wurde, im Unterschied zum Verhalten gegenüber Frauen. Ein Gefühl, das sich auch in anderen Zusammenhängen immer wieder herstellte und mit weiteren Überlegungen Ardjomandis verständlicher werden könnte, nämlich dass die Söhne, um den aus dem ödipalen Konflikt resultierenden Ohnmachtsgefühlen zu entkommen, in ihrem Verhältnis zum Vater vom Wunsch geleitet werden, seine Liebe zu erlangen und sich ihm anzunähern. Folgt man den folgenden Ausführungen des ebenfalls iranischen Psychoanalytikers Khoshrouy-Sefat könnte dieser Eindruck auch mit dem wesentlich ambivalenten Verhältnis zur Mutter in Verbindung gebracht werden.

Khoshrouy-Sefat befasst sich mit der Mutter-Kind-Beziehung und stellt diese in einen sozialen Kontext: Da es im Iran praktisch kein soziales Sicherungssystem gibt, sind die Kinder »für die Altersvorsorge der Eltern verantwortlich und werden auch unbewusst zu dieser Aufgabe traditionsgemäß erzogen«.[8] Da Frauen sehr jung eine arrangierte Ehe eingehen und bald ihr erstes Kind bekommen, seien sie, auch aufgrund der patrilokalen Heirat, die sie zur Anpassung im neuen Famili-

---

[7] Ardjomandi (1993), S. 73.
[8] Khoshrouy-Sefat, H. (2006): Migration und seelische Krankheit. Analytische Psychotherapie mit Migranten aus traditionsgeleiteten Gesellschaften – speziell aus dem Iran, S. 20f.

enverband zwingt, weder für das erste Kind noch die nachkommenden Kinder »optimal physisch und emotional verfügbar« (i. S. Margaret Mahlers). »Kinder (werden) eher als stolzes Besitztum und als eine ›narzisstische Verlängerung des Ichs‹ geliebt und nicht wegen der Person des Kindes, was für das Kind eine enorme narzisstische Kränkung bedeutet. Das Kind macht die schmerzliche Erfahrung, als Wesen für das Liebesobjekt nicht wichtig genug zu sein, und wird nur für das geliebt, was es tut (Leistung) und nicht für das, was es ist.« Die Mutter werde »immer wieder als hilfloses und überfordertes Wesen, die vom Vater und seiner Familie unterdrückt wird und unterstützungsbedürftig ist«, erlebt, wodurch das Kind »eine sehr ›sich verpflichtet fühlende‹ Haltung gegenüber der Mutter« entwickelt. »Durch die frühe Verinnerlichung der tradierten Werte, Normen und Sitten wird sehr früh ein starkes ›soziales Über-Ich‹ entwickelt«. Das Kind lernt, »eher auf die Bedürfnisse der Mutter achtend (zu) sein, als auf die eigenen Bedürfnisse achtend. Diese schmerzliche Erfahrung (emotionale Mangellage) macht das Kind innerlich wütend und aggressiv auf das Liebesobjekt, was es unterdrückt, verdrängt und gegen sich richten muss, um die lebenswichtige Beziehung zum Liebesobjekt nicht zu gefährden. So lernt es, freundlich und gehorsam zu sein, und entwickelt später als Erwachsener eine Verhaltenskonformität, die für die traditionsgeleitete Gesellschaft typisch und notwendig ist. Die Beziehung zu den Eltern entwickelt sich dadurch zu einer fürsorglichen, verpflichtenden Haltung mit starker Bindung zur Mutter und einer von Achtung, Verbundenheit, Verehrung und Gehorsam begleiteten Beziehung zum Vater. Dieses Verhalten wird durch soziale Kontrolle verstärkt und stabilisiert.«[9]

Ich möchte zu diesen Ausführungen noch zwei Anmerkungen aus meiner Beobachtung hinzufügen: Im Iran selbst und in der Begegnung mit iranischen Menschen war mir eine große Nähe zwischen Eltern und Kindern aufgefallen, die sehr verschieden von den mir bekannten Eltern-Kind-Beziehungen war, so dass sich mir der Gedanke aufdrängte, als ob sie ein verlängerter Arm, ein Teil des Körpers der Eltern wären.

Die mit Verpflichtung verknüpfte Nähe und das Erfüllen von Erwartungshaltungen drücken sich m. E. auch in der spezifischen Bedeutung von Ausbildung und Karriere aus, die weniger für individuelles Fort-

---

[9] Ebd., S. 21.

kommen oder persönliche Interessen stehen, sondern in höchstem Maß dem Prestige der Familie dienen und Ausdruck der Verpflichtung eines Kindes gegenüber seinen Eltern und der älteren Generation innerhalb der Großfamilie sind.

Das Verhältnis Dienstboten – Dienstgebende

Arbeitsverhältnisse wie die beschriebenen sind Bestandteil des sozialen Systems im Iran, welches die mit dem Familienverband assoziierten Menschen, die entweder im Haushalt arbeiten und wohnen oder von außen zur Arbeit kommen, in starkem Maße von der Willfährigkeit der Dienstgebenden und deren persönlichem Ermessen abhängig macht hinsichtlich Arbeitszeit, Arbeitsbedingungen, Lohn, Unterkunft, Essen, Mobilität, Arztkonsultationen und, da es keine staatlich abgesicherte Vorsorge gibt, letztlich ihrem Lebensstandard im Alter. Zwar sind die Dienstgebenden in ein soziales Beziehungsgefüge eingebettet, das sie aus einer gewissen verpflichteten Haltung gegenüber Untergebenen nicht entläßt, gerade Dienstboten sind jedoch Situationen ausgesetzt, die sie sowohl physisch als auch psychisch in hohem Maß von ihren Dienstgebenden abhängig machen. Die Zeit, über die sie selbst frei verfügen können, ist äußerst gering und im Allgemeinen nicht fix geregelt; spontane Änderungen sind jederzeit möglich. Lokal und in der Kommunikation mit ihrer eigenen Familie meist isoliert (Telefonate sind teuer, briefliche Kontakte aufgrund der hohen Analphabetenrate – in Afghanistan und Pakistan 70-80 Prozent – nur beschränkt möglich), sind sie vollkommen in den engen familiären Rahmen des Hausverbandes involviert. Die Dienstboten begleiten die Familien, bei denen sie arbeiten bzw. leben, zu Picknicks und manchmal auch zu Besuchen bei anderen Familien. Sie erleben die Nähe der sie umgebenden Familienbeziehungen und entbehren gleichzeitig die Nähe ihrer eigenen Angehörigen. Das weitgehende Fehlen arbeitsrechtlicher Verträge und eines staatlich abgesicherten Sozialsystems unterstützt die soziale wie individuelle Position der Dienstgebenden; auf Seiten der Arbeitenden befördert es Abhängigkeiten und möglicherweise deren Loyalität.

Der Dienstbote meiner Familie zeigte sich ihr gegenüber trotz der beschriebenen Arbeits- und Lebensbedingungen und den Brüskierungen sehr loyal. Bei einer Verabschiedung vor einer längeren Überlandfahrt etwa wünschte er jeder/m Einzelnen von uns Gottes Schutz mit einer kleinen rituellen Geste, die von sehr ernsthafter Fürsorge getragen war.

Auf mein Nachfragen bezüglich der großen Kluft zwischen Armen und Reichen und dem niedrigen Lebensstandard der meisten Menschen meinte ein junger Mann meiner Familie (er kannte auch die Lebensverhältnisse des Dienstboten) achselzuckend, arm und reich habe es immer schon gegeben. Einen von mir artikulierten Einwand honorierte er mit einem verschmitzten Lächeln und lenkte das Gespräch auf ein anderes Thema. Auch zwei weitere Versuche, über dieses Thema von anderen Verwandten mehr zu erfahren, endeten auf eine ähnliche Weise und inhaltlich karg. Dieses Ausweichen lässt sich sicher unterschiedlich interpretieren. Eine Auseinandersetzung mit den herrschenden sozialen Strukturen für Angehörige der privilegierten Minderheit, der meine Verwandten angehören, würde jedenfalls sicherlich bedeuten, eigene Vorteile und positiv besetzte Identitäten in Frage zu stellen.

Eine vermeintliche Selbstverständlichkeit gegenüber diesem Herrschaft-Dienst-Verhältnis sowohl vonseiten der Dienstboten als auch der Dienstgebenden ist im Kontext der langen historischen Tradition dieses sozialen Gefüges mit seiner gefestigten, stark hierarchischen Struktur zu sehen (vgl. auch Mario Erdheim: »Das Phantasma der guten Herrschaft«).[10] Die sehr ärmliche Kleidung des Personals beim Familienessen legt die Vermutung nahe, dass die derart *offen-sicht*liche soziale (Rang-)Ordnung nicht vertuscht, möglicherweise bestätigt, wenn nicht noch bestärkt werden soll.

Im Versuch, etwas über die – wie ich es empfand – Kälte meiner Verwandten gegenüber den Dienstboten zu verstehen (die Begegnung zwischen meiner Verwandten und ihrer ehemaligen Dienstbotin zeigt, dass auch mildere, wärmere Beziehungen entstehen können), kann man sich vermutlich auf ihre Funktion als Abwehr zur Aufrechterhaltung sozialer Identität und zur Legitimierung eigener Privilegien und Macht beziehen. Folgt man den Ausführungen Ardjomandis und Khoshrouy-

---

[10] Erdheim, M. (1990): Die gesellschaftliche Produktion von Unbewußtheit, S. 371ff.

Sefats, ist zu sehen, dass die spezifische enge Bindung der Kinder an ihre Eltern die Entwicklung stark ambivalenter Gefühle begünstigt. Unter diesen Bedingungen sind für mich Abwehrvorgänge vonseiten der Dienstgebenden gegenüber den Dienstboten, wie sie von Stavros Mentzos in der »Rolle des negativen Selbst« beschrieben werden, zu verstehen.[11]

Zusammenfassung

Meine beschriebenen Beobachtungen und Irritationen beziehen sich auf drei Bereiche sozialer Ordungsstrukturen: das Geschlechterverhältnis, das Verhältnis der Generationen und das Verhältnis zwischen Arbeitgebern und Dienstboten.

Besonders beeindruckend waren für mich das selbstbewusste Auftreten der Frauen meiner Verwandtschaft sowie die gleichzeitig im Hintergrund stets präsente restriktive Haltung gegenüber Frauen; die sehr nahen und von Loyalität geprägten innerfamiliären Beziehungen, die in der geringen Bedeutung libertär-individueller Bestrebungen und in Formen der Respekterweisung ihren Ausdruck finden, und die für mich im starken Gegensatz zur Einschätzung und Abwertung »Außenstehender« stehen, die sich in meiner Erzählung vorrangig im Umgang mit den Dienstboten zeigt, aber auch in den Vorstellungen über den »Westen«.

Literatur

Adelkhah, Fariba (2005): Sex im Iran. Ein anthropologischer Blick. In: *Le Monde diplomatique* Nr. 7663 vom 13.5.2005.

Ardjomandi, Mohammad E. (2000): Die fremde Kultur der Schiiten. Scham, Schuld und Narzißmus in der psychoanalytischen und psychotherapeutischen Behandlung von Iranern. In: Streeck, Ulrich (Hrsg.):

---

[11] Mentzos, S. 1990: Interpersonale und institutionalisierte Abwehr. S. 63 u. 93.

Das Fremde in der Psychoanaylse. Erkundungen über das »Andere« in Seele, Körper und Kultur. Gießen: Psychosozial-Verlag, S. 65-77.

Baumgart, Marion (1989): *Wie Frauen Frauen sehen. Westliche Forscherinnen bei arabischen Frauen.* Frankfurt a. M.: Brandes & Apsel.

Devereux, George (1988): *Angst und Methode in den Verhaltenswissenschaften.* Frankfurt a. M.: Suhrkamp.

Erdheim, Mario (1990): *Die gesellschaftliche Produktion von Unbewusstheit. Eine Einführung in den ethnopsychoanalytischen Prozeß.* Frankfurt a. M.: Suhrkamp.

Khoshrouy-Sefat, Houshang (2006): Migration und seelische Krankheit. Analytische Psychotherapie mit Migranten aus traditionsgeleiteten Gesellschaften – speziell aus dem Iran. www.adler-institut.de/pdf/aaim_02.pdf vom 10.5.2006.

Mentzos, Stavros (1990): *Interpersonale und institutionalisierte Abwehr.* Frankfurt a. M.: Suhrkamp.

Pirmoradi, Saied (2003): *Paar- und Familienbeziehungen im Iran: Eine kulturpsychologische Perspektive.* Dissertation an der Freien Universität Berlin 2003.

Szostak, Jutta; Taufiq, Suleman (Hrsg.) (1995): *Das wahre Schweigen ist der Schleier. Arabische Autorinnen melden sich zu Wort.* Frankfurt a. M.: Fischer.

ELISABETH REIF
Von Bollywood bis Kerala
Filmstars, Heilige und Götter in Indien

»Höre auf dein Herz – wenn dein Herz dir einmal nicht antwortet, dann denk an deine Eltern, dann wirst du keine Angst mehr haben, dann kannst du alles erreichen, einfach alles...«

Dieses Zitat, mit dem der Bollywood[1]-Film *Sometimes happy, sometimes sad* von Jash Johar beginnt, leitete bei mir meinen ersten Kulturschock im Zusammenhang mit Indien ein – zunächst im fiktiven, imaginären Indien, im »kollektiven Gruppentagtraum«, wie der indische Psychoanalyktiker Sudhir Kakar den Typus des Bollywood-Filmes bezeichnet. Ich plante eine Indienreise und wollte mich mit indischen Filmen einstimmen. Mit *Monsoon Wedding* von der Regisseurin Mira Nair oder *Lagaan* von Ashutosh Gowariker glaubte ich bereits, Bollywood-Filme kennengelernt zu haben, und mein Interesse war geweckt, bis ich erkannte, dass gerade diese Filme gar nicht so typische Bollywood-Filme waren und mehr im Westen bekannt sind. Bollywood im engeren Sinn lernte ich dann erst durch den Film *Sometimes happy, sometimes sad* kennen, der bei mir zahlreiche Irritationen zur Folge hatte. Nachdem mich bestimmte, darin vorkommende Themen auch auf meiner Indienreise weiter begleiteten, möchte ich zunächst die Handlung des Films und meine diesbezüglichen Irritationen schildern.

»Sometimes happy – sometimes sad« – die Story

Als junger Mann verliebt sich Rahul anlässlich des Lichterfestes in Anjali, ein Mädchen aus einfachen Verhältnissen. Sein Vater hat für ihn aber schon Naina, eine junge Frau aus ebenbürtiger Familie, aus-

---

[1] In Anlehnung an Hollywood kreierten amerikanische Journalisten schon in den 1970er Jahren für Bombays Filmindustrie den Begriff Bollywood.

gewählt, die er am besten geeignet hält, die Familientradition, die Familienehre und ihre Prinzipien (entsprechend der *jati* = Subkaste[2]) aufrechtzuerhalten. Außerdem besteht zwischen Rahuls Vater und Naina ein inniges, freundschaftlich-familiäres Verhältnis. Rahul erklärt seinem Vater zunächst, dass er Naina nicht heiraten kann, weil er sich in Anjali verliebt hat. Sein Vater ist darüber sehr entzürnt, woraufhin sich Rahul unterwirft, vor ihm auf die Knie fällt, seinen Vater um Verzeihung bittet und in die Ehe mit Naina einwilligt. Naina selbst merkt aber, dass Rahul sie nicht liebt, und rät ihm dazu, er solle seinen Traum – die Liebesheirat – wahrmachen. Als dann Anjalis Vater stirbt und Rahul sie trauern sieht, wird er sich wieder seiner Liebe für sie bewusst. Beide gehen zusammen zu seinem Vater, um ihn zu überzeugen und seinen Segen für ihre Heirat zu erbitten. Der Vater aber bleibt hart. Er meint, Rahul hätte hiermit bewiesen, dass er nicht sein Sohn sei, und verstößt ihn.

Rahul und Anjali gehen daraufhin nach London, wo sie auch bald einen Sohn bekommen. Auch die jüngere Schwester von Anjali, Pooja, geht mit nach London. Die weitere Handlung spielt nach etwa zehn Jahren. Rohan – Rahuls Bruder – ist groß geworden und will Rahul samt Familie wieder nach Hause zurückholen. Er beschließt, in London zu studieren, Rahul dort zu suchen und wieder zurück nach Indien zu bringen. Rohan trifft zunächst Pooja und weiht sie in seinen Plan ein. Daraufhin gibt er sich als guter Freund aus und mietet sich bei der Familie ein. Rahul erkennt seinen Bruder Rohan zunächst nicht. (Rohan war als Kind dick und ist jetzt zu einem schönen, muskulösen Jüngling herangereift.) Es finden sich aber immer wieder Andeutungen, dass Rahul vielleicht doch ahnt, dass der »Freund der Familie« sein Bruder ist. Er will es aber nicht wahrhaben, weil ihm die Erinnerung an seine Familie einen zu großen Schmerz bereitet. In der Zwischenzeit verlieben sich auch Rohan und Pooja, Anjalis Schwester. Schließlich kann

---

[2] Im indischen Kastenwesen wird zwischen vier Varnas unterschieden: Brahmanas (Priester, Gelehrte), Kshastriyas (Könige, Prinzen, Krieger, höhere Beamte), Vaishyas (Landwirte, Kaufleute, Händler) und Shudras (Knechte, Dienstleistende). Die Varnas gliedern sich wiederum in Hunderte von *jatis* (= Geburtsgruppen). Dumont (1980) geht von 2.000 bis 3.000 *jatis* aus. Die *jati* dient der beruflichen, ethnischen und sozioökonomischen Differenzierung. Sie verbindet durch gemeinsame sittliche Normen (insbesondere die Heiratsordnung).

Rohan seine Eltern dazu bewegen, ihn in London zu besuchen, und er arrangiert ein »zufälliges Treffen« zwischen Rahul und seinen Eltern. Mutter und Sohn umarmen sich tränenüberströmt, der Vater bleibt noch hart. Erst als die Nachricht vom Tode von Rahuls Großmutter eintrifft – der Mutter des Vaters –, fahren sie nach Indien zurück. Nach einiger Überzeugungsarbeit durch Rohan wird der Vater weich. Schließlich fällt er sogar vor Rahul auf die Knie und bittet ihn um Verzeihung, dass er ihn verstoßen hat. «Verzeih mir Sohn«, stammelt er. »Ich liebe Dich sehr, über alles, aber ich konnte es nicht zeigen.« »Wenn Eltern wütend sind, dann weil sie ihre Kinder lieben...« Schließlich ist die weinende Großfamilie wieder glücklich vereint.

Meine Irritationen und Assoziationen

Der Film löste bei mir zahlreiche Irritationen aus. Zunächst waren es die vielen traumhaft anmutenden Tanz-, Musik- und Gesangsszenen, die ich zwar auch schon aus *Lagaan* kannte, aber in der oftmaligen Wiederholung auf mich langweilig, kitschig und schmalzig wirkten. Thematisch war es aber vor allem die Idealisierung der Liebe innerhalb der Familie – insbesondere die Liebe zwischen Eltern und Kindern –, die sich für mich als unverdauliche Kost herausstellte. Diese Liebe wird im Film für meinen Geschmack auf so peinliche Art und Weise idealisiert und mit Respekt vor Hierarchien gewürzt, dass ich Abscheu empfand. So wird in einer Szene – noch bevor der Vater Rahul verstößt – sein Geburtstag pompös gefeiert. Rahul hält dabei eine kurze Rede und schwärmt von seinem Vater: »Meine Liebe zu dir übersteigt meine Liebe zu Gott – Gott möge mir verzeihen! Papa – du bist der Beste!«

Den Beginn des Films leitet – wie bereits anfangs erwähnt – das bemerkenswerte Zitat ein: »Höre auf dein Herz – wenn dein Herz dir einmal nicht antwortet, dann denk an deine Eltern, dann wirst du keine Angst mehr haben, dann kannst du alles erreichen, einfach alles...« In diesem Zitat scheint mir einer der größten Kulturunterschiede zwischen Indien und Österreich zu liegen. Während sich in Österreich Tausende von PsychotherapiepatientInnen von dem unbewussten Einfluss ihrer Eltern zu befreien suchen, erscheinen sie zumindest in diesem Bollywood-Film als eine Quelle von Kraft. Für die Millionen InderInnen, die sich (statt einer Psychotherapie) Bollywood-Filme anschauen (täglich werden in Indien mehr als zehn Millionen Kinotickets verkauft), ist es scheinbar nicht ungewöhnlich, in seine Mutter oder seinen Vater so verliebt zu sein, wie man es bei uns nur gegenüber einem Liebespartner (womit per definitionem schon kein Elternteil gemeint ist) erwarten würde. Die im Film gezeigte Beziehung zwischen Mutter und Sohn erinnert mich jedenfalls an junge Verliebte; es ist auch die Mutter-Sohn-Liebe, die am meisten idealisiert wird: Als Rahul nach einem längeren Auslandsaufenthalt mit dem Hubschrauber auf das Familienanwesen zurückkehrt, spürt seine Mutter ihn bereits im Vorfeld kommen; in der darauf folgenden traumähnlichen Musikszene singt sie: »Ich spüre dich in jedem Atemzug, mein Leben gehört dir allein. Ich bete dich an, mein Leben lang. Nichts mag uns entzweien, nicht im Glück und nicht im Leid...« Sogar der Vater beschwert sich über diese starke Mutter-Sohn-Liebe. Immer wenn ihr Sohn da sei, vergesse sie ihn – meint er ihr gegenüber: nämlich ihm seine Krawatte zu binden.

Die Idealisierung der Eltern-Kind-Liebe wirkt also auf mich lächerlich, die gottähnliche Verehrung, die in manchen Gesängen auftaucht, fremd und abstoßend. Ich kann einer auf solche Art und Weise idealisierten Hierarchie innerhalb einer Liebesbeziehung – mit dem bis zur Anbetung gesteigerten Respekt gegenüber einem Liebespartner – nichts Positives abgewinnen. Das widerspricht meinen Wertvorstellungen von Egalität, die mit meinem Bild von Liebe untrennbar verknüpft sind. Hierarchie ist für mich etwas, was Liebe verhindert und Zwietracht fördert. Natürlich kenne ich auch die schwärmerische Verliebtheit aus jüngeren Jahren, und mundartlich spricht man ja auch bei uns in solchen Fällen von dem oder der »Angebeteten«, aber die Aufrechterhaltung solcher Gefühle im Rahmen einer dauerhaften stabilen Beziehung ist für mich nicht vorstellbar.

Zentrale Aussagen des Films

Der Film stellt zunächst – wie sehr viele Bollywood-Filme – ein Plädoyer für die Liebesheirat dar und tritt dafür ein, die unterdrückten, authentischen Gefühle zu befreien. Er repräsentiert das Ideal der Liebe über Grenzen hinweg, z. B. über die *jati*-Grenzen (wie in diesem Film) oder sogar über Landesgrenzen (wie etwa im Film *Veer und Zaara*, in dem es um eine indisch-pakistanische Liebe geht), und stellt sich somit gegen das Kastensystem und auch gegen die weitverbreitete Praktik der arrangierten Ehe. Die Menschen sollen das Recht haben, sich ihren Ehepartner ihren Gefühlen entsprechend auszusuchen, also sich zu verlieben. Daran sollte sie kein Kastensystem hindern, aber auch kein autoritärer Vater. Trotzdem bleibt diese Infragestellung der väterlichen Autorität zaghaft und ambivalent. Denn was sich Rahul und Anjali am meisten wünschen und warum sie in London auch nicht glücklich werden können, ist der fehlende Segen von Rahuls Vater; er soll Ja sagen, soll einverstanden sein mit ihrer Beziehung.

Auch die Kritik der Mutter an der väterlichen Autorität fällt noch relativ zaghaft aus. Ihre eigene Mutter habe ihr immer beigebracht, dass sie ihren Mann wie einen Gott zu behandeln habe:»Was er auch sage, sei immer richtig.« Sie aber klagt ihren Mann an: Dass er sie von ihrem heißgeliebten Sohn getrennt habe, sei falsch gewesen. Dass er es zu verantworten habe, dass die Familie auseinandergebrochen ist. Wie kann der Ehemann dann ein Gott sein, wenn man doch weiß, dass Gott keine Fehler macht?

Die freie Partnerwahl der Kinder wird als etwas geschildert, das die Liebe der Eltern – vor allem die Liebe des Vaters – ausschließt. Wenn – so wie im beschriebenen Film – der Ehemann eifersüchtig ist auf die Liebe seiner Frau zu ihrem Sohn, könnten dann nicht genauso die Eltern eifersüchtig sein auf die Liebespartner ihrer Kinder? Die Liebe zwischen Eltern und Kindern und die Liebe zwischen Ehepartnern scheinen sich also gegenseitig zu gefährden und sollen in vielen Bollywood-Filmen versöhnt werden. Gleichzeitig aber wird ein Bild von Liebe vermittelt, das so absolut und ausschließlich ist und die totale Unterwerfung beinhaltet, dass dies als schwieriges Unterfangen scheint: Wenn z. B. der Sohn seine Frau so anbetet wie die Mutter den Sohn – »Ich bete dich an, mein Leben lang. Nichts mag uns entzweien« – was bleibt da noch an Liebe übrig für die Eltern? Das Vorbild für die *ideale Liebe* scheint mir die zwischen Eltern und Kindern zu sein, obwohl der Film ein Plädoyer für die Liebesheirat darstellt, wird doch die Liebe zwischen Mutter und Sohn am meisten idealisiert. In diesem Muster ist eine hierarchische Beziehung immer mitgedacht. Die ständige Vermischung von Liebe, Verehrung und Anbetung – also die Idealisierung einer hierarchischen Liebesbeziehung – bleibt ein Motiv, das mich auch auf meiner Indienreise weiter begleiten und irritieren sollte.

Realität und Phantasie von Bollywood

Bollywood ist die weltweit größte Filmindustrie – sehr viele Bollywood-Filme sind Liebesfilme. So erwähnt der indische Filmstar Srikanth im Dokumentarfilm *Bollywood in Tirol* stolz, dass sie den Menschen mit ihren Filmen Mut machen zur Liebesheirat, und schätzt, dass schon ca. 20-30 Prozent der Ehen, die in Indien geschlossen werden, Liebesheiraten sind. Die Liebenden müssen aber in den Filmen zuerst den Widerstand der Eltern überwinden, also deren Zustimmung gewinnen. Gegen den Willen der Eltern zu heiraten kommt zwar auch manchmal vor, macht aber unglücklich. Das Thema der Filme – Ideal der freien Liebe –, das also nach Schätzung des indischen Filmstars bei 70-80 Prozent der InderInnen nur in der Phantasie ausgelebt werden kann, wird auch im Film mehr als Traum, denn als Realität dargestellt – mit vielen aufwändig choreografierten Tanz- und Musikszenen, in denen sich die Liebenden nicht küssen oder gar noch näher kommen, sondern sich nur sanft berühren, sich im Wind wiegen oder nur voneinander träumen, in Szenen am Meer, vor Felsen oder Bergkulissen an immer wieder wechselnden Orten in immer wieder wechselnden Kleidern mit dazu passenden Liebesgesängen. Insgesamt wirkt diese Szenario als Einladung, sich mit dem Thema »Liebe« mehr im Tagtraum zu befassen als im realen Leben. Natürlich sind auch die Kulissen der Filme für die meisten InderInnen nicht real – und immer perfekt: schöne Menschen, glitzernde Kleider, riesige Villen, steinreiche Familien, saubere romantische Natur usw.

Der indische Psychoanalytiker Sudhir Kakar schreibt hierzu: »Allein schon die Menge an Phantasie, die in den vielen Filmen angeboten wird, ist überwältigend. Der Gedanke daran, dass die darin angebotenen magischen und märchenhaften Erklärungen für weite Teile der indischen Gesellschaft die einzigen Lösungsmodelle für ihre anstehenden Lebensprobleme darstellen, ist beängstigend. (...) Der Grund für die

ELISABETH REIF

Allgegenwart der Phantasie im Hindi-Film ist meiner Ansicht nach eher im Reich der Kulturpsychologie zu suchen als in den sozio-ökonomischen Bedingungen. Wie in anderen Kulturen gibt es auch bei uns Filmbesessene. (...) Trotzdem, und ohne ein Werturteil zu fällen, möchte ich die Hypothese aufstellen, dass in Indien die magische Welt des Kindes im Bewusstsein der Erwachsenen stärker präsent ist als in anderen Kulturen.« (Kakar 1994, 39f.)

Shah Rukh Khan – der Schauspieler, der den geliebten Sohn Rahul verkörpert – wird auch in der Wirklichkeit von vielen InderInnen wie ein Gott geliebt und verehrt.»Shah Rukh Khan ist ein Gott. Zumindest für die jungen Frauen, die vor einem Fünfsternehotel in Punjabs Hauptstadt Chandigarh auf den Filmstar warten. Kreischend stürzen sie auf ihn zu, als er mit seinem Gefolge vorfährt. Eine Frau im roten Sari, jenseits der 30 und Mutter von zwei Kindern, hüpft hysterisch auf und ab, den Tränen nahe. ›Shah Rukh! Shah Rukh!‹, schreit sie immer wieder. Während Bodyguards den Weg zum Hoteleingang freiräumen, lässt der Schauspieler seinen Stift über die Zettel fliegen, die ihm die Menschen entgegenstrecken. Nie sah ich jemanden schneller Autogramme schreiben. Die Frau im roten Sari heißt Shanno Singh. Sie will keine Unterschrift. Sie will den Mann anfassen. ›Für mich ist Shah Rukh Khan ein Gott in Menschengestalt‹, erklärt sie mir. (...) Singh ist gekommen, um endlich eine Antwort zu finden. ›Ist er wirklich so wie wir?‹« (Mehta 2005, 94f.)

Shah Rukh Khan teilt das »Schicksal« der Verehrung mit vielen indischen Filmstars. Sie bekommen riesige Gagen und sind vielfache Millionäre. Auf dem Land gibt es oft kleine Schreine mit Fotos von Filmstars, wo diese verehrt werden; es werden für sie Räucherstäbchen angezündet – wie den Göttern (ebd., 101). Als die politischen Umstände noch günstiger waren, wurden viele Liebesszenen in Kaschmir gedreht. Die romantische Kulisse von Bergen, Schnee und Bergseen ist für InderInnen ungefähr das, was für uns ein Palmenstrand symbolisiert. Aufgrund der politischen Spannungen können die Liebesszenen jetzt nicht mehr in Kaschmir gedreht werden, und inzwischen haben die Schweiz und Tirol Kaschmir als ideale Naturkulissen abgelöst. Aber nicht nur Filmteams kommen nach Europa: »Die Menschen sehnen sich nach dem Einzigartigen, dem Gottgleichen. Und wenn sie diese Personen sehen oder an einen Ort kommen, wo diese Schauspieler waren, bekommen sie dieses einzigartige, gottgleiche Gefühl.« (Regisseur Veera Sankarar zit. von Schulze 2005, 35)

Viele InderInnen, die Bollywood-Filme gesehen haben und es sich leisten können, reisen in den Fußstapfen ihrer Stars nach Europa: in die Schweiz und nach Tirol. Also auch hier wieder der fließende Übergang von Liebe – Verehrung – Anbetung und das Verschwimmen der Grenzen zwischen Mensch und Gott. Natürlich gibt es auch im Westen viele VerehrerInnen von Popidolen u. ä. Alles in allem werden solche Phänomene bei uns aber eher einer Lebensphase zugeschrieben – der Pubertät –, während sie sich in Indien scheinbar altersunabhängig finden.

Bei Amma in Kerala

Einige Monate später auf unserer Indienreise erlebte ich den zweiten Kulturschock. Ich besuchte mit meinem Lebensgefährten einen Verwandten, der in Südindien seinen Auslandszivildienst absolvierte. Gemeinsam unternahmen wir eine Rundreise von Bangalore bis zu Südspitze nach Kanyakumari. Dabei ist mir schon die tiefe Religiosität der InderInnen, ihre tiefe Liebe und Verehrung für Götter und inkarnierte Götter aufgefallen. Irritiert und schockiert hat mich dabei die Verehrung, die viele InderInnen lebenden (»heiligen«) Menschen entgegenbringen – und das hat mich wieder an den Film erinnert. Auslöser war unsere Begegnung mit Amma, der Gründerin des Krankenhauses, in dem mein Verwandter arbeitete. Das Spital – genannt AIMS – liegt in Cochin im Bundesstaat Kerala.[3]

---

[3] Kerala steht in vielen Bereichen an der Spitze der indischen Bundesstaaten, v. a. bezüglich Gesundheit und Bildung. Nirgendwo sonst in Indien sind die Säuglingssterblichkeit so gering, die Lebenserwartung und die Alphabetisierungsrate so hoch wie in Kerala. Die durchschnittliche Lebenserwartung beträgt in Kerala 73,5 Jahre (Männer 70,6, Frauen 76,1), im indischen Durchschnitt nur 63 (Männer 63,6, Frauen 65,2). Die Alphabetisierungsrate beträgt in Kerala 91 Prozent, im indischen Durchschnitt nur 52 Prozent (http://de.wikipedia.org/wiki/Indien). Kerala ist bekannt für seine starken Gewerkschaften, vielen Streiks und Kommunisten in der Regierungspartei (derzeit nicht). Die von ihnen durchgeführte Landreform bewirkte, dass heute ca. 90 Prozent aller Bauern in Kerala Grundbesitzer sind. »Unternehmer meiden Kerala wie der Teufel das Weihwasser.« (Barkemeier 2003, 127)

ELISABETH REIF

»Amma« bedeutet wörtlich übersetzt »Mutter«. Sie wurde 1953 in einer Fischerfamilie in einem Ort, der später nach ihr benannt wurde – Amritapuri –, geboren. Folgendes Zitat stammt aus einem Folder über Amma und ihr Wirken: »Seit ihrer frühen Kindheit verspürte sie den Drang, Armut und Leiden in ihrer Umgebung zu erleichtern. Sie wollte ihre Nahrung mit den Hungrigen teilen, die Vernachlässigten baden und ankleiden, denen, die über schlechte Behandlung klagten, zuhören, die Kranken trösten. So begann ihr Wirken. Als sie Anfang 20 war, kamen täglich bereits Tausende, um ihr Herz auszuschütten oder um Rat zu fragen; manche kamen, um einfach ein paar Augenblicke in ihren Armen zu verbringen. Daraus ergibt sich ihre mütterliche Art, die Menschen zu empfangen, zu umarmen und zu streicheln. In dieser Weise hat Amma nun seit mehr als 25 Jahren ihre Botschaft der Liebe und des Mitgefühls verbreitet. (...) Aus den Jahren unermüdlichen Dienens ist Amma als eine der wenigen Frauen hervorgegangen, von denen man sagen kann, dass sie einen festen Platz unter den einflussreichen spirituellen Führungspersönlichkeiten der Welt hat. Seit Anfang 1990 wurde sie zu einer Reihe internationaler ökumenischer Treffen geladen, um ihren Glauben zu vertreten – einen Glauben, der alle Religionen transzendiert, aber auch einschließt. Dieser Glaube wurzelt in Liebe und Mitgefühl. Zu den zahlreichen Ehrungen, die Amma zuteil wurden, zählt der »Gandhi-King«-Preis für Gewaltfreiheit im Oktober 2002.«

Inzwischen gibt es eine weltweite, gemeinnützige Organisation, den Mata Amritanandamayi-Trust, wo auch viele Spenden aus dem Westen hingelangen. Mit diesem Geld sind schon unzählige karitative Institutionen eingerichtet worden: Schulen, Waisenhäuser, Obdachlosenheime, Krankenhäuser. Amma ist inzwischen auch eine politisch einflussreiche Person in Kerala, sogar der indische Ministerpräsident kam anlässlich der Eröffnung des AIMS-Krankenhauses nach Cochin. Das Krankenhaus umfasst 800 Betten, 300.000 Patienten werden pro Jahr betreut. Bedürftige Patienten werden kostenlos behandelt. Die technische Ausrüstung ist auf höchstem Niveau – davon konnten wir uns selbst überzeugen –, angeblich ist das AIMS eines der am besten ausgestatteten Spitäler in Indien.

Als wir das Krankenhaus zum ersten Mal betraten, fiel mir gleich ein Bild von Amma auf: Die Gänge waren sternförmig angeordnet und in der Mitte, wo sie alle zusammenliefen, war ein ca. fünf Meter großes

Bild von ihr angebracht. Man konnte es schon von weitem sehen, wenn man sich auf den Gängen ins Krankenhaus hinein bewegte.

Nach der Arbeit trafen sich um 18 Uhr alle SpitalmitarbeiterInnen zu den so genannten *bhajans* – traditionelle Loblieder zur Verehrung einer Person oder eines Gottes. Hierzu versammelten sich die Männer links sitzend, die Frauen rechts, vor einem großen Amma-Bild und sangen Loblieder auf Amma, einfache wiederkehrende Strophen – täglich ca. eine Stunde lang.

Amma ist als spirituelle Führerin auch im Westen bekannt. Viele europäische TouristInnen verbringen ihre freie Zeit im Ashram von Amma in Amritapuri – ihrem Geburtsort – etwa zwei Stunden vom AIMS-Spital in Cochin entfernt. Etwa drei Viertel der AshrambewohnerInnen sind InderInnen, die dort leben, ca. ein Viertel sind EuropäerInnen, die nur kürzer bleiben. Amma ist als *hugging lady* bekannt, weil sie alle ihre Anhänger umarmt. Sie ist aber nicht nur eine spirituelle Führerin – ein Guru –, sondern eine Heilige, eine Inkarnation der göttlichen Mutter Devi. Sie steht für Liebe, Mitgefühl und Erbarmen und wird auch selbst von ihren Anhängern tief geliebt und verehrt.

Am 25. Dezember – *Christmas Eve* – nehmen wir an einer speziellen Abendveranstaltung teil, bei der Amma *Christmas cake* verteilt. Nach dem Vorprogramm schwebt sie in den Saal hinein, die Menschenmenge formiert sich fast panikartig schnell und formt einen Gang, durch den sie schreitet. Die Leute, an denen sie vorbeigeht, verbeugen sich – manche sehr tief –, andere werfen sich auch auf den Boden und wälzen sich im Staub. Amma, die stets von ihren engsten MitarbeiterInnen begleitet wird, die sie von der Menschenmenge abschirmen und für den geregelten Ablauf der Veranstaltungen sorgen, setzt sich auf ihren Platz und fängt an, Schokoladekuchen zu verteilen. In Windeseile beginnen die Menschen, sich anzustellen und ordnungsgemäß Reihen zu bilden. Nach einiger Zeit schon etwas müde wirft Amma wie am Fließband jedem/r ein Häuflein *Christmas cake* in die Hand – alles muss sehr schnell gehen.

Die Organisatoren geben den Wartenden jeweils einen kleinen Schubs, wo sie sich anstellen sollen und wo sie – nachdem sie den Schokoladekuchen erhalten haben – weitergehen sollen. Alles funktioniert reibungslos, nach ca. einer Dreiviertelstunde haben alle im Saal (ca. 500) ihren *Christmas cake* aus Ammas Hand bekommen.

Ein tägliches Ritual – vor allem für Neuankömmlinge im Ashram – besteht darin, dass Amma *darshan* gibt. *Darshan* stammt aus dem Sanskrit und steht für »Sicht oder Vision des Heiligen oder Göttlichen«, meist im Rahmen einer Begegnung zwischen SchülerIn und LehrerIn bzw. einer Person, die als Inkarnation einer Gottheit angesehen wird. Amma ist eine solche Heilige, eine Inkarnation der göttlichen Mutter Devi. Täglich stellen sich zum *darshan* die Massen an, sie bilden möglichst geschlechtergetrennte Warteschlangen (Familien können auch gemeinsam Darshan empfangen). Langsam bewegen sich die Menschenschlangen auf Amma zu, ruckartig und perfekt organisiert. Amma sitzt auf dem Boden. Die Menschen, die in der Warteschlange etwa zwei Meter vor ihr angekommen sind, beginnen auf Knien zu rutschen und bewegen sich auf Knien weiter zu ihr fort. Sind sie bei ihr angekommen, umarmt sie Amma für ein paar Sekunden und flüstert ihnen etwas ins linke Ohr. Dann müssen sie wieder schnell aufstehen, um die zügige Abwicklung des *darshan* nicht zu gefährden. Dem *darshan* liegt die Vorstellung zugrunde, dass die Menschen durch den Kontakt mit Amma etwas von ihrer Heiligkeit mitnehmen können, daran teilhaben. Deshalb suchen sie ihre Nähe, ihren Kontakt, ihre Umarmung.

Meine Irritationen und Assoziationen

Zunächst irritierte mich die Verehrung und Anbetung, die die SpitalsmitarbeiterInnen des AIMS-Spitals Amma entgegenbringen. Amma ist doch ein lebender Mensch – ist ihr das nicht peinlich, wie eine Göttin verehrt zu werden? Warum lässt sie sich so verehren? Wenn ich die Menschen sehe, die Amma so anbeten, denke ich automatisch an eine verhängnisvolle »Hörigkeit« und dass Amma ihre Macht missbrauchen könnte. Sie könnte mit den Menschen machen, was sie will. Aber tut sie es? Ich habe noch über keinen Machtmissbrauch ihrerseits gehört. Ihre Anhänger verschreiben sich einfach dem Ideal der karitativen Tätigkeit, die sie aus Liebe und Mitgefühl erledigen – und natürlich der Verehrung Amma gegenüber. Ist nicht meine Sorge, Amma könnte die Verehrung, die ihr entgegengebracht wird, ausnützen, auch eine typisch westliche? Und wieder fällt mir zum Vergleich die Psychotherapie im

Westen ein: Auch hier suchen die Menschen Hilfe und Orientierung und begeben sich in Abhängigkeiten. Eine völlige Auslieferung an die Macht des Therapeuten wird bei uns meistens mit der Gefahr des Missbrauches assoziiert und als gefährlich betrachtet. In Indien habe ich das Gefühl bekommen, dass es genau umgekehrt ist: Viele InderInnen sehnen sich scheinbar danach, sich gänzlich einer Person, einem Heiligen, einer Göttin, auszuliefern und ihr Schicksal ganz in ihre Hände zu legen. Das Grundvertrauen, dass sie so einer Person entgegenbringen, ist unendlich groß.

Das erinnert mich auch wieder an meine Abscheu vor der Vermischung von Liebe und Hierarchie im anfangs beschriebenen Film. Hierarchie und Liebe vertragen sich meinem Empfinden nach nicht, weil man ausnutzbar wird. Beim *darshan*-Ritual irritierte mich vor allem der »Kniefall« der Menschen vor Amma. Hier wurde ich wieder an den beschriebenen Film erinnert: Zuerst fiel der Sohn vor dem Vater auf die Knie und bat ihn um Verzeihung und am Ende des Films sogar der Vater vor dem Sohn. Eine/r muss immer auf den Knien sein, denke ich mir.

Als bleibende Eindrücke aus Indien wie auch aus der Filmwelt Bollywood sind mir die tiefe Religiosität der InderInnen, ihre Liebe und Verehrung für Götter, die Anbetung und Verehrung von »heiligen« Menschen, Gurus und Filmstars, das Versinken in Traumwelten und die Idealisierung der Eltern geblieben. Eine weitreichende Erklärung für diese Phänomene fand ich bei dem indischen Psychoanalytiker Sudhir Kakar in seiner Analyse der indischen Psyche.

Die Beschreibung der indischen Psyche nach Sudhir Kakar

Als wichtigstes Motiv in der indischen Religiosität bezeichnet Sudhir Kakar das *moksha* – die Suche nach Vereinigung von Ich und Nicht-Ich, die eine direkte Erfahrung von der fundamentalen Einheit des Menschen mit dem Unendlichen darstellt und letztlich von allem Irdischen befreit. »Die Upanishaden, die dieses Motiv der vollkommenen Vereinigung ausführlich behandeln, beschreiben diesen Zustand in metaphorischer, ja leidenschaftlicher Sprache: Wie ein Mensch in der Umarmung seines Geliebten kein Bewusstsein von außen und innen hat, so bleibt in dieser Erfahrung nichts zurück als Hinweis auf innen und außen. Es ist der Eintritt ins brahman, ein Verschmelzen mit brahman, Verzehren des brahman, Atmen des brahman. Es ist die Einheit von Selbst und Welt« (Kakar 1988, 27). Kakar betont darüber hinaus, dass die Idee des *moksha* nicht nur marginale Bedeutung hat, sondern einen zentralen Stellenwert im Leben jedes/r Inders/in darstellt. Jede Studie über das hinduistische Indien muss sich seiner Meinung nach mit diesem Phänomen auseinander setzen, auch wenn das aus westlicher Sicht schwierig und irritierend sein mag.

Der wesentlichste Unterschied in der psychischen Organisation zwischen den Menschen im Westen und in Indien besteht daher laut Kakar darin, dass in Indien eine psychische Weiterentwicklung gerade darin gesehen wird, der »Ich-Entwicklung« im westlichen Sinne entgegenzuwirken. Das »Ich-Bewusstsein« wird als falsches Bewusstsein aufgefasst, als *maya*, als Täuschung. Das richtige Bewusstsein ist *vidya*, in dem die Grenzen zwischen Ich und Nicht-Ich aufgehoben sind. Dieser als »höchste Sinn des Menschen« bezeichnete Zustand ist erst dann erreicht, wenn die Empathie mit dem Anderen zur vollständigen Identifikation wird, zum Empfinden des »Selbst« auch im Anderen. Auch der Primärprozess spielt in der indischen Psyche eine große Rolle. In Indien besteht die weit verbreitete Überzeugung, dass alles Wissen, das durch Ordnen, Kategorisieren und logischer Deduktion gewonnen wurde, *avidya* (= Nichtwissen) ist, und dass wahres Wissen nur durch direktes primärprozesshaftes Denken und Wahrnehmen erreicht werden kann. »Die Gleichgültigkeit, die bedeutenden Wissenschaftlern und Unternehmern entgegengebracht wird, verglichen mit der unzweideutigen Hochachtung für Sai Baba, Anandamai, Tat Baba, Mehr Baba und all die unzähligen schamanischen Gurus, die Hindufamilien als geistige Führer dienen, dies sind einige Indikatoren für die Bedeutung, die die Primärprozesse des Geisteslebens in der hinduistischen Kultur haben« (Kakar 1988, 133f.).

Nach der anfänglichen engen Mutter-Kind-Symbiose folgt nach Kakar vor allem für die Buben ein abrupter Wechsel, eine »zweite Geburt«, durch die sie in die Männerwelt eingeführt werden. Die Konsequenzen der »zweiten Geburt« für die Identitätsentwicklung des indischen Mannes beschreibt er als eine erhöhte narzisstische Verletzlichkeit und eine unbewusste Tendenz, sich einer idealisierten allmächtigen Gestalt zu unterwerfen, die einerseits Autorität vermittelt, andererseits aber auch Intimität. Die narzisstische Konfiguration des idealisierten Elternbildes führt nach Kakar dazu, dass die Menschen ständig auf der Suche nach Autoritätspersonen sind, die sie idealisieren können, um dann mittels Identifikation an deren Vollkommenheit teilhaben können. Es ist die lebenslange Suche nach charismatischen Führern oder Gurus.

»Das Bedürfnis Höhergestellten und Führern mana zuzuschreiben, um selbst an dem mana teilzuhaben – ein unbewusster Versuch, die narzisstische Vollkommenheit der Kleinkindzeit wiederherzustellen: ›Du bist vollkommen, aber ich bin ein Teil von Dir‹ – ist selbstverständlich eine universelle Tendenz. Aber in Indien ist diese automatische Verehrung von Höhergestellten praktisch eine universelle psychosoziale Tatsache. Führer auf jeder Ebene von Gesellschaft und Politik, aber besonders die patriarchalischen Ältesten der Großfamilien und der jati-Gruppen erfreuen sich höchster emotionaler Wertschätzung, unabhängig von ihrer tatsächlichen Leistung und völlig abgesehen von ihrem allzu menschlichen Dasein« (ebd., 170).

Kakar zufolge lassen sich InderInnen in ihrer Neigung zur Idealisierung überwältigen und verwandeln das Triviale ins Wunderbare. Die Anhänger können an der Vollkommenheit des Gurus Anteil haben, indem sie sich in seiner Nähe aufhalten, durch sein *darshan*. Wie wir am Beispiel von Amma in Kerala gesehen haben, werden aber keineswegs nur Männer verehrt. Die idealisierte Elternimago ist zweigeschlechtlich, wie Kakar an anderer Stelle schreibt.

Die psychische Organisation der InderInnen ist stets im Zusammenhang mit der bestehenden hochstrukturierten Sozialordnung zu denken, die die individuelle »Ich-Struktur«, die in sekundären und wirklichkeitsorientierten Prozessen schwach entwickelt ist, bei der Anpassung unterstützt. »Die indische Sozialordnung kümmerte sich traditionell um die Anpassung des einzelnen an die Außenwelt. Das heißt, traditionell dient in den frühen Jahren die Mutter als das Ich des Kindes, indem sie ihm bis in die Kindheitsjahre im Alter von etwa vier Jahren die elementarsten Erfahrungen vermittelt. Die Verantwortlichkeit des Ich, die Realität zu steuern und zu integrieren, geht dann von der Mutter auf die Gesamtfamilie und andere soziale Institutionen über. So handelt das Individuum, wenn Entscheidungen auf der Grundlage von Abwägungen des Für und Wider einer Situation gefällt werden, eher als Mitglied einer Gruppe als für sich allein« (Kakar 1988, 134).

Die Anpassung des Einzelnen geschieht über die *dharma*-Vorschriften, die das richtige moralische Handeln der jeweiligen jati entsprechend bestimmen. Eine berufliche Tätigkeit und soziale Handlungen sind dann gut, wenn sie mit den traditionellen Mustern, die in der Familie und *jati* vorherrschen, übereinstimmen. Das *dharma* ordnet das gesamte Leben: die Berufswahl, den Ehepartner, Speisevorschriften, spezielle Reinheitsgebote etc. Auch wenn *caste* für »moderne« InderInnen ein Schimpfwort bedeutet, auch wenn heute in ganz Indien durch das Kastensystem bedingte Benachteiligungen gesetzlich verboten sind, auch wenn z. B. den Angehörigen unberührbarer Kasten bestimmte Quoten bei der Besetzung von Stellen in der öffentlichen Verwaltung und im Bildungswesen zugestanden wird – sodass in diesem Bereich Unberührbare nicht mehr benachteiligt sondern bewusst gefördert werden –, auch wenn sich viele Bollywood-Filme für eine Überwindung des Kastensystems stark machen, sind vor allem in ländlichen Regionen das *jati*-System und die damit verbundenen *dharma*-Vorschriften für viele InderInnen nach wie vor verbindlich. Die Leute haben nur eine bestimmte – in den jeweiligen *jatis* vorgesehene – Auswahl an möglichen Berufen und sollen nur Mitglieder ihrer eigenen jati heiraten, ansonsten entstehen – nach Auskunft unseres indischen Reisebegleiters – angeblich Unmut und »Eifersucht«. Auf meine Frage, welche seine Religion (engl. religion) sei, antwortete er überraschenderweise, dass er Tischler ist! Religion bedeutet also in erster Linie das *dharma* der jeweiligen *jati*-Zugehörigkeit!

Die z. T. noch immer wirksame hochstrukturierte äußere Sozialordnung und die innere psychische Organisation der Individuen scheinen sich also tatsächlich einander zu bedingen. Ein primärprozesshaft organisiertes Ich auf der Suche nach äußeren Autoritätsfiguren, eine hochstrukturierte Sozialordnung, die das in Sekundärprozessen schwach entwickelte Ich »auffängt« und das »Phantasma der gerechten Herrschaft« (vgl. Erdheim[4] 1984) scheinen mir die notwendigen Be-

---

[4] Auch Godelier (1990) stellte die These auf, dass die Herrschaft den Beherrschten als Dienst erscheinen muss, den ihnen die Herrschenden erweisen, deren Macht von da

standteile zur Aufrechterhaltung des indischen Sozialsystems zu sein. Das »Phantasma der guten Herrschaft« dient nach Erdheim der Unbewusstmachung der Aggressionen der Beherrschten gegen die Herrschenden. »Das Phantasma schafft die Illusion, man könne sich auf die Herrschaft verlassen – sie werde einen – wie man es sich einst vom Vater erhofft hatte – beschützen und die Guten belohnen und die Bösen bestrafen.« (Erdheim 1984, 384)

In der *karma*-Doktrin ist das Gebot enthalten, die äußere Wirklichkeit zu akzeptieren und sie für die innere Entwicklung zu nutzen, statt danach zu streben, weltliche Realitäten zu verändern. Das *dharma* – das richtige moralische Handeln – bezieht sich immer auf die jeweilige jati-Zugehörigkeit. Wenn jene, die die Machtpositionen innehaben, ihr *dharma* nicht einhalten, entstehen Tyrannei und Unterdrückung. »Sozialkonflikte, Unterdrückung und Unzufriedenheit entspringen nicht der Organisation der Sozialbeziehungen, sondern haben ihre Ursache im *adharma* (Nicht-*dharma*) jener, die die Machtpositionen innehaben. (...) Jede sozialreformerische Bestrebung in Indien hat nicht etwa das Ziel, die hierarchischen Strukturen zu beseitigen oder die Werte, auf denen sie basieren, zu verändern, sondern die Personen, die in ihnen Macht ausüben, zu ersetzen oder zu ›ändern‹. Wenn eine Institution nicht funktioniert, wird als sicher angenommen, dass die Machtausübenden vom Weg des *dharma* abgekommen sind.« (Kakar 1988, 56f.)

In der indischen Mythologie finden sich laut Kakar viele Beispiele dafür, dass das *dharma* von weltlichen Herrschern oder auch geistlicher Autoritäten entartet ist und Vishnu, der Retter, als Mensch auf die Erde kommen muss, um die Welt von diesen Tyrannen zu befreien.

Indien befindet sich aber in einem rasanten gesellschaftlichen Wandel, und die Tage des hierarchischen Sozialsystems scheinen gezählt: Bollywood-Filme treten gegen das Kastensystem und arrangierte Ehen auf, niedrige Kasten pochen auf ihre Rechte und 33 Prozent der indischen Bevölkerung sind unter 15 Jahre alt. »Bei der gerade unter den städtischen Jugendlichen zu beobachtenden zunehmenden Verwestlichung und der damit einhergehenden Auflösung traditioneller Werte, welche bisher die enormen kulturellen und sozialen Gegensätze der indischen Gesellschaft nur bedingt haben zum Ausbruch kommen lassen,

---

an legitim zu sein scheint. (Godelier 1990, 164)

kann man den damit in den nächsten Jahren zu erwartenden sozialen Spannungen nur mit der allergrößten Sorge entgegensehen« (Barkemeier 2003, 134). »In der indischen Gesellschaft bleibt dieses komplementäre ›Zusammenpassen‹ von Ich und Sozialordnung nur so lange funktionell, wie der Veränderungsprozess der Umwelt langsam abläuft, wie das in der Vergangenheit gewesen ist, und genug Zeit für eine allmähliche, kaum wahrnehmbare Evolution der kulturellen Ideale, sozialen Institutionen und Generationsbeziehungen lässt. (...) Unter ›modernen‹ Bedingungen mag eine individuelle Ich-Struktur, die in sekundären und wirklichkeitsorientierten Prozessen schwach entwickelt und ohne die Hilfe einer angemessenen Sozialstruktur dasteht, beim Versuch der Anpassung scheitern« (Kakar 1988, 156). Kakar deutet damit an, dass die gesellschaftliche Entwicklung von vielen InderInnen vermutlich ambivalent erlebt wird und viele vielleicht erst recht wieder in der Phantasie Zuflucht suchen.

Die Analyse von Kakar hat mir geholfen, den Umgang der InderInnen mit Hierarchie und ihre Vorliebe für Heiligenverehrung besser zu verstehen – zumindest aus einer psychoanalytischen Sichtweise. Ihre Einstellungen auch gefühlsmäßig nachzuvollziehen, ist für mich schwierig, zu unterschiedlich ist mein Sozialisationshintergrund von dem ihrigen. Die Gefühle, die ich damit verbinde und meine Interpretation dieser Phänomene stammen natürlich aus meiner eigenen Erfahrung und sind daher auch nur aus diesem subjektiven Blickwinkel zu verstehen.

Literatur

Barkemeier M.; Barkemeier Th. (2003): *Kerala mit Mumbai und Madurai.* Bielefeld: Reise Know-How Verlag.

Dumont, L. M. (1980): *Homo hierarchicus.* Chicago: University Press.

Erdheim, M. (1984): *Die gesellschaftliche Produktion von Unbewusstheit. Eine Einführung in den psychoanalytischen Prozeß.* Frankfurt a. M.: Suhrkamp.

Godelier, M. (1990): *Natur, Arbeit, Geschichte. Zu einer universalgeschichtlichen Theorie der Wirschaftsformen.* Hamburg: Junius.

Kakar, S. (1988): *Kindheit und Gesellschaft in Indien.* Frankfurt a. M: Stroemfeld.

Kakar, S. (1994): *Intime Beziehungen. Erotik und Sexualität in Indien.* Frauenfeld: Verlag im Waldgut.

Mehta, S. (2005): Wunderland Bollywood. In: *National Geographic*, August 2005, S. 94-107.

Nadig, M. (1992): *Die verborgene Kultur der Frau. Ethnopsychoanalytische Gespräche mit Bäuerinnen in Mexiko.* Frankfurt a. M.: Fischer.

Schultze, G. (2005): Herzschmerz in den Alpen. In: *Südwind.* Magazin für internationale Politik, Kultur und Entwicklung. Nr. 12/2005, S. 34-35.

HENNING MELBER
»Die Welt hat den Sinn, den man ihr gibt«
Das Herz als Maß aller Dinge:
Albert Camus und die Menschlichkeit

> »Über die Wahrheit eines Gedankens entscheidet nicht,
> ob er rechts oder links ist und noch weniger, was die
> Rechte und die Linke aus ihm machen.«
> (Albert Camus an Jean Paul Sartre 1952)[1]

Dieser Essay erweist der Aktualität des von Albert Camus vertretenen Credos eines radikalen Humanismus Respekt.[2] Allzu häufig denunziert oder verkannt, wurde dessen politisch-philosophische Tiefe und Schärfe oft unterschätzt oder diffamiert. Sie behält jedoch in der Ära globalpolitisch-fundamentalistischer Polarisierungen, in der unter dem Banner »gerechter Kriege« noch immer blindlings gemordet wird, ungeschmälerte Bedeutung.

»Wir haben kein Recht«, mahnte bereits ein Camus-Kenner im Jahre 1970, »Camus unter Preis zu verkaufen (...) und ihn als Fundgrube für Zitate in wohlanständigen Zusammenhängen zu verschleißen.«[3] Camus

---

[1] In einem Brief an die Redaktion von *Les Temps Modernes* nach dem Verriss seines Romans »Der Mensch in der Revolte«. Zit. nach Koechlin, Heiner (1985): Freiheit und Geschichte in der Kontroverse zwischen Albert Camus und Jean Paul Sartre. In: Sysiphos. Aktuelle Schriftenreihe Nr. 3/1985. Basel, S. 24. Dieses Zitat findet sich ebenso wie zahlreiche andere Querverweise in der Studie von Marin, Lou (1998): Ursprung der Revolte. Albert Camus und der Anarchismus. Heidelberg.

[2] Dafür danke ich R. T., ohne dessen erhellenden Einsichten ich vielleicht nicht wieder zu Albert Camus gefunden hätte.

[3] Schlette, Heinz Robert (1996): Albert Camus' Hoffnung. In: Camus, Albert: Weder Opfer noch Henker. Über eine neue Weltordnung. Zürich, S. 75f. Ursprünglich erschienen in Schlette, Heinz Robert (1970): Aporie und Glaube. Schriften zur Philosophie und Theologie. München. – Freilich geht es dennoch weder bei Schlette noch in diesem Aufsatz ohne jede Menge Camus-Zitate...

»DIE WELT HAT DEN SINN, DEN MAN IHR GIBT«

hat sein eigenes Philosophie-Verständnis auf eine passende Art und Weise in seinen akribisch geführten mehrbändigen Tagebuch-Aufzeichnungen (*Carnets*) in einer Eintragung des Jahres 1937 folgendermaßen festgehalten:

> Die Philosophien sind so viel wert wie die Philosophen. Je größer der Mensch, desto wahrer seine Philosophie.[4]

Als die südafrikanische Schriftstellerin Nadine Gordimer 1990 den Nobelpreis für Literatur entgegennahm, erinnerte sie in ihrer Rede an Camus als einen Autor, der »Menschen, die Partei ergriffen, lieber mochte, als Literatur, die das tut«.[5]

Während seines letzten Lebensjahrzehnts, von den selbstgerechten Orthodoxen innerhalb der so genannten Linken als »schöne Seele« bespöttelt, blieb Camus – allen Anfeindungen zum Trotz – einer der aufrechten Intellektuellen mit moralischer Standfestigkeit, die ihre humanistische Weltanschauung auch im Nachkriegseuropa der 1950er Jahre behaupteten.[6] Er opferte seine im Widerstand und Krieg geformten Idealen eines Engagements für ein menschenwürdigeres Dasein nicht wie viele andere einer Parteinahme im Ost-West-Konflikt. Statt dessen setzte er beharrlich auf die system-unabhängigen Postulate einer menschengerechteren Ordnung und blieb damit einer moralischen Leitvorstellung treu, die allen Anfeindungen zum Trotz den von politischen Ideologien geleiteten Weltverbesserern die Stirn bot:

> »Sind Sie ein linker Intellektueller?«, fragten ihn wenige Tage vor seinem tödlichen Unfall die Studenten in Aix-en-Provence; und er antwortete nach kurzem Nachdenken: »Ich bin nicht sicher, ob ich ein Intellektueller bin. Aber was das übrige betrifft: ich bin für die Linke, mir und ihr zum Trotz.«[7]

---

[4] Zit. nach ebd., S. 78.

[5] Gordimer, Nadine (1996): Schreiben und Sein. Die Nobelpreisrede. In: Dies.: Schreiben und Sein. Essays. Berlin, S. 15.

[6] S. zur bemerkenswerten Integrität von Camus im spezifischen Milieu der französischen Intellektuellen Judt, Tony (1998): The Burden of Responsibility: Blum, Camus, Aron, and the French Twentieth Century. Chicago.

[7] Wernicke, Horst (1993): Einleitung: Die Gegenwart des skeptischen Aufklärers Albert Camus. In: Camus, Albert: Unter dem Zeichen der Freiheit. Camus Lesebuch. Hrsg. von Horst Wernicke. Reinbek, S. 8.

HENNING MELBER

Pied noir und Nobelpreisträger: Camus' Lebenswelten

Albert Camus wird 1913 als zweiter Sohn französischer *colons* in Ostalgerien – einem Weinanbaugebiet in der Nähe zur tunesischen Grenze – geboren. Seine Eltern waren als *pieds noirs* oder »Schwarzfüße«, wie die Algerienfranzosen im Volksmund hießen, besitzlose Siedler geblieben. Der Vater arbeitet bei einer Weinfirma. Wie viele der ärmeren Siedler gut genug als Kanonenfutter, erliegt er schon 1914 den Folgen einer in der ersten Marneschlacht erlittenen Verletzung. Unter der Obhut von Großmutter und Mutter wächst Camus in einem Stadtviertel Algiers auf, in dem die ärmeren Weißen zusammenleben. Seine Kindheit ist geprägt von materieller Kargheit und gestrenger (groß-) mütterlicher Erziehung einerseits, sowie stummer, aufopfernder Liebe seiner Mutter andererseits. Deren Hingabe für das Wohl ihrer Söhne schafft eine tiefe Verbundenheit zeit seines Lebens. Die Schule wird für Camus zu einem Ort der Geborgenheit. Der Lehrer seiner frühen Jahre erwächst zur Vaterfigur und eröffnet ihm moralische Grundsätze von Dauer. Als ihm die Nachricht über die Verleihung des Nobelpreises für Literatur 1957 übermittelt wird, telefoniert er zuerst mit seiner Mutter in Algier und schreibt danach seinem Primarschullehrer, dem er das Stipendium für die Gymnasialausbildung verdankte. Ihm widmet er auch die Nobelpreisrede.

Camus absolviert ein Philosophiestudium an der Universität Algier (1933 bis 1936), während dem er von einem seiner Dozenten besonders profitiert und diesem geistig wie freundschaftlich eng verbunden bleibt.[8] Er tritt 1934 der Kommunistischen Partei Algeriens bei, doch schon 1937 lassen sich seine moralisch-politischen Auffassungen mit dem orthodoxen, einzig dem Machtkalkül geschuldeten Dogma dieser Organisation nicht mehr vereinbaren. Parteiunabhängig bleibt er dennoch sein ganzes Leben politisch engagiert und – von den gängigen Camus-Biografien weithin ignoriert – der gewaltfrei-libertären Form

---

[8] Sein Freund und Lehrer Jean Grenier »war ein Gegner aller Orthodoxien. (...) Seine Orthodoxie-Kritik trifft nicht nur einen erstarrten, seinen Anfängen nicht treu gebliebenen Sozialismus und Marxismus, sondern auch jenen selbstsicheren Rationalismus, der die Basis der Fortschrittsidee bildet.« Schlette, Heinz Robert (1980): Albert Camus. Welt und Revolte. Freiburg und München, S. 47. Zit. nach Marin, Lou: a. a. O., S. 27.

des Anarchismus verbunden.[9] Camus arbeitet ab 1938 als Journalist in Algier, nach Verbot der Zeitung wechselt er 1940 in die französische Hauptstadt Paris. 1943 schließt er sich der auch mit einer Untergrundzeitung aktiven Widerstandsgruppe *Combat* an, lektoriert beim bekannten Verlag *Gallimard* und lernt Jean-Paul Sartre kennen. In der Résistance riskiert er (im Unterschied zu Sartre) Kopf und Kragen. 1947 verlässt er den inzwischen etablierten *Combat*. Mit der Veröffentlichung seines Romans *Die Pest* erlangt er internationale Bekanntheit. Als 1951 *Der Mensch in der Revolte* erscheint, wird das bereits erkennbare Zerwürfnis mit Jean-Paul Sartre und den diesem gleich gesinnten damaligen Parteigängern des Stalinismus unwiderruflich.

Mit seiner eindeutigen Kritik an den Missständen der sowjetischen Diktatur und seiner Haltung zum Algerienkrieg wird Albert Camus in den 1950er Jahren zu einer zunehmend kontroverseren Figur in den politischen Auseinandersetzungen der europäischen Linken. Auch die Verleihung des Nobelpreises für Literatur 1957 mildert nicht seine Umstrittenheit. Konfrontiert mit massiver Ablehnung, zieht sich Camus weitgehend von den öffentlichen Auseinandersetzungen zurück. Anfang 1960 verunglückt er bei einem Autounfall tödlich. Camus, der zuletzt nicht mehr viel veröffentlichte, hinterließ ein unvollendetes Manuskript *Le Premier Homme* (*Der erste Mensch*) als Teil einer Autobiografie, die seine Kindheit in Algerien beschreibt. Eindrücklich belegt dieser mittlerweile veröffentlichte Text, dass er bis zuletzt ein *pied noir* geblieben ist, dessen Weltsicht nachhaltig aus der Perspektive Nordafrikas geprägt wurde (und von ihm in mehreren seiner Schriften als »mittelmeerisches Denken« charakterisiert wurde). In einem Interview nach Erscheinen von *Der Mensch in der Revolte* erklärte er wie zur Bestätigung dieser These: »Von den Küsten Afrikas aus, wo ich geboren wurde, sieht man, wobei die Distanz hilfreich ist, das Gesicht Europas besser, und man weiß, dass es nicht schön ist.«[10]

---

[9] Bahnbrechend hierzu die unter dem Pseudonym Lou Marin veröffentlichte Studie, die Camus als radikalen Denker rehabilitiert. (Lou Marin ist die Verballhornung des Dorfes Lourmarin, in dem Camus zuletzt lebte und begraben ist).
[10] Zit. nach Marin, Lou: a. a. O., S. 100.

HENNING MELBER

Von der Résistance zur Revolte: Gewalt, Moral und Auflehnung

Wie viele andere war auch Camus unmittelbar betroffen und nachhaltig geprägt von den Vernichtungsdimensionen des 20. Jahrhunderts, die während der ersten Hälfte auf dem Schauplatz Europa in zwei Weltkriegen, dem Holocaust und den Lagern Stalins ihren Ausdruck fanden. Als herausragende Phänomene insbesondere in der innereuropäischen Perspektive provozierten die Gewaltexzesse und totalitären Herrschaftsformen neue Herausforderungen und Auseinandersetzungen. Der Satiriker, Pazifist und Antifaschist Kurt Tucholsky, der an der Welt der frühen 1930er Jahre verzweifelte und im schwedischen Exil verstummte, legt in seinem 1929 erschienenen, vom sozialkritischen Fotografen John Heartfield montierten *Bilderbuch* in einem Kommentar über »Die Nation der Offiziersburschen« dem Erdspezialisten vom Mars beim Betrachten dieser Spezies durch sein Fernrohr bereits die Worte in den Mund:

> Vielleicht gibt es Lebewesen auf der Erde. Aber Menschen – Menschen sind das nicht.[11]

Im Gegensatz zu dieser bitter-verächtlichen Resignation eines von der Menschheit Enttäuschten lässt Albert Camus in seinem vierten der *Lettres à un ami allemand* (*Briefe an einen deutschen Freund*) nach all der Kriegsgräuel diesen unter Zurückweisung des menschenverachtenden Nihilismus im Juli 1944 wissen:

> Sie haben nie an den Sinn dieser Welt geglaubt und sind dabei zum Schluß gekommen, dass alles gleichwertig sei und Gut und Böse nach Belieben definiert werden könnten. Sie haben angenommen, daß es angesichts des Fehlens aller menschlichen und göttlichen Moral einzig die Werte gebe, die im Tierreich herrschen, nämlich Gewalt und List. Daraus haben Sie geschlossen, daß der Mensch nichts sei und man seine Seele töten könne, daß in unserer höchst sinnlosen Geschichte die Aufgabe eines Individuums nur im Erlebnis der Macht bestehen könne und seine Moral nur im Realismus der Eroberung. (...) Ich glaube weiterhin, daß

---

[11] Tucholsky, Kurt (1996): Deutschland, Deutschland über alles. Reinbek (urspr. 1929), S. 14.

»DIE WELT HAT DEN SINN, DEN MAN IHR GIBT«

> unserer Welt kein tieferer Sinn innewohnt. Aber ich weiß, daß etwas in ihr Sinn hat, und das ist der Mensch (...) euch zum Trotz werde ich euch den Namen Mensch nicht absprechen. Wenn wir unserem Glauben treu sein wollen, sind wir gezwungen, das in euch zu achten, was ihr bei den anderen nicht achtet.[12]

Nicht zu allen Zeiten gleichermaßen kritisch und grundsätzlich ablehnend der Gewalt gegenüber, entwickelte Camus über der Frage der Hinrichtung von vermeintlichen oder realen Kollaborateuren innerhalb der Résistance und nach der Befreiung Frankreichs schon früh anhand seiner Infragestellung und letztlich vorbehaltlosen Verwerfung der Todesstrafe die Überzeugung, dass sich Gewaltanwendung und Menschlichkeit nicht vereinbaren lassen. Dies gipfelte anlässlich der ersten Kontroversen um die Nachrichten über sowjetische Lager und die Frage der diesbezüglichen Haltung innerhalb der nicht nur französischen Linken Ende 1948 in der gegen die Apologeten der Sowjetmacht gerichteten öffentlichen Feststellung:»Es ist besser, sich zu irren und niemanden umzubringen, als recht zu haben auf einem Berg von Leichen.«[13]

1946 verfasste er unter dem Eindruck der neuen Dimensionen des gerade beendeten Zweiten Weltkrieges den philosophisch-programmatischen Essay *Ni Victimes Ni Bourreaux* für die aus der Résistance hervorgegangene Zeitung *Combat*. Er beginnt mit der Feststellung, dass es sich bei dem 20. Jahrhundert um das Jahrhundert der Angst handele:

> Was nämlich in der Welt, in der wir leben, am meisten auffällt, ist, daß der größte Teil der Menschen (mit Ausnahme der Gläubigen aller Schattierungen) im allgemeinen keine Zukunft haben. Es gibt aber kein sinnvolles Leben ohne Aussicht auf eine Zukunft.[14]

Camus wehrt sich gegen eine Welt, in welcher der Mord legitimiert ist.

> Aber es scheint, daß man sie nicht ändern kann ohne Aussicht auf Mord. Der Mord führt uns also zum Mord zurück, und wir werden weiterhin im Terror leben, indem wir ihn entweder resigniert ak-

---

[12] Camus, Albert (1960): Briefe an einen deutschen Freund, vierter Brief vom Juli 1944. In: Ders.: Fragen der Zeit. Reinbek. Zit. nach Marin, Lou: a. a. O., S. 43f.
[13] Zit. nach ebd., S. 64.
[14] Camus, Albert: Weder Opfer noch Henker, a. a. O., S. 9f.

zeptieren oder indem wir ihn durch Mittel abschaffen wollen, die einen anderen Terror an seine Seite setzen.[15]

So plädiert er »für eine vorläufige Übereinkunft zwischen jenen Menschen, die weder Opfer noch Henker sein wollen«.[16]

Dieser Gewaltverzicht ist der Skepsis geschuldet, dass niemand wissen kann, »ob es möglich ist, bei der Praxis der Gewalt das Ziel eines besseren, neuen Humanismus im Auge zu behalten und schließlich zu jener Freiheit und Würde zurückzukehren, der die Gewalt vorgeblich doch den Weg bereiten soll«.[17] Nicht nur die Kritik an der Pervertierung der Macht im Gefolge der russischen Revolution, sondern auch die Kenntnisse um den gewaltsamen Charakter und die Exzesse innerhalb der revolutionären Bewegung im spanischen Bürgerkrieg veranlassten Camus zur radikalen (Selbst-)Hinterfragung. So notierte er zur Zeit der Entstehung von »Der Mensch in der Revolte« in einer privaten Aufzeichnung, dass »eine Revolution, die sich von der Würde trennt, ihren Ursprung verrät«.[18] Camus äußerte sich kompromisslos und kategorisch gegenüber jeglicher Form von Gewalt:

> Egal, welche Sache verteidigt wird – jedes Verbrechen oder Massaker, das den Kampf um sie begleitet, entehrt auch die edelste Unternehmung. Jede Ungerechtigkeit bedeutet eine Niederlage.[19]

Camus trug jedoch ungeachtet seiner Skepsis gegenüber auch revolutionärer Gewalt – oder vielleicht gerade aufgrund dieser – wesentlich zur Herausbildung und Vertiefung eines Konzepts von radikalem Protest im Sinne zivilen Ungehorsams bei, wie das gleichnamige Stichwort in der umfassenden Enzyklopädie der Sozialwissenschaften dokumentiert.[20] Für ihn wurde die revolutionäre Gewaltlosigkeit zum Ursprung der Revolte:

> (...) statt zu töten und zu sterben, um das Sein hervorzubringen, das wir nicht sind, müssen wir leben und leben lassen, um zu schaffen, was wir sind. (...) Wenn ein einziger Mensch tatsächlich getötet wird,

---

[15] Ebd., S. 18.
[16] Ebd., S. 22.
[17] Schlette, Heinz Robert: Albert Camus' Hoffnung, a. a. O., S. 102.
[18] Zit. nach Marin, Lou: a. a. O., S. 67.
[19] Wieacker-Wolff, Marie-Laure (2003): Albert Camus. München, S. 173.
[20] Bay, Christian (1968): Civil Disobedience. In: International Encyclopedia of the Social Sciences. Hrsg. von David L. Sills. Band 2, S. 473-489.

»DIE WELT HAT DEN SINN, DEN MAN IHR GIBT«

verliert der Revoltierende auf gewisse Weise das Recht, von der Gemeinschaft der Menschen zu sprechen, von der er indes seine Rechtfertigung ableitete. Wenn diese Welt keinen höheren Sinn, der Mensch nur den Menschen als Bürgen hat, genügt es, dass ein Mensch ein einziges Wesen aus der Gesellschaft der Lebenden ausschließt, um selbst von ihr ausgeschlossen zu sein.[21]

Er gab dieser Grundüberzeugung auch dadurch Ausdruck, dass er in einer öffentlichen Verurteilung der Niederschlagung des ungarischen Aufstandes 1956 die sich der Okkupation Widersetzenden keinesfalls zum fortgesetzten Kampf aufforderte, sondern vielmehr gemahnte: »Im Stadion liegen schon zu viele Tote, und nur mit unserem eigenen Blut dürfen wir freigebig sein.«[22]

Dies ist hingegen keinesfalls als ein Einwand gegen die Auflehnung zu verstehen. In seiner Rede bei der Entgegennahme des Nobelpreises für Literatur hob er im Dezember 1957 als die höchste Berufung des Menschen dessen Widerstand gegen die Unterdrückung hervor. Sein Manifest *Der Mensch in der Revolte* argumentiert entlang dieses Verständnisses von der Grundhaltung eines permanenten zivilen Ungehorsams aus. Camus zufolge wird es in dieser Welt immer Gewalt und Unterdrückung geben. Menschen sollten sich deshalb ständig gegen Gesetze und Bedingungen auflehnen, die zum Fortbestand von Unterdrückung beitragen. Das schließt bei Camus ausdrücklich auch die Verpflichtung ein, sich jenen zu widersetzen, die nach einer erfolgreichen Revolution neue Muster von Unterdrückung und Gewalt institutionalisieren. Dies müsse auch zum Wohle des sich der Ungerechtigkeit entgegen stellenden Einzelnen selbst geschehen. Nur durch den Akt der Rebellion werden die Menschen ihrer eigenen Menschlichkeit bewusst. Ziviler Ungehorsam ist ein notwendiger Beitrag zur vollen Entfaltung des Individuums hin zu einem menschlichen Wesen. Darüber hinaus ist die ständige individuelle Bereitschaft zum zivilen Ungehorsam zur Herausbildung und dem Schutz einer an Menschenrechten orientierten Gesellschaft unabdingbar.

---

[21] Camus, Albert (1969): Der Mensch in der Revolte. Reinbek, S. 204 und 227f.
[22] Camus, Albert (1968): Kadar hat seinen Tag der Angst erlebt. In: Ders.: Verteidigung der Freiheit. Politische Essays. Reinbek, S. 107.

HENNING MELBER

Was der Dichter Erich Fried einst über die in Rhodesien aufgewachsene Schriftstellerin Doris Lessing sagte, deren Biografie einige interessante Parallelen zu Camus ziehen lässt,[23] gilt auch für diesen: »Sie ist eine Rebellin, aber nie Rebellin um der Rebellion willen, sondern Rebellin um der Menschlichkeit willen.«

Camus und Sartre: Politik, Macht und Freiheit

Die dem Humanismus verpflichtete Unangepasstheit des rebellierenden Camus vertrug sich nicht mit den Orthodoxien der Nachkriegsfronten des Kalten Kriegs der 1950er Jahre. Aufgerüttelt durch die Nachrichten über die *Gulags*, empört über die brutale Niederschlagung von Aufständen durch die Sowjet-Armee in deren Satellitenstaaten und der mangelnden Kritik am Machtmissbrauch durch die Parteigänger der marxistisch-leninistischen Spielart des Kommunismus, entzog er sich der Vereinnahmung durch ein totalitäres Regime und wahrte damit seine humanistische Integrität. In Camus reifte die explizite Abkehr von jeglicher Gewaltanwendung und die Verurteilung des unausgesprochenen Postulats, dass der Zweck die Mittel heilige. Ungerechtigkeiten ließen sich für ihn nicht länger durch den Verweis auf deren Notwendigkeiten zur Erlangung eines hehren Endziels rechtfertigen. Da dies auch die Kritik an den Versäumnissen pseudo-sozialistischer Perversionen umfasste, wurde er von einstigen Weggefährten im Widerstand gegen die deutsche Okkupation als liberaler Kleinbürger denunziert. Dabei tut sich das Paar Jean-Paul Sartre und Simone de Beau-

---

[23] Insbesondere deren 1962 erschienener, autobiografisch beeinflusster Roman *The Golden Notebook* (erst Ende der 1970er Jahre als *Das goldene Notizbuch* auf Deutsch veröffentlicht), mit dem sie den internationalen Durchbruch endgültig schaffte und der ihre Zeit im London der 1950er Jahre beschreibt, nährt einen solchen Gedanken. Wie Camus widersetzte sich Lessing trotz ursprünglicher Nähe zur kommunistischen Parteidoktrin der Doppelmoral, die eine Kritik stalinistischer Exzesse als Verrat am Sozialismus (miss-)deutete. Sie wandte sich vom zur Orthodoxie verkommenen Marxismus-Leninismus ab und dem libertären Denken zu. Die Schriftstellerin Ingeborg Drewitz resümierte anlässlich der deutschsprachigen Veröffentlichung: »Ein Buch über die Schwierigkeiten, die Wahrheit zu schreiben. (...) Ein Buch über die Ratlosigkeit der linken Intellektuellen im England der 50er Jahre.« In: *Der Tagesspiegel*, Berlin, 18. Februar 1979.

voir als Anführer einer einflussreichen Gruppe französischer Intellektueller besonders hervor.[24] Sie empfinden »Der Mensch in der Revolte« als eine derartige Provokation, dass sich Sartre noch nicht einmal zur direkten Auseinandersetzung entschließen kann. Stattdessen lässt er letztlich von einem seiner engsten Mitarbeiter in der gemeinsam mit diesem verantworteten einflussreichen Zeitschrift *Les Temps Modernes* einen Verriss abdrucken. Dieser verdreht die Ansichten von Camus' »Mensch in der Revolte« in »eine Seele in der Revolte« und spricht diesem die Berechtigung ab, ein wahrer Rebell zu sein.[25] Verletzt und brüskiert antwortet Camus – wie das dem Aufsatz vorangestellte Eingangszitat bereits dokumentiert – Sartre als Herausgeber der Zeitschrift direkt und insistiert auf der notwendigen Einsicht, »sich nicht mit dem Terror abzufinden, den er (der autoritäre Sozialismus, H. M.) voraussetzt«. Er wirft Sartre vor, »das Individuum theoretisch zu befreien«, während dessen stillschweigende Inkaufnahme der Menschenrechtsverletzungen in den Lagern Stalins zugleich billigt, »dass der Mensch unter bestimmten Bedingungen unterjocht werden kann«.[26]

Sartre reagiert. Seine Antwort dokumentiert die grundsätzlichen Unterschiede der aktuellen Weltsicht zweier politischer Philosophen, die eigentlich von den Ursprüngen ihrer Gedanken her sehr verwandt sind:

> Sartres Antwort ist brutal in ihrer Selbstgerechtigkeit und Häme, beleidigend in ihrem direkten persönlichen Angriff. (...) Sartre weicht Camus' Argumenten aus, (...) indem er ihn diffamiert. (...) Es ist Hass, der hier spricht: Hass Sartres auf sein Alter Ego, das ihm spiegelt, was er in sich selbst zurückzudrängen sucht. Die Hinrich-

---

[24] Letztere beschied Camus in ihrem zeitgenössischen Panorama *Die Mandarins von Paris* besonders herablassend-hämische Kommentare, die mehr über deren Verfasserin und die geistige Grundhaltung der ihr seinerzeit nahe stehenden Linksintellektuellen einer spezifischen Ausrichtung und deren borniertes Verständnis eines von Opportunismus gegenüber der Macht geprägten Klassenkampfes aussagen als über das Ziel ihrer Aggression.

[25] Nach Macey, David (2000): Frantz Fanon. A Life. London, S. 161. Der Verriss ist bereits programmatisch betitelt als *Albert Camus oder die revoltierende Seele*, eine Anspielung auf Hegels Begriff der »schönen Seele« in seiner »Phänomenologie des Geistes«, die um die Reinheit ihrer Einsicht nicht zu beflecken die Berührung mit der Wirklichkeit scheut. Vgl. ausführlich und sehr differenziert hierzu Hackenesch, Christa (2001): Jean-Paul Sartre. Reinbek, S. 82ff.

[26] Zit. nach ebd., S. 83 und 84.

tung Camus' soll ihn von sich selbst befreien, von dem Moralisten, der er selbst ist.[27]

Die Auseinandersetzung besiegelt den endgültigen Bruch. Acht Jahre später äußert sich Sartre zu Camus in einem Nachruf, der von vielen als versöhnliche Geste und Ausdruck einer inneren Verbundenheit gewertet wurde. Es gibt aber auch eine andere Lesart, die sich in einem Portrait von Jean-Paul Sartre findet. Dessen Versuch, Camus in die Tradition der französischen Moralisten zu stellen, um damit das Moralische gegen die Praxis auszuspielen (ein Schein-Gegensatz, der schon die Kontroverse um *Der Mensch in der Revolte* kennzeichnete), wurde durch die Behauptung konstruiert, Camus habe sich geweigert, die ungewissen Pfade der Praxis zu beschreiten. Dem hält die Sartre-Monografie entgegen: »In Wahrheit hatte er (Camus, H. M.) diese ungewissen Pfade gegen die Selbstgewissheit der Geschichtsphilosophie verteidigt, das Handeln der Menschen gegen die Behauptung einer ›Logik der Geschichte‹.«[28] Sartre selbst kann indessen gerade im Lichte der Kontroverse mit Camus vorgeworfen werden,

> dass er sich zum Parteigänger einer Doktrin gemacht hat, die verachtet und mit Füßen tritt, was den innersten Gehalt seines Denkens ausmacht: die Würde der Existenz des einzelnen Menschen in seiner Kontingenz, in der Kontingenz seiner Freiheit.[29]

Eine angemessene Würdigung des Werkes von Albert Camus erfordert fast zwangsläufig, auch zu Jean-Paul Sartre Stellung zu beziehen (und gleiches gilt eigentlich auch umgekehrt).[30] Vor die Wahl zwischen Macht und Freiheit gestellt, entschied sich Camus im Unterschied zu Sartre für die größtmögliche Freiheit und gegen das Sachzwang-Argument.

In einem früheren Gewissenskonflikt hatte sich Camus schon einmal aus ähnlichen Gründen nach intensiver Güterabwägung gegen die Todesstrafe ausgesprochen. 1945 plädierte er trotz Überzeugung von der

---

[27] Ebd., S. 84 und 85.
[28] Hackenesch, Christa: a. a. O., S. 85.
[29] Ebd., S. 88.
[30] Vgl. hierzu den aufschlussreichen *review essay* von McLemee, Scott (2004): Fighting Words. Camus, Sartre and the rift that helped define them. In: Bookforum, vol. 11, no. 1, spring 2004, S. 13-16.

»DIE WELT HAT DEN SINN, DEN MAN IHR GIBT«

Schuld zweier als Kollaborateure mit dem NS-Besatzungsregime Verurteilter öffentlich gegen deren Hinrichtung. Er verstand dies als eine Entscheidung für die Freiheit, keinesfalls gegen die Gerechtigkeit. Als Ergebnis seiner inneren Auseinandersetzung notierte er seinerzeit:

> Schließlich habe ich die Freiheit gewählt. Denn wenn auch die Gerechtigkeit nicht realisiert wird, bewahrt die Freiheit die Macht, gegen die Ungerechtigkeit zu protestieren.[31]

Damit gab er zu erkennen, dass er der Freiheit als höchster erstrebenswerter Maxime den Vorrang einräumt. Diesem Postulat sollte er treu bleiben. Camus blieb in der Folgezeit trotz aller Anfeindungen einem radikal-libertären Denken stets konsequent verbunden. Er nähert sich mit seinem auch politisch gewendeten Freiheitsbegriff, den er gegenüber den Kritikern der Sartreschen Provenienz standhaft verteidigt, der von Rosa Luxemburg vertretenen frühen Kritik an der Einengung von Freiheiten im Zuge der Russischen Revolution an:

> Freiheit nur für die Anhänger der Regierung, nur für Mitglieder einer Partei – mögen sie noch so zahlreich sein – ist keine Freiheit. Freiheit ist immer Freiheit der Andersdenkenden.[32]

Heucheleien, die als Vorwand zur Einschränkung von Freiheit missbraucht wurden duldete Camus nicht. In einer Rede auf einer Arbeiterversammlung im Mai 1953 stellte er kategorisch fest:

> Als sich im Anschluss an Marx das Gerücht zu verbreiten begann, die Freiheit sei eine bürgerliche Schaukel, war in dieser Formulierung nur ein Wort falsch gestellt, aber diese falsche Wortstellung müssen wir noch heute in den Umwälzungen des Jahrhunderts teuer bezahlen. Denn es hätte einfach heißen müssen, die bürgerliche Freiheit sei eine Schaukel, nicht aber jede Freiheit. Man hätte im Gegenteil sagen müssen, die bürgerliche Freiheit sei keine Freiheit oder bestenfalls noch keine Freiheit, aber es gebe Freiheiten zu erobern und auf immer zu bewahren. (...) selbst wenn die Gesellschaft sich mit einem Schlag verwandeln und jedermann anständige, behagliche Lebensbedingungen bieten sollte, aber der

---

[31] Zit. nach ebd., S. 60.
[32] Luxemburg, Rosa (1970): Zur Russischen Revolution. In: Gesammelte Werke, Band IV. Berlin (DDR), S. 359.

Freiheit ermangelte, wäre sie noch immer eine Barbarei. Und wenn die bürgerliche Gesellschaft von der Freiheit redet, ohne sie in die Tat umzusetzen, heißt das dann, daß auch die Arbeitergesellschaft darauf verzichten soll, sie zu üben, um sich lediglich zu rühmen, sie nicht im Munde zu führen?[33]

Freiheit und Wahrheit waren für ihn dabei – wie auch die Auseinandersetzung mit Sartre nachhaltig verdeutlicht – sich ergänzende, einander bedingende Absolutheiten, die keinerlei Kompromisse zuließen. Als die von Ignazio Silone mitherausgegebene italienische Zeitschrift *Tempo presente* ihn nach der Niederschlagung des ungarischen Aufstandes nach der Abwägung zwischen politischer Opportunität und einer Wahrheit der Tatsachen befragte, war seine für die französische Zeitschrift *Demain* überarbeitete Antwort unmissverständlich:

> Zeitungen und Bücher sind nicht wahr, weil sie revolutionär sind, sondern haben nur dann eine Aussicht, revolutionär zu sein, wenn sie sich bemühen, die Wahrheit zu sagen. Man darf gewiss die Ansicht hegen, dass die Wahrheit schlechthin ein relativer Begriff ist. Aber Tatsachen sind Tatsachen. Und wenn einer sagt, der Himmel sei blau, während er grau ist, prostituiert er die Worte und bereitet der Tyrannei den Weg.[34]

Gewalt und Liebe: Algerien und die Menschlichkeit

War Camus bereits aufgrund der geschilderten Auseinandersetzungen für intellektuelle und politische Kontroversen gut genug, eskalierte seine Umstrittenheit mit der Position, die er hinsichtlich des zunehmend gewaltsameren Konflikts um die Unabhängigkeit Algeriens ab Mitte der 1950er Jahre bezog.[35] Dabei blieb er seinen Überzeugungen nur einmal mehr treu, auch wenn sie als unangemessene Zurückhaltung

---

[33] Camus, Albert: Brot und Freiheit. In: Ders.: Verteidigung der Freiheit, a. a. O., S. 49f.
[34] Camus, Albert: Der Sozialismus der Galgen. In: Ders.: Verteidigung der Freiheit, a. a. O., S. 117.
[35] Hintergründe und Motive seiner vermeintlichen oder auch realen Ambivalenzen finden sich prägnant zusammengefasst bei Sändig, Brigitte (2000): Albert Camus. Reinbek (überarb. Neuausgabe, urspr. 1995), S. 95ff.

und mangelnde Parteinahme für die Kolonisierten (fehl-)gedeutet wurden. Es sei daran erinnert, dass nach seiner Auffassung der Ursprung der Revolte in der Menschwerdung des/der Unterdrückten verortet ist. Wenn dieses Aufbegehren sich hingegen in Unmenschlichkeit gegen andere verkehrt, geht der Sinn der Revolte verloren. Eine Revolution, die sich von der Würde trennt, verrät nach Camus ihren Ursprung. Für ihn blieb als die Lehre aus den Erfahrungen der ersten Jahrzehnte des 20. Jahrhunderts die bedingungslose Abkehr von der Gewalt, auch wenn nur wenige wie er diese Konsequenz zu ziehen bereit waren. Nach Beendigung des Zweiten Weltkrieges bilanzierte er:

> Und wenn es heute auch viele Menschen gibt, die im geheimsten Winkel ihres Herzens Gewalt und Blutvergießen verwünschen, so gibt es doch nicht viele, die bereit sind zu erkennen, daß sie dies zu einer Überprüfung ihrer Denk- und Handlungsweise zwingt.[36]

Ironischerweise war es der in den 1950er Jahren des Verrats an der Emanzipation des algerischen Volkes bezichtigte Camus, der 1939 mit einer Aufsehen erregend anklagenden Artikelserie als junger Journalist im *Alger Républicain* die damalige französische Kolonialpolitik für die Hungersnöte insbesondere in der Kabylei zur Verantwortung zog und die Aufmerksamkeit auf das Leid der Kolonisierten lenkte.[37] In der bereits zitierten Rede vom Mai 1953 machte Camus auch späterhin klar, dass er trotz eigener Herkunft als *pied noir* keinesfalls mit Blindheit gegenüber der Gewalt des Kolonialismus geschlagen war, indem er kategorisch feststellte: »Nein, auf die Konzentrationslager, auf die versklavten Kolonialvölker, auf das Elend der Arbeiter kann die Freiheit nicht gebaut werden!«[38] Doch anders als die Apologeten revolutionärer (Gegen-)Gewalt scheute sich Camus vor dem Hintergrund seiner oben skizzierten Grundüberzeugungen, die blindwütig terroristische Antwort auf die (von ihm keinesfalls als weniger blindwütig empfundenen) Repressionen durch das französische Besatzungsregime seitens der algerischen Befreiungsbewegung zu rechtfertigen. Camus, der sich erneut

---

[36] Camus, Albert: Weder Opfer noch Henker, a. a. O., S. 55.
[37] Ausgerechnet der aus Martinique stammende junge Soldat Frantz Fanon, wie David Macey in seiner Biografie zu berichten weiß, erfuhr während der Stationierung in Frankreich erstmals durch diese Artikel über Algerien.
[38] Camus, Albert: Brot und Freiheit, a. a. O., S. 55.

missverstanden fühlt und von den Angriffen auf seine Integrität zutiefst verstört und verletzt ist, beginnt, sich öffentlicher Stellungnahmen weitgehend zu enthalten und statt dessen humanitären Hilfsmaßnahmen und Unterstützungsaktionen zur Rettung politisch Verfolgter hinter den Kulissen zuzuwenden.

Auch als Rechtfertigungsversuch veröffentlicht er dennoch 1958 eine Sammlung früherer Texte zu Algerien. Dabei wendet er sich angesichts der Eskalation von Gewalt in Algerien gegen eine »Kasuistik des Bluts, mit der ein Intellektueller (...) nichts zu schaffen haben darf«, wie er im »Vorwort zur algerischen Chronik« mahnt:

> Wenn in einem immer wilderen Taumel, der die schlichte Sprache der Vernunft unmöglich macht, Gewalt mit Gewalt vergolten wird, kann es nicht, wie jeden Tag zu lesen steht, die Aufgabe der Intellektuellen sein, von weitem die eine Gewalttätigkeit zu entschuldigen und die andere zu verdammen.[39]

Camus ist gerade da radikal, wo er zu dem Ergebnis gelangt, dass es einer Grenze der Gewalt bedarf, um dem (humanistischen) Ursprung der Revolte treu zu bleiben. Dies nehmen seine empörten Kritiker als Motiv seiner Zurückweisung der indifferenten terroristischen Aktionen des antikolonialen Widerstands durch die algerische Befreiungsbewegung FLN nicht wahr.

Doch gerade auch er ist von der »Kasuistik des Bluts« aufgrund seiner unmittelbaren familiären Bande nicht frei. Als er im Dezember 1957 den Nobelpreis für Literatur erhält, kommt es während seines Aufenthalts in Schweden zum Eklat. Eine Rede in der Universitätsstadt Uppsala wird von den Studierenden gestört, Camus ob seiner Zurückhaltung in der Algerien-Frage ausgebuht. Als er von einem jungen Algerier dazu aufgefordert wird, Stellung zu beziehen, antwortet er diesem:

> Seit einem Jahr und acht Monaten schweige ich, was nicht bedeutet, dass ich zu handeln aufgehört hätte. Ich war und bin für ein gerechtes Algerien, in dem beide Bevölkerungsgruppen in Frieden und Gleichheit zusammenleben. Ich habe wiederholt gesagt, dass

---

[39] Camus, Albert: Vorwort zur Algerischen Chronik. In: Ders.: Verteidigung der Freiheit, a. a. O., S. 71.

»DIE WELT HAT DEN SINN, DEN MAN IHR GIBT«

man dem algerischen Volk Gerechtigkeit widerfahren lassen und ihm ein uneingeschränkt demokratisches Regime zugestehen muss; aber dann steigerte sich der Hass auf beiden Seiten so sehr, dass ein Intellektueller nicht mehr intervenieren durfte, weil seine Erklärungen den Terror noch hätten schüren können. Mir schien es sinnvoller, den geeigneten Moment zum Einigen, nicht zum weiteren Trennen abzuwarten. Ich darf Ihnen indessen versichern, dass einige Ihrer Kameraden ihr Leben Maßnahmen verdanken, von denen Sie nichts wissen. Diese Begründung gebe ich nur mit einem gewissen Widerwillen öffentlich ab. Ich habe den Terror immer verurteilt. Ich muss auch einen Terrorismus verurteilen, der, beispielsweise in den Straßen Algiers, blind wütet und eines Tages auch meine Mutter oder meine Familie treffen kann. Ich glaube an die Gerechtigkeit, aber bevor ich die Gerechtigkeit verteidige, werde ich meine Mutter verteidigen.[40]

Seine Gegner stürzen sich mit Vehemenz auf diese letzte Äußerung, die ihm als entlarvende Parteinahme und Eingeständnis seiner Befangenheit im negativen Sinne ausgelegt wird. Camus wird erneut zur Zielscheibe gehässiger Kritik, zu deren Hauptwortführern die Gruppe um Jean-Paul Sartre gehört. Diese identifiziert sich mit den Auffassungen einer bedingungslosen Gewaltanwendung gegen die Kolonisatoren per se. Erst in den 1990er Jahren macht sich unter dem Eindruck der pervertierten Macht und des neuerlichen blindwütigen Terrors innerhalb der algerischen Gesellschaft eine Tendenz zur Rehabilitierung des von Camus vertretenen Ansatzes bemerkbar.[41] Zu den wichtigsten Stimmen, die sich in jüngerer Zeit versöhnlich und zustimmend zu der nonkonformistischen Gewaltkritik von Camus äußerten, gehört zweifelsohne die der algerischen Schriftstellerin und Feministin Assia Djebar. In ihrer Aufarbeitung der algerischen Gewaltgeschichte (*Le Blanc de l'Algérie*, dt. als *Weißes Algerien*) versteht sie Albert Camus (wie auch Frantz Fanon) ausdrücklich als Schriftsteller Algeriens und stellt die Überlegung an, ob nicht der mit seinen Vermittlungsbemühungen gescheiterte Camus im Falle des Erfolges zu einer ähnlichen Lösung hätte

---

[40] Zit. nach Hackenesch, Christa: a. a. O., S. 98.
[41] Eine faszinierende Zusammenfassung des »algerischen Camus«, eine Bilanz seiner Anfeindungen sowie andere Lesarten seiner Ansichten und die in jüngerer Zeit zunehmende Rehabilitierung findet sich bei Marin, Lou: a. a. O., S. 123-176.

beitragen können, wie sie der Versöhnungsprozess in Südafrika unter Nelson Mandela darstellte.[42] Anhand seines erzählerischen Werks wird Camus hingegen von Edward Said eher kritisch als »Kolonialist des guten Willens« kategorisiert, wobei er hierbei dessen politisch-philosophischen Texte ignoriert. Sein Kapitel über »Camus und die Wirklichkeit des französischen Imperialismus« schließt er mit der Feststellung, dass in dessen Erzählungen

> (...) der tragische humane Ernst des kolonialen Strebens seine letzte große Klärung erreicht, bevor es der Untergang erfasst. Sie bezeichnen eine Öde und Traurigkeit, die wir noch immer nicht voll verstanden oder überwunden haben.[43]

Wie der Camus-Forscher Schlette im Gegensatz dazu resümierte:

> Camus hat unterschieden zwischen dem Menschen der Revolte und dem Revolutionär. Die Revolte bedeutet die kompromisslose Option zugunsten der konkreten menschlichen Befreiung und Gerechtigkeit. (...) Aufgrund seiner Herkunft aus dem Landarbeitermilieu Algeriens und seiner Kenntnis der miserablen Lebensbedingungen der kabylischen Araber hat Camus jene Haltung niemals aufgegeben, die man mit dem von Marcuse in Umlauf gebrachten Begriff der ›Sensibilität‹ bezeichnen könnte, eine Sensibilität für die Armen, Ungebildeten, Unterprivilegierten. Der Revolutionär dagegen, so sieht es Camus, schreitet über das einzelne und die einzelnen hinweg, um sein Totalkonzept zu verwirklichen; er ist grundsätzlich bereit, zur Erreichung seiner Ziele Gewalt einzusetzen. Camus sieht in diesem Rigorismus den politischen Ausdruck eines Absolutheits- und Totalwissens (...).[44]

Für Camus hingegen deutet sich Menschenpflicht als

> die größtmögliche Beseitigung des Bösen, und jedes konkrete Elend verlangt die konkrete Aktion. Das Spiel mit dem Elend zu-

---

[42] Djebar, Assia (2000): Algerian White. A Narrative. New York, S. 109-110. Der Titel steht als programmatische Aussage für die Utopie der Verfasserin: Weiß symbolisiert als Farbe des Leichentuchs bei Bestattungen einen natürlichen Tod der Verstorbenen, den sie sich für die Menschen nicht nur Algeriens wünscht.

[43] Said, Edward W. (1994): Kultur und Imperialismus. Einbildungskraft und Politik im Zeitalter der Macht. Frankfurt/Main, S. 256.

[44] Schlette, Heinz Robert: Albert Camus' Hoffnung, a. a. O., S. 93 und 94.

»DIE WELT HAT DEN SINN, DEN MAN IHR GIBT«

> gunsten einer fernen, vollkommenen Zukunft erscheint zynisch, als Ausdruck von Menschenverachtung, als Negation der Würde der Leidenden, als Negation der Liebe.[45]

Mit dem Begriff der Liebe als Aktivum menschlicher Beziehung verbindet sich für Camus das Fundament seiner Existenz. Anlässlich einer Reise nach Pisa und Florenz notiert er in der ersten Septemberhälfte 1937:

> Wenn ich hier eine Morallehre schreiben müsste, würde das Buch hundert Seiten umfassen, und davon wären 99 leer. Auf die letzte würde ich schreiben: »Ich kenne nur eine einzige Pflicht, das ist die Pflicht zu lieben.« Und zu allem übrigen sage ich *nein*. Ich sage *nein* mit all meiner Kraft.[46]

Der von Sartre zu Ende der 1950er Jahre als Protagonist befreiender Gewalt zelebrierte Frantz Fanon beschließt sein 1952 erschienenes Erstlingswerk (zu einer Zeit also, in der Camus von der Sartre-Gefolgschaft verstoßen wird) – mit den Worten:

> Wir haben in unserer Einleitung gesagt, daß der Schwarze ein Ja ist. Wir werden nicht aufhören, es zu wiederholen.
> Ja zum Leben. Ja zur Liebe. Ja zur Großherzigkeit.
> Aber der Mensch ist auch ein *Nein*. Nein zur Verachtung des Menschen. Nein zur Würdelosigkeit des Menschen. Zur Ausbeutung des Menschen. Zur Ermordung dessen, was das Menschlichste im Menschen ist: der Freiheit.[47]

Ein Jahr zuvor hatte Camus in seinem kontroversen Essay formuliert:

> Was ist der Mensch in der Revolte? Ein Mensch, der nein sagt. Aber (...) er ist auch ein Mensch, der ja sagt (...).[48]

---

[45] Ebd., S. 101.
[46] Camus, Albert (1997): Tagebücher 1935-1951. Reinbek, (urspr. 1972), S. 56f. (Herv. i. O.). Vgl. hierzu auch Pieper, Annemarie (2000): Die Pflicht zu lieben. Camus' moralische Grundnorm. In: Schlette, Heinz Robert; Herzog, Markwart (Hrsg.): »Mein Reich ist von dieser Welt«. Das Menschenbild Albert Camus'. Stuttgart, S. 23-38.
[47] Fanon, Frantz (1980): Schwarze Haut, weiße Masken. Frankfurt a. M., (urspr. Paris 1952), S. 141 (Herv. i. O.).
[48] Camus, Albert: Der Mensch in der Revolte. Zit. nach Ders.: Unter dem Zeichen der Freiheit, a. a. O., S. 136.

Hier eint die von Sartre knapp ein Jahrzehnt später zu Stellvertretern gegenteiliger Auffassungen stilisierten Protagonisten[49] die grundsätzliche Bejahung des anderen Menschen. Beide begründen durch Empörung eine Moral, die Solidarität herstellt. Als »eine Haltung, die den Mitmenschen geschuldet ist«. Denn: »Nicht der Kopf, das Herz ist Mitte und Maß aller Dinge.«[50]

Empathie und Solidarität: Camus und die Gefühlsbejahung

Die substantiellen Aspekte der von Camus artikulierten moralisch-ethischen und politisch-philosophischen Anschauungen und Überzeugungen machen dessen Relevanz für unsere Gegenwart evident. Die Debatte um Werte, Normen und Prinzipien zu Macht und Herrschaft, Widerstand und Gewalt, Freiheit und Wahrheit behandeln Grundwerte menschlicher Existenz und gesellschaftlicher Verfasstheit. Zu Beginn des 21. Jahrhunderts scheint Albert Camus an Aktualität wieder gewonnen, seine Bedeutung erneut zugenommen zu haben, so die von ihm repräsentierten Positionen ins Gedächtnis gerufen werden. Denn: »Wer glaubt, weiter gekommen zu sein als Camus, ist nur noch nicht so weit gekommen wie er.«[51]

Camus knüpft in seinem Grundverständnis an die schon von Aristoteles reklamierte Voraussetzung einer zivilen Ordnung in der gegenseitigen Anerkennung an.[52] Die der herrschenden Welt(un)ordnung immanente Gewalt verleitete bereits Camus zu dem Appell, dass eine neue Ordnung nur eine universale sein könne, die nationale, kontinentale und westlich-östliche Dimensionen überwindet. Eine Gesellschaftsform, in der das internationale Recht über den Regierungen steht. Die

---

[49] Sartre, Jean-Paul (1969): Vorwort. In: Fanon, Frantz: Die Verdammten dieser Erde, Reinbek, S. 7-25. Im September 1961 verfasst, wird darin der bereits tote Camus mit keinem Wort erwähnt. Aber ganze Passagen lesen sich wie eine letztmalige Abrechnung mit (oder Rechtfertigung gegenüber?) dem einstigen Kontrahenten.

[50] Pieper, Annemarie: a. a. O., S. 37.

[51] Wernicke, Horst: Einleitung: Die Gegenwart des skeptischen Aufklärers Albert Camus, a. a. O., S. 11.

[52] Vgl. hierzu und im folgenden ausführlicher Kössler, Reinhart; Melber, Henning (2002): Globale Solidarität? Eine Streitschrift. Frankfurt a. M., insb. Kap. 4 und 5.

»DIE WELT HAT DEN SINN, DEN MAN IHR GIBT«

von ihm vor mehr als einem halben Jahrhundert formulierte Herausforderung gilt auch heute noch:

> (...) es stimmt, daß die Gewalt tausendmal bessere Aussichten hat als das Wort. Aber ich war immer der Ansicht, wenn ein Mensch, der auf menschliche Verhältnisse hofft, ein Verrückter sei, so sei jener, der an den Ereignissen verzweifle, ein Feigling. Und von nun an wird es nur noch den Stolz geben, unbeirrbar jene großartige Wette mitzumachen, die schließlich darüber entscheiden wird, ob Worte stärker sind als Kugeln.[53]

Dabei sind es nicht nur die Worte, die Camus für die gewichtigere Waffe hält als die Kugeln. Es sind auch die dadurch gezeigten Gefühle. Camus gehört zu jenen, die uns den Blick dafür schärfen, dass es zur Solidarität mehr bedarf als einer vernunftgeleiteten Rationalität der Aufklärung. Dass Empathie als wesentliche Grundvoraussetzung die bloß intellektuelle Einsicht um die notwendige emotionale Dimension ergänzen muss, um wirklich humanistisch inspirierend zu sein. Ohne Ethik gibt es kein dauerhaft tragfähiges Fundament für solidarisches Verhalten gegenüber dem Menschen. Da unsere fundamentalen moralischen Überzeugungen unsere Wahrnehmung mit gestalten und prägen, spielen sie eine wesentliche Rolle bei der Herausbildung unseres – auch politischen – Handelns. Politisches Handeln als Akt der Solidarität bedarf des Gefühls ebenso wie der Praxis. Friedrich Schiller meinte in einem Brief 1793, »dass der Weg zu dem Kopf durch das Herz muss geöffnet werden«.[54] Für Albert Camus gab es »keine gerechten Menschen, sondern nur Herzen, die mehr oder weniger arm sind an Gerechtigkeit«.[55] Wie die Romanfigur Elizabeth Costello es formulierte:

> Überzeugungen sind nicht die alleinigen ethischen Stützen, die wir haben. Wir können uns auch auf unser Herz verlassen.[56]

---

[53] Camus, Albert: Weder Opfer noch Henker, a. a. O., S. 66f.
[54] Schiller, Friedrich (1990): Über die Grenzen der Vernunft. In: Bahr, Ehrhard (Hrsg.): Was ist Aufklärung? Thesen und Definitionen. Stuttgart, S. 54.
[55] Camus, Albert: Die Guillotine – Betrachtungen zur Todesstrafe. In: Ders.: Unter dem Zeichen der Freiheit, a. a. O., S. 227.
[56] Coetzee, J.M. (2006): Elizabeth Costello. Frankfurt a. M., S. 253.

Dies ist das Gegenteil von Gewissenlosigkeit. Wohl aber können, wie Albert Camus mahnt, Überzeugungstäter durchaus gewissenlos sein. Für ihn geht es darum, die Würde des Menschen zu verteidigen und dessen Stolz zu bewahren. Solidarität und Revolte waren für ihn untrennbar miteinander verbunden.

> Ja zu sagen heißt ja sagen zum anderen und, damit verbunden, bereit sein, sich für ihn zu engagieren, sobald eine Grenze überschritten wird, die den Menschen seines Seins beraubt. (...) Das Engagement für den anderen ist nicht die Folge einer logischen Argumentation, sondern Teil eines Gefühls der Entrüstung, der Rebellion.[57]

In *Der Mensch in der Revolte* zeigt Camus »Verachtung für die Zufälligkeiten seiner Existenz«, indem er »den Menschen durch den Menschen« erklärt:

> Sein Ziel ist der Mensch und seine Entfaltung, sein Glück. Der Absurdismus ist ein Humanismus – die Welt hat den Sinn, den man ihr gibt.[58]

Eine im Namen des Fortschritts die Schöpfung annektierende Revolte, die sich die Welt grenzenlos aneignet, sieht Camus im moralischen Nihilismus und dem Willen zur Macht als einzigem Antriebsmoment kläglich enden. Dabei klingt seine Mahnung der frühen Kritischen Theorie von Horkheimer und Adorno sehr ähnlich, die gleichfalls unter dem Eindruck des Holocausts vor den Folgen einer »Sonne kalkulierender Vernunft« warnten, »unter deren Strahlen die Saat der neuen Barbarei heranreift«[59]:

> Den Verbrechen des Irrationalen wird der Mensch auf einer Erde, die er fortan einsam weiß, die Verbrechen der Vernunft zugesellen, die auf dem Weg ist zum Reich des Menschen. Dem ›Ich rebelliere, also sind wir‹ fügt er hinzu, über fabelhafte Pläne

---

[57] Wieacker-Wolff, Marie-Laure: a. a. O., S. 125f.
[58] Todd, Olivier (1999): Albert Camus. Ein Leben. Reinbek, S. 325.
[59] Horkheimer, Max; Adorno, Theodor W. (1947): Dialektik der Aufklärung. Philosophische Fragmente. Amsterdam, S. 38. Vgl. zu der hiervon beeinflussten Kritik der Fortschrittsideologie auch Melber, Henning (1992): Der Weissheit letzter Schluss. Rassismus und kolonialer Blick. Frankfurt a. M.

»DIE WELT HAT DEN SINN, DEN MAN IHR GIBT«

> und selbst den Tod der Revolte meditierend: ›Und wir sind allein.‹[60]

Wenn also

> das Verbrechen selbst vernünftelt, (...) wenn Diktatoren nicht mit Schaum vorm Mund morden, sondern mit System und Contenance? Dann, sagt uns Camus, werden wir zurückgeworfen auf das elementare Empfinden, dann bleibt nur die Fähigkeit zur Empörung als letzter Hoffnungsanker übrig.[61]

Eine Verantwortung gegenüber dem Menschen und seiner Umwelt verlangt im Sinne von Camus auch die Selbstbegrenzung. Im »Prinzip Bescheidenheit« und der solidarischen Menschlichkeit lag für ihn »die einzige praktische Möglichkeit des Überlebens auf einer Erde, die so viel enger und so viel ärmer geworden war«.[62] Die Armut dieser Erde besteht dabei nicht nur als Ergebnis materieller Ungleichheit und Not, sondern auch als Folge einer Gefühllosigkeit. In seinen *Carnets* notierte er etwa zur Zeit seines 40. Geburtstages 1953:

> Wer nichts gibt, hat nichts. Das größte Unglück besteht nicht darin, nicht geliebt zu werden, sondern nicht zu lieben.[63]

---

[60] Camus, Albert (2003): Der Mensch in der Revolte. Reinbek, (urspr. 1969), S. 121. – Bei Camus taucht häufig das im Französischen eingängige Wortspiel zwischen Solidarität (*solidarité*) und Einsamkeit (*solitaire*) auf.
[61] Strasser, Johanno (2002): Albert Camus: Engagement im Horizont des Absurden. In: Gauch, Siegfried; Mahlow, Verena; Zang, Eva (Hrsg.): Auf Augenhöhe. Jahrbuch für Literatur 9. Frankfurt a. M., S. 272.
[62] Wernicke, Horst: Camus' Entwurf vom brüderlichen Menschen. In: Schlette, Heinz Robert; Herzog, Markwart (Hrsg.): a. a. O., S. 123.
[63] Camus, Albert (1997): Tagebuch März 1951-Dezember 1959. Reinbek, S. 56.

HEINZ KOHUT[1]
Selbstwertgefühl und Ideale[2]

An den Anfang dieser Zusammenfassung unserer Arbeit möchte ich einen theoretischen Exkurs stellen. Selbstwertgefühl und Ideale? Was wissen wir über diese Konzepte? Wir alle kennen die Schwankungen unseres Selbstwertgefühls, aus der klinischen Erfahrung und aus dem täglichen Leben. Wir sind im Einklang mit uns selbst, wir sind nicht im Einklang mit uns selbst. Wir sind zufrieden damit, wie alles läuft, und das steigert unser Selbstwertgefühl. Uns geht es schlecht, weil wir auf Abneigung stießen, man uns nicht zuhörte oder sich von uns abwandte. Vielleicht geht es uns schlecht, weil wir ein Ziel nicht erreichten, das wir uns gesetzt hatten, und dadurch leidet unser Selbstwertgefühl Schaden.

Das Selbstwertgefühl (zu den »*Idealen*« kommen wir sogleich) ist also für Beobachtung offen. Es läßt sich durch Empathie beobachten, das Wesen aller Beobachtung, was unsere Wissenschaft angeht – was immer nun Wissenschaft bedeutet. Ob damit Psychoanalyse gemeint ist, mein eigener Bereich, oder Tiefenpsychologie, um einen etwas breiteren Begriff zu verwenden, oder eine andere Form oder der Psychologie oder Psychiatrie, die sich mit den inneren Erfahrungen des Menschen, der Komplexität seiner inneren Welt auseinandersetzt –, das Phänomen des Selbstwertgefühls ist offen für die Selbstbeobachtung und die Introspektion. Besonders gut zu verfolgen sind die Schwankungen, denn das, was sich bewegt, läßt sich leichter beobachten als das, was stillsteht. Weiter können wir das Selbstwertgefühl in den anderen beobachten. Dazu bietet sich die Erweiterung der Introspektion an, die stellvertretende oder mitempfindende Introspektion, bei der wir uns in die anderen, ihre Empfindungen, einfühlen, uns in sie hinein versetzen: was wir Empathie nennen.

---

[1] aus: Heinz Kohut. Auf der Suche nach dem Selbst. Kohuts Seminare zur Selbstpsychologie und Psychotherapie. Hrsg. von Miriam Elson. Aus dem Amerik. von Isabella Bruckmaier. © 1987 Miriam Elson und Elizabeth Kohut. Klett-Cotta (Leben Lernen 68) Stuttgart 1993. Mit freundlicher Genehmigung.

[2] Dieses Abschlußseminar wurde als der zweite Charlotte-Rosenbaum-Vortrag präsentiert. Die Mitglieder der Psychiatrieabteilung und geladene Gäste nahmen daran teil.

SELBSTWERTGEFÜHL UND IDEALE

Schwankungen zeichnen auch unsere Ideale aus, dieses hochgepriesene über uns stehende Etwas. Wir suchen nach neuen Idealen und Werten. Wir sind uns unsicher über die alten. Und wir reagieren genauso darauf, wenn sie angegriffen oder in Frage gestellt werden, wie auf einen Angriff auf oder ein Infrage- stellen unseres Selbstwertgefühls oder unserer Selbstorganisation. Unsere Ideale schwanken also genauso wie unser Selbstwertgefühl. Allerdings scheinen Selbstwertgefühl und Ideale, soweit man ihnen ohne theoretisch voreingenommen zu sein gegenübertritt, sehr unterschiedliche Phänomene zu sein.

So wie die Unterschiedlichkeit äußerer Phänomene für den Wissenschaftler, der sich eingehend mit der Struktur dahinter beschäftigt, den Blick auf die innere Beziehung dieser Phänomene freigeben mag, offenbaren sich auch oft die inneren Beziehungen der psychologischen Prozesse. Zwar sind Selbstwertgefühl und Ideale völlig verschieden voneinander, doch eine theoretische Erkundung, die unter die Oberfläche dringt, deckt gewisse Gemeinsamkeiten dieser nach außen hin so unterschiedlichen Phänomene auf.

Die Verwandtschaft unvereinbarer Elemente tritt zutage, sobald man mehr über sie erfährt, sie theoretisch besser verstehen lernt. Nehmen wir zum Beispiel etwas so Einfaches wie Kohle und Diamant, offenbar zwei ganz verschiedene Dinge. Ihr Aussehen ist unterschiedlich. Das eine ist schwarz, das andere durchsichtig. Ihr Wert ist unterschiedlich. Das eine ist sehr teuer, das andere sehr billig. Ihre Funktion ist unterschiedlich. Doch wenn Sie einen Chemiker fragen, ob eine Ähnlichkeit zwischen Kohle und Diamanten besteht, wird er Ihnen antworten: »Aber ja. Die zugrundeliegende Struktur ist verwandt mit dem Kohlenstoffatom und seiner Struktur.« Mit diesem Hintergrund wird klar, daß auch die beiden miteinander verwandt sind. Wir können sogar versuchen, aus Kohle Diamanten herzustellen, was vor kurzem gelungen ist.

Die Beziehung zwischen Theorie und den äußeren introspektiven und empathischen Phänomenen in der Tiefenpsychologie läßt sich damit vergleichen. Wir betrachten die Phänomene und versuchen sie unter einer anderen Wertigkeit zu verstehen, als unsere Sinne sie uns nahelegen. Die Alltagsbeobachtung und die wissenschaftliche Beobachtung unterscheiden sich durch die Theoriebildung, nicht in der Meß- oder Klassifizierungsmethode.

Theorie beeinflußt also unsere Beobachtung. Verschiedenes wird ähnlich und Ähnliches wird verschieden. Das Blatt des Gingkobaums sieht aus wie ein Blatt, aber wir wissen, sobald wir uns mit seiner Entstehung befassen, daß es näher mit einer Fichtennadel als einem normalen Blatt verwandt ist. Entsprechend verhält es sich bei den Phänomenen, mit denen wir uns hier beschäftigen. Der Unterschied ließe sich mit dem zwischen einem wahllosen Durcheinander an Pflanzen und der Erstellung eines botanischen Systems vergleichen. Gemeinsamkeiten in der Abstammung oder den Funktionen müssen gesucht werden. Heinz Hartmann, hat in seinem Buch *Die Grundlagen der Psychoanalyse,* das leider nicht den Bekanntheitsgrad hat, das es verdient, auf den Unterschied zwischen dem Studium der Phänomenologie und dem Schaffen einer zugrundeliegenden Theorie hingewiesen, wodurch aus einer Sammlung phänomenologischer Daten eine tiefenpsychologische Wissenschaft wird.

Verfolgt man diesen Gedanken weiter, stellt sich als nächstes natürlich die Frage, wie man bei der Auswahl anscheinend unterschiedlicher Phänomene und ihrer Untersuchung auf Gemeinsamkeiten vorgeht. Beginnt man mit der Theorie oder den Phänomenen? Natürlich beginnt man mit den Phänomenen. Unsere Wissenschaft ist empirisch und wir beziehen unsere Anhaltspunkte für theoretische Forschung aus der Untersuchung von Phänomenen.

Bei der näheren Betrachtung der Phänomene, die mit den Begriffen *Selbstwertgefühl* und *Ideale* zusammenhängen, entdecken wir einige Gemeinsamkeiten. Ich möchte mit den der Beobachtung zugänglichen Phänomenen beginnen. Ausgedehnte Forschungsarbeit, die viel Zeit und Engagement erfordert, ist, soweit ich es beurteilen kann, ohne eine tiefere Motivation nicht möglich. Dazu kam jedoch in meinem Fall, wie ich Sie vielleicht erinnern darf, die für mich fremde Organisationsarbeit in der nationalen Psychoanalytikervereinigung, die mein Interesse am Phänomen des Narzißmus weckte. In vielfacher Hinsicht bedaure ich es zwar, fünf Jahre intensiven Engagements nicht in den wissenschaftlichen Dienst gestellt zu haben, allerdings denke ich, daß diese Erfahrungen mir gut zustatten kamen und ein Ansporn für meine Arbeit waren.

Das Ausmaß des Streitpotentials in einer psychologisch so gebildeten und vermeintlich zur Kontrolle der diversen Triebtendenzen fähigen Gruppe überraschte mich sehr. Ich begann mich zu fragen, was zu diesen Auseinandersetzungen über diffizile theoretische oder organisatorische Probleme führte. Selbstverständlich waren diese Meinungsverschiedenheiten legitim, aber was lief hier ab? Die Schärfe, mit der der Streit geführt wurde, die Intensität der Feindschaft und der Kummer schienen unvereinbar mit dem, was ich rationalisierte Erklärung nenne. Ich begann zusehends den brillanten theoretischen Begründungen weniger Aufmerksamkeit zu schenken, wenn sich ein früherer Freund der Psychoanalyse nun kritisch abwandte oder gegen die Organisation opponierte. Es gibt eine Menge kluger Köpfe, und je klüger sie sind, umso besser klingen ihre Erklärungen, auch wenn sie letztendlich nicht viel erhellen. Ich begann darüber nachzudenken, an welchem Punkt die Differenzen auftraten. Zu welchem Komitee wollte der Betreffende ernannt werden und wurde nicht ernannt? Bei welcher Wahl mußte er eine Niederlage hinnehmen? Ging dies vielleicht seiner Meinungsänderung über beispielsweise die theoretische Validierung der Libidotheorie voraus? In der Regel, stellte ich fest, stieß ich auf ein solches Vorkommnis. Damit möchte ich nicht sagen, daß ein irrationales Motiv nicht zu einem guten Gedanken führen könnte. Ebensowenig möchte ich sagen, daß beispielsweise die Kritik an der Libidotheorie ungültig ist, nur weil sie durch eine Wahlniederlage ausgelöst wurde. Nein, die Argumentationslinien und Gedanken müssen dennoch ernst genommen werden. Aber die Irrationalität und die Vehemenz der Gefühle, mit der diese theoretischen Differenzen ausgetragen werden, lassen sich durch diese vorgegebenen Gründe nur schwer rechtfertigen und werfen ein anderes Licht auf das Geschehen.

Es gibt eine bestimmte Art und Weise, wie Menschen mit Erwartungen umgehen und mit ihrem Wunsch, sich selbst darzustellen, vor allem in der Gruppe. Warum? Was ist anders in der Gruppe, als wenn man zu zweit ist? Wenn ein Erwachsener in einer Gruppe, besonders in einer Gruppe von Berufskollegen ist, begibt er sich in eine leicht regressive Situation. Sein Selbstwertgefühl ist gefordert. Anklänge an eine weitentfernte Vergangenheit werden geweckt, als das sich gerade entwickelnde Selbstwertgefühl tatsächlich von der äußeren Stützung abhängig war. Die Wurzeln unseres Exhibitionismus, oder des Exhibitionismus unseres Körpers, aus dem später der Exhibitionismus des Intellekts hervorgeht, unserer Leistungsfähigkeit und unserer Moralität liegen im Akzeptiertwerden – der Rückmeldung von außen. In der leicht regressiven Gruppensituation sind wir auf das zustimmende Nicken angewiesen, ärgern uns gleichzeitig über dieses Bedürfnis und sind verzweifelt, wenn es nicht gestillt wird.

In bestimmten Gruppensituationen wird dieses alte Gefühl aufs schmerzlichste wiederbelebt. Unter solchen Umständen regredieren wir bei Enttäuschungen. Unser Selbstwertgefühl sinkt, es geht uns schlecht und wir wollen uns an denen rächen, die uns nicht geben, was wir uns wünschen und uns von ihnen erwarten – Lob, die Wahl in ein Amt, die Entsendung in einen Ausschuß, die Anerkennung unserer Theorie oder worum immer es gehen mag. Diese Wut oder Empfindlichkeit hat also einen bestimmten phänomenologischen Beigeschmack, etwas ganz Eigentümliches, das sich der exakten Beschreibung entzieht, so wie es unmöglich ist, Sinneswahrnehmungen genau zu Papier zu bringen. Ein psychologischer Zustand wird, richtig ausgelöst, von jedem erkannt. Doch sollen wir ihn narrensicher definieren, scheitern wir unweigerlich.

Allgemeingültige Erfahrungen sind für uns in der Psychoanalyse oder Tiefenpsychologie ausgesprochen wichtig. In unserem Bereich geht es nicht um eine ausgeprägte Genauigkeit der Details oder der Beschreibung. Es mag merkwürdig erscheinen und ist bedauerlich, daß wir uns in dieser Hinsicht von anderen Wissenschaften unterscheiden. Bei uns liegt die entscheidende Fähigkeit darin, bei anderen die Erinnerung an grundlegende Erfahrungen zu wecken.

Nachdem ich nun die Verletzbarkeit des Selbstwertgefühls und damit seine Phänomenologie skizziert habe, möchte ich mich den Idealen zuwenden. Erleben wir unsere Werte und Ideale ähnlich wie wir gemeinhin das soeben beschriebene Selbstwertgefühl erleben, vor allem unseren Ehrgeiz, vorwärts zu kommen und unseren Erfolg von anderen bestätigt zu bekommen? Auf den ersten Blick erscheint dies nicht so. Trotzdem möchte ich Ihr Augenmerk auf eine Gemeinsamkeit lenken, ohne die Ihnen bereits sattsam bekannte theoretische Unterfütterung dieser Gemeinsamkeit erneut zu strapazieren. Die Bedürfnisse unseres Selbstwertgefühls zeichnen sich durch eine Absolutheit aus, und wir müssen mühsam lernen (was wir ohnehin nie vollständig oder ausreichend schaffen), Abstriche zu machen und unsere Grenzen zu erkennen. Was auch immer wir an die Stelle des ursprünglichen Selbstwertgefühls setzen, selbst der beste Ersatz, was ich als Weisheit bezeichnen würde, ist nur eine neue Form des Narzißmus, wie Ihnen bekannt ist. Es handelt sich dabei um keine wirkliche Einschränkung, sondern bloß

SELBSTWERTGEFÜHL UND IDEALE

um einen Wechsel auf eine andere, möglicherweise höhere Ebene. Weisheit erfüllt uns mit Stolz, aber auch Weisheit hat etwas Narzißtisches an sich. Die direkte Erfahrung unserer Ideale und ihrer Schwankungen ist ähnlich.

Der Mensch ist sehr empfindlich, was seine Ideale angeht. Im Laufe eines Lebens mögen sich die Werte ändern, aber, wie auch immer das Wertsystem im Kern beschaffen sein mag, es wird stets eine Schwelle geben, die nicht überschritten werden darf, auf deren Verletzung man mit Zorn und Wut reagiert.

Ich möchte Ihnen dafür ein zeitgemäßes Beispiel geben. Bekanntermaßen stoßen im Augenblick die Wertsysteme, die Ideale aufeinander. Das sind zum einen die neuen Ideale, wie besonders von den Studenten vertreten werden, übergeordnete Ideale, die die nationalen Ideale transzendieren. Und da sind zum anderen starke nationale Gefühle, wie sie die amerikanische Flagge symbolisiert und wie sie beispielsweise von Bauarbeitern vertreten werden. Es ist einfach, wenn man für ein bestimmtes Wertsystem einsteht, die Werte der anderen als altmodisch und rückständig abzutun. Und doch bleiben uns die Reaktionen bestimmter Gruppen verschlossen, wenn wir uns in ein neues Wertsystem und seine Absolutheit nicht einfühlen können. Wie sieht die zentrale Bevölkerungsgruppe aus, die sich jetzt im Innersten verletzt fühlt, wenn die amerikanische Fahne umgedreht oder verbrannt wird? Wer ist zutiefst getroffen, wenn Idealisten sich weigern, ihrem Land im Krieg in Vietnam zu dienen? Natürlich denken eine ganze Menge Menschen so, doch mir erscheint es ganz besonders wichtig, eine Gruppe zu verstehen, nämlich die Bauarbeiter. Wer sind sie? Normalerweise gehören sie der Mittelschicht an und wohnen in ihrem eigenen Haus in einer relativ günstigen Wohngegend am Stadtrand. Sie sind die Söhne oder Enkel von Immigranten. Sie wissen von ihren Vätern und Großvätern, daß diese unsicher waren, was ihren Status und ihr Selbstwertgefühl anging. Sie selbst haben nun eine gewisse Sicherheit und Festigkeit erreicht.

Einer der Pfeiler, auf dem dieses neue Selbstbewußtsein ruht, besteht in der Tatsache, daß sie Amerikaner sind. Die Fahne bedeutet ihnen ungeheuer viel. Sie fühlen sich in ihrer Sicherheit zentral bedroht durch den schieren Anblick von Menschen, die sich anders kleiden, als sie es, gewissermaßen erst in dieser Generation, gelernt haben – die sich die Haare nicht so schneiden, wie sie sich gerade daran gewöhnt haben, es für ordentlich zu halten, die die Fahne herunterreißen, die sie gerade zum Mittelpunkt ihres Wertsystems gemacht haben. Sie reagieren genauso wütend und destruktiv auf Menschen, die sie herabsetzen und die Ideale angreifen, um die sie ihren Wert aufgebaut haben, wie wir, wenn eine theoretische Position zurückgewiesen wird, für die wir uns eingesetzt haben, oder wir eine andere berufliche Niederlage einstecken müssen. Damit will ich nicht sagen, daß Werte grundsätzlich als relativ zu sehen und damit in gewissem Sinne wertlos sind. Nein. Werte sind es wert, daß man über sie nachdenkt und sich für sie einsetzt, aber man sollte sie auch verstehen. Sonst ist keine Verständigung darüber möglich.

Die zwischenmenschlichen narzißtischen Spannungen spielen im Gruppenleben eine Rolle – im Gruppenleben der Nation und unter den Nationen. Das ist eine Entsprechung zu den Triebkonflikten, den strukturellen Konflikten in der Neurose des einzelnen (Kohut 1966, dt.: Formen und Umformungen des Narzißmus, 1975). Die Wut und die Einstellung »lieber sterben zu wollen« – und wirklich lieber sterben zu wollen – haben tiefreichende Wurzeln, Wurzeln, die bis an die Grundlagen der menschlichen Entwicklung reichen.

So unterschiedlich Selbstwertgefühl und Ideale phänomenologisch betrachtet also auch sein mögen, weisen sie doch, bei näherem Hinsehen, eine gewisse Gemeinsamkeit auf. Sie sind miteinander verwandt und sie zeichnen sich beide durch einen Absolutheitsanspruch aus. Werte oder Ideale können sich im Laufe eines Lebens ändern, aber sobald ein neues Wertsystem geschaffen wird, ist es absolut, zentral – so wie eine Mode. Überhaupt haben Wertsysteme und Moden einiges gemeinsam. Es ließe sich auch sagen, daß manche Menschen dem zentralen Wertsystem anhängen, Werte seien als relativ zu sehen oder müßten wissenschaftlich überprüft werden. Es gibt kein Entkommen. Denn damit ist die leidenschaftslose Einstellung selbst den bedeutsamsten Belangen der Menschheit gegenüber zum wichtigsten Wert im Leben geworden. Das kann in zehn Jahren anders sein, wenn man sich zu einer anderen Meinung durchgerungen hat. Aber dieses neue zentrale Wertsystem wird dann mit derselben Vehemenz vertreten und mit derselben Entrüstung gegen Angriffe verteidigt werden.

Wenden wir uns nun, nachdem Sie ein Gefühl – oder zumindest eine Ahnung – für die Ähnlichkeit nach außen hin so verschiedener Dinge

SELBSTWERTGEFÜHL UND IDEALE

wie Werte und Selbstwertgefühl bekommen haben, ihrer gemeinsamen Wurzel zu. Wie Sie wissen, verfügt die Psychoanalyse über eine bedeutende theoretische Methode – nämlich die Entwicklungspsychologie. Wir untersuchen nicht nur den aktuellen Stand der Dinge, sondern auch ihre Geschichte, wenn es geht, zurück bis an ihren Anfang. Natürlich gibt es Veränderungen. Der Anfang kann gleich sein, aber die Entwicklung kann verschieden verlaufen. In der Entwicklungspychologie nennt man das Funktionsänderung. Der gemeinsame Ursprung kann, wie wir wissen, Aufschluß geben über sonst unverständliche gemeinsame Eigenschaften, über die Wahrscheinlichkeit einer Funktionsänderung und über ähnliche Reaktionsweisen.

Wir behandeln diese Konzepte der Ideale und des Selbstwertgefühls auf die traditionelle psychoanalytische Weise, die, wie ich Sie vielleicht erinnern darf, ursprünglich von Sigmund Freud (1908) und Karl Abraham (1927, dt.: Ergänzungen zur Lehre vom Analcharakter, 1969) entwickelt wurde. In ihrem, trotz mancher Unzulänglichkeiten großartigen Beitrag stellten sie einen Zusammenhang her zwischen Charaktertyp und Triebelementen. Bei den Begriffen analer Charakter, urethraler Charakter, phallische oder orale Persönlichkeit ist Ihnen sofort klar, was gemeint ist. Über die frühen Unzulänglichkeiten können wir heute mit einem wohlwollenden Lächeln hinweggehen.

Selbstverständlich läßt sich die Entwicklung der Persönlichkeit nicht einfach durch die Dominanz eines Triebes oder einer Trieborientierung erklären. Doch möchte ich Ihr Augenmerk von diesen Unzulänglichkeiten weg auf den unglaublichen Fortschritt hinlenken, der durch die Entdeckung dieser Persönlichkeitstypen gemacht wurde. Wie läßt es sich erklären, daß so völlig verschiedene Eigenschaften wie Geiz, Höflichkeit, Genauigkeit, Freundlichkeit, übermäßige Freundlichkeit, Ordentlichkeit zusammen auftreten? Es war ein ungeheurer Fortschritt zu konzeptionalisieren, daß sich hinter der Entwicklungsgeschichte der Triebe etwas verbirgt, das zu komplexen Mustern aus Eigenschaften wie Genauigkeit, Höflichkeit und Sauberkeit führt. Mir scheint dieser Sprung nach vorne in der Konzeption mit der Erkenntnis vergleichbar, daß Kohle und Diamanten trotz ihrer offensichtlichen Unterschiedlichkeit etwas gemeinsam haben.

Inwiefern hilft uns das in einem Verständnis des Selbstwertgefühls und der Ideale weiter? Seien Sie daran erinnert, daß sowohl das Selbstwertgefühl wie das, was später unsere Ideale werden, dieselbe Wurzel haben. Wir gehen von einem vorpsychologischen Stadium aus, für das häufig der Begriff primärer Narzißmus verwendet wird und in dem die psychobiologische Einheit sich manchmal im Gleichgewicht, einem nahezu perfekten Gleichgewicht, befindet, dann aber wieder Störungen und Schwankungen auftreten, was zusammengehört. Die Psychologie soll hier außen vor bleiben, denn in diesem Stadium ist nicht einmal eine rudimentäre Selbstbeobachtung – und damit auch keine Empathie – möglich. Ob es sich hier um die fötale Periode oder die Zeit nach der Geburt handelt, in der die Mutter oder die äußere Umgebung für dieses Gleichgewicht sorgen, wissen wir nicht. Aber es ist wahrscheinlich, daß hier die gemeinsamen Wurzeln für die späteren Differenzierungen liegen.

Außerdem wissen wir, daß diese anfängliche Ausgewogenheit nicht von Dauer sein kann. Dazu ist das wichtigste Instrument zur Erhaltung des narzißtischen Gleichgewichts zu unvollkommen – dieses Instrument ist bei Kleinkindern wie Erwachsenen die Empathie. Die Mutter kann nicht immer einfühlsam die Bedürfnisse ihres Kindes erkennen und darauf reagieren, sie kann sich nicht vollkommen einfühlen, früher oder später muß sie versagen. Sie wird zu spät reagieren und das Kind wird mit einer Unausgewogenheit konfrontiert. Die ursprüngliche Glückseligkeit, Vollkommenheit oder Balance ist verschwunden. Es reagiert darauf auf zwei völlig verschiedene, aber gleichzeitig entstandene Arten: einerseits schafft es in sich selbst Vollkommenheit, worin der Kern für das zukünftige Selbstwertgefühl, das Streben nach Selbstperfektion und den zukünftigen Ehrgeiz liegt; andererseits schafft es diese Vollkommenheit in der Außenwelt, worin der Kern für die zukünftige Omnipotenz und Perfektion der Außenwelt und damit der Kern für die Ideale liegt.

Das Selbstwertgefühl entsteht durch das Gefühl eines vollkommenen Körpers, eines vollkommenen Selbsts und einer vollkommenen Selbsterfahrung. Von Anfang an jedoch wird diese Vollkommenheit des Selbstwertgefühls, dieser Wunsch, sich zur Schau zu stellen und zu sagen: »Seht her, was immer ich bin, ich bin ich«, durch die empathische Reaktion der Mutter unterstützt, durch den Glanz in ihren Augen, ihre Reaktionen auf den kindlichen Exhibitionismus. Diese empathische Verbundenheit ist ständig vorhanden. Wir könnten uns nie von diesem

SELBSTWERTGEFÜHL UND IDEALE

Bedürfnis befreien.³ Man könnte zu der Überzeugung gelangen, daß dies theoretisch angebracht wäre und daß wir unser eigenes Selbstwertgefühl schaffen sollten. Bis zu einem gewissen Punkt machen wir das auch. Wir werden unabhängiger von anderen und vor allem lernen wir trotz unseres Bedürfnisses zu warten. Wir können über vergangene Erfolge nachdenken, ohne uns deshalb über den momentanen Mangel an Reaktionen aufzuregen. Doch im Prinzip sind wir ganz Ohr und haben alle Antennen ausgefahren. Während ich hier spreche, achte ich darauf, ob Sie mir zuhören. Und Sie sehen hoch zu mir und möchten wissen, ob ich wirklich zu Ihnen spreche oder völlig in meinen Ideen aufgehe. Deshalb ist es einfacher, einem frei gehaltenen Vortrag oder einem Gespräch zuzuhören als einem vorgelesenen Vortrag. Wer vom Blatt liest, ist mit seinen Gedanken nicht beim Publikum. Er hat mit sich zu tun. Das Publikum strengt sich an zuzuhören, fühlt sich aber letztendlich außen vor, unbeteiligt. Weiter denkt es: »Der Kerl gibt sich Mühe. Er hat das sehr sorgfältig vorbereitet. Das hat er für uns gemacht. Das lohnt sich schon. Ich werde davon profitieren.« Und dabei schläft es dann ein. Soviel zum Selbstwertgefühl.

Der andere ist natürlich der omnipotente andere – die allmächtige äußere Person, die vorn Kind noch nicht als völlig verschieden von sich wahrgenommen wird. Der andere trägt das Kind und seine Omnipotenz. Viele große narzißtische Phantasien – zum Beispiel die Phantasie, man könne fliegen – hängen mit dem Hochfliegen unseres Intellekts, unserer Freude an neuen Ideen, der Erkundung neuer Bereiche zusammen. Das ist einer der Beiträge aus unserer Frühzeit für das ganze Leben, das von dem omnipotenten anderen abhängt, der uns empathisch trägt. Der heilige Christopherus, der das Christuskind trägt (die Mutter, die das Baby trägt), ist hierfür ein christliches Symbol. Bei einer Störung der omnipotenten Empathie des anderen, wird sich diese in den später internalisierten Idealisierungen spiegeln. Freuds große Entdeckung auf dem Gebiet der Gruppenpsychologie war, daß Gruppen durch Ideale zusammengehalten werden. Die einzelnen Gruppenmitglieder identifizieren sich mit einer Idee, einem Ideal oder einem Men-

---

³ Hier lassen sich die Anfänge von Kohuts späterer Konzeptionalisierung des Selbstobjekts erkennen – seine Notwendigkeit zur Schaffung des Selbst beim Kleinkind, die Konsolidierung des Selbst beim Kind und die Aufrechterhaltung des Selbst das ganze Leben über.

schen, der die Personifikation eines gemeinsamen Ideals darstellt. Die gemeinsame Wurzel des Selbstwertgefühls und der Ideale zu verstehen ist für Ihre Arbeit mit Jugendlichen und jungen Erwachsenen an der Student Mental Health Clinic deshalb nützlich, weil in der zweiten Lebensdekade die Probleme der ersten Dekade wiederholt werden, bevor sich eine einigermaßen stabile Persönlichkeit konsolidiert. Diese wechselnde Konflikte, die Leidenschaften der ödipalen Phase, die Eifersucht, die Konkurrenz, die Niederlagen und die Siege dieser Zeit werden in der frühen Adoleszenz, der frühen Pubertät wiederholt. In dieser Phase des Übergangs werden unter dem Einfluß des neu erlangten Triebgleichgewichts und der erreichten Geschlechtsreife die alten ödipalen Konflikte wiederbelebt. Und ähnlich läßt sich meines Erachtens bei der späten Adoleszenz ein Bezug zur frühesten Entwicklungsphase des Selbst herstellen, der frühesten Phase der Schwankungen und Konflikte des Selbst und seiner Vorläufer – den omnipotenten, idealisierten Objekten.

Die Gründe dafür sind offensichtlich. In dieser Zeit muß man sich großen Anforderungen stellen. Der Abschied von der Kindheit ist gekommen. Die Schulzeit ist bald vorbei. Man wird unabhängig. Die äußere Erscheinung ändert sich, ein neues Selbstkonzept will geschaffen werden und neue, den neuen Aufgaben entsprechende Werte sind vonnöten. Jeder tiefe und plötzliche Umbruch, sei es nun in der persönlichen Entwicklung oder der Entwicklung eines Volkes, führt zu einem starken Balanceverlust. Unter dem Einfluß dieses bedeutsamen Übergangs von der Adoleszenz in das Erwachsenenalter werden viele der alten Unsicherheiten wiederbelebt, was das Selbst und die eigenen Ideale angeht. Das ist normal und muß bis zu einem gewissen Grad so sein. In dieser Phase auftretendes intensives Leiden oder intensive Psychopathologie hängen mit den frühesten Unsicherheiten zusammen. Das frühe Vertrauen in omnipotente Objekte und ihre Inkorporation in der Form fester Ideale wurde gestört.

Die Unsicherheiten der späten Adoleszenz und des frühen Erwachsenenalters sind der Auslöser für die Wiederbelebung der tiefreichenden Fixierungen psychopathologischer Unsicherheiten oder Unsicherheiten im frühen Leben. Unter diesen Umständen also werden diese alten Unsicherheiten wiederbelebt, treten zugleich Selbstwertgefühlseinbrüche und ein arrogantes Selbstbewußtsein auf. Dasselbe spielt sich im

SELBSTWERTGEFÜHL UND IDEALE

Bereich der Ideale ab: einerseits ist man sich absolut sicher in Bezug auf die sich herausbildenden Ideale und gleichzeitig stellt man Ideale an sich in Frage.

Die bekannten Phänomene der Adoleszenz, durch die jede Generation geht, mit den jeweils verschiedenen Inhalten, Arten, sie zu erdulden und unterschiedlichen Lösungen sind Ihnen allen vertraut. Die Beziehung zwischen Vergangenheit und Gegenwart, Tiefenstruktur und Oberfläche, unreif und reif, archaisch und nichtarchaisch, ist natürlich *der* Gegenstand unserer Erforschung der Pychopathologie. Beim Studium der Psychopathologie können wir den Einfluß der früheren Entwicklungsphasen beobachten, die die reifen Funktionen stören. Liegt eine masturbatorische Fixierung vor, ergibt sich daraus vielleicht ein Schreibkrampf, weil gewissermaßen der alte Masturbationstrieb einbricht – oder welche Entwicklung auch immer das einfache hysterische Symptom nimmt. Obwohl sie öfter erwähnt wird, wird ihr meines Erachtens nicht die verdiente Beachtung zuteil: die Beziehung zwischen archaisch und nichtarchaisch, zwischen unreif und reif.

Gegen den Mythos vom vernünftigen Menschen läßt sich, wie gegen den Mythos vom wirtschaftlich denkenden Menschen, unglücklicherweise nur schwer angehen. Dafür gibt es einen narzißtischen Grund. Wir lieben die Vorstellung nicht, von irrationalen und unreifen Kräften unterstützt zu werden. In der neueren analytischen oder tiefenpsychologischen Theoriebildung nahm dieses Vorurteil eine besondere Form an: die sogenannte Ich-Autonomie. Dieses Konzept verheißt, daß ein Teil der Persönlichkeitsoberfläche völlig unabhängig funktioniert. Ein gesunder, sich im Gleichgewicht befindender Mensch ist in der Lage, ein autonomes Ich einzusetzen, mit der Oberfläche seines Geistes zu arbeiten.

Vielleicht erinnern Sie sich an die Analogie, die Freud bei seinem theoretischen Neubeginn in den 20er Jahren gebrauchte, als er die Beziehung von Ich und Es, das Strukturmodell des seelischen Apparats einführte: die wunderbare Analogie vom Reiter und vom Pferd (Freud 1932, S. 83). Wenn er zu Fuß geht, wird der Reiter kaum abgeworfen. Er kann alles mögliche machen, aber vieles kann er nur tun, wenn er auf dem Pferd sitzt. Er muß das Pferd ständig führen, außer er läßt es frei laufen, wozu er nicht fähig ist. Das autonome Ich hält das Pferd in Schach. Aber bestimmte Dinge kann es nicht tun. Es kommt nicht schnell voran oder kann nicht über Hürden springen. Er kommt nicht in den Genuß des Triumphes, in neue Bereiche vorzupreschen. Wünschenswert wäre der Reiter *auf* dem Pferd, der das Pferd *im Zaum* hält. Anders ausgedrückt: meines Erachtens gibt es einen Unterschied zwischen Ich-Autonomie und Ich-Dominanz.

Ich-Dominanz bedeutet die enorme Kraft des Pferdes, seine Wildheit, seine Vitalität. Diese Kraft wird eingesetzt, aber gezügelt, sie ist dem Reiter zu Diensten. Er läßt das Pferd frei laufen, wenn er will, zügelt es, wenn er langsamer vorwärts kommen will, und steigt gegebenenfalls auch ab. Freud wußte das, obwohl er sich nie systematisch damit beschäftigte. Warum er dies nie tat, wäre interessant herauszufinden. Er wußte das, als er bemerkte – was oft genug zitiert wird –, daß der erstgeborene Sohn einer jungen Mutter aus der Reaktion der Mutter das Gefühl bezieht, ein Eroberer zu sein, ein Gefühl, das oft zu tatsächlichem Erfolg führt. Das kleine Kind, das der Augapfel einer biologisch gutfunktionierenden und gut reagierenden Mutter ist, dieser erstgeborene Sohn erhält Selbstvertrauen im Übermaß. Es muß gezügelt werden. Es muß sich der Ich-Dominanz unterordnen im Laufe einer langen und wechselvollen Entwicklung, über die wir sehr viel wissen. Und doch bleibt tief unten etwas davon erhalten, auch wenn es durch noch so viele Filter enttäuschender Erfahrungen gefiltert wird.

Ich habe betont, daß Narzißmus nichts Schlechtes ist. Dieser Gedanke steht im Gegensatz zum Altruismus des alten abendländischen Wertesystems, das sich unter jüdisch-christlichen Einflüssen im Lauf der letzten 2000 Jahre herausbildete. Wir sollten allmählich erkennen, daß unsere höchsten Leistungen und Werte zum Teil eine Weiterentwicklung aus dem Bereich des Narzißmus selbst unter dem Einfluß der Ich-Dominanz sind.

Damit bleibt nur noch eine negative Schlußfolgerung, und zwar, daß pathologischer Narzißmus ganz offensichtlich nicht wünschenswert ist. Selbst hier habe ich Einwände. Zumindest möchte ich mich näher damit beschäftigen. Natürlich ist pathologischer Narzißmus negativ zu sehen bei klinischen Fällen wie den Schizophrenien, den Depressionen und den weniger eindeutigen, allgemeinen und analysierbaren Persönlichkeitsstörungen, mit denen wir alle zu tun haben, besonders den sogenannten narzißtischen Persönlichkeitsstörungen mit ihren Fixierungen und Überempfindlichkeiten. Dieser Narzißmus, so könnte man sa-

SELBSTWERTGEFÜHL UND IDEALE

gen, sollte überwunden werden, er ist schlecht und führt zu einer Störung der Funktionen. Aber selbst hier bin ich mir nicht ganz sicher, und zwar aus folgenden Gründen.

Sehen wir uns den Normalfall an – ich weiß zwar eigentlich nicht, was das ist, aber ich denke, daß wir uns alle darunter etwas vorstellen können.

Es gibt Veröffentlichungen über das normale Leben von Menschen, denen es gut geht. Sie mögen Baseball. Sie trinken gerne Bier, aber nicht zuviel. Sie lesen gerne zur Unterhaltung, aber nicht zuviel. Sie mögen ihr Haus, ihre Frau, ihre Kinder ziemlich gern. Mit anderen Worten: es gibt so etwas wie anstrebenswerte Normalität. Bei diesen Menschen stellt Narzißmus in seinen groberen oder archaischeren Formen kein Problem dar. Und wir sollten laut »Bravo!« rufen, denn das ist wirklich ein lohnenswertes Ziel.

In unserer Arbeit versuchen wir uns und unseren Patienten dabei zu helfen, archaischere narzißtische Fixierungen zu überwinden und eine gewisses Maß an Normalität zu erreichen. Das muß nicht diese Normalität sein, über dessen etwas humoreske Beschreibung wir gerade lächelten. Ich möchte das nicht wirklich heruntersetzen. Aber woher kommt dieses Übermaß an narzißtischer Fixierung? Ich habe noch keine Patienten getroffen, der frei von narzißtischen Problemen wäre. Bei mindestens einem Drittel unserer Patienten sind narzißtische Probleme das führende Symptom, das zentrale Kernproblem, an dem es den Hebel anzusetzen gilt. Einige widersprechen hier und sagen, es wären zwei Drittel der Patienten. War das immer so oder ist das eine neuere Entwicklung? Sind wir dafür nur sensibler geworden und diagnostizieren sie deshalb häufiger oder handelt es sich um eine tatsächliche Zunahme? Ich kenne die Antwort darauf nicht, glaube aber, daß diese narzißtischen Probleme möglicherweise zunehmen. Die Frage stellt sich: Warum?

Ich denke, daß Normalität und Ausgeglichenheit, so erstrebenswert sie sein mögen, in gewisser Weise am Leben vorbeigehen. Normalität ist nicht experimentierfreudig. Sie ist stabil, gesetzt. Ich habe den Eindruck, daß es bei jeder Psychopathologie darum geht, eine neue Balance zu finden. Die Natur geht nicht systematisch vor, unter Millionen von Fehlversuchen wird das eine positive Ergebnis gesucht. Das ist die Übertragung von Darwins Kernaussage auf die Psychologie.

Trifft das auf die Aufgabe der Menschheit zu? Meines Erachtens ja. Denken Sie nur an die Probleme, mit denen wir uns auseinandersetzen müssen: Überbevölkerung, das ungeheuere Zerstörungspotential und die ganzen Klischees, die jede Möchte-gern-Kassandra anführt, die ihre narzißtische Gratifikation aus der Vorhersage des baldigen Untergangs der Menschheit beziehen möchte. Diese Klagen sind nicht völlig unberechtigt. Schließlich werden die heutigen Ausdrucksmöglichkeiten des menschlichen Organismus oder der menschlichen Seele bald nicht mehr mit dem Überleben vereinbar sein. Früher war das anders, man konnte mit dem Speer töten, und viele überlebten. Bei Wasserstoffbomben überlebt niemand. Man konnte umherziehen, so lange es Platz gab, aber jetzt gibt es keinen Platz mehr.

Mit anderen Worten: die Forderung, der wir uns jetzt stellen müssen, ist nicht die Entwicklung neuer sozialer Institutionen. Hiermit befinde ich mich wohl im Gegensatz zu den meisten soziologisch orientierten Menschen. Natürlich braucht man auch neue soziale Einrichtungen. Doch die Anpassung, die jetzt von uns gefordert wird, ist ein entscheidender innerer Wandel: wir müssen fähig werden, das Leben zu genießen – schließlich ist Genuß auch bis zu einem gewissen Maß ein Indikator für ein erfolgreiches Leben. Wir müssen lernen, innere Aktiviäten zu entwickeln, die an die Stelle äußerer Aktivitäten treten. Das, was wir Kultur nennen, ist häufig genau das. Die Freude an einem Stück von Sophokles oder Shakespeare oder das Hören von Musik ist keine Handlung, sondern eine innere Freude. Ein Genie hat einen Weg gefunden, uns eine tiefe Erfahrung zu schenken, ohne daß wir dafür kämpfen oder uns anstrengen müssen, wir müssen uns dazu nicht einmal bewegen. Dies ist eine Möglichkeit, ein neues Gleichgewicht zu finden in einer Zukunft, in der meines Erachtens unser Innenleben eine große Bereicherung erfahren und vieles ersetzen muß. Mit diesem Gedanken möchte ich schließen. Ich frage mich, ob diese Zunahme narzißtischer Psychopathologie nicht zum Teil der Versuch der Natur ist, durch die Verschwendung Millionen und Milliarden fehlgeschlagener Versuche vielleicht die eine Mutation zu einem reicheren Innenleben zu finden, die uns wirklich beim Überleben helfen kann. Dankeschön.

Die Autorinnen und Autoren

Sigrid Awart, Mag., Dr., geboren 1966, lebt in Wien. Studium der Ethnologie und Psychologie, Forschungsaufenthalte in Papua Neuguinea, Südafrika, Senegal und Großbritannien. Forschungsschwerpunkte: Kulturwandel, Migration, Sozialisation, informeller Sektor. Universitätslektorin, Bildungsberaterin, arbeitet beim Bildungs-, Beratungs- und Therapiezentrum für Immigrantinnen Peregrina. Vorstandsmitglied des Instituts für Ethnopsychoanalyse und Kulturaustausch; wissenschaftliche Veröffentlichungen.

Ketajun Dörfler, Mag., geboren 1965, lebt in Wien. Psychotherapeutin in Ausbildung bei der Wiener Psychoanalytischen Vereinigung; Historikerin. Arbeitet in der Erwachsenenbildung und im psychosozialen Bereich sowie Mitarbeit bei Kunstprojekten.

Mario Erdheim, PD, Dr. phil., Psychoanalytiker, Supervisor, Lehrbeauftragter an der Universität Zürich für Ethnopsychoanalyse und Ethnopsychiatrie. Forschungsschwerpunkte: Entwicklungspsychologie, psychoanalytische Theorie der Adoleszenz, psychoanalytische Kulturtheorie. Zahlreiche Veröffentlichungen.

Heinz Kohut, Psychoanalytiker und ehemaliger Vizepräsident der Internationalen Psychoanalytischen Vereinigung (IPV), Begründer der psychoanalytischen Selbstpsychologie, war nach seiner Emigration aus Wien vor den Nazis in Chicago tätig. Er lehrte Neurologie und Psychiatrie an der Universität Chicago bis zu seinem Tod 1981. Zahlreiche Veröffentlichungen zur Psychologie des Selbst.

Henning Melber, geboren 1950 in Stuttgart, kam 1967 nach Namibia und trat 1974 der Befreiungsbewegung SWAPO bei. Von 1992 bis 2000 leitete er in Windhoek ein politikberatendes Wirtschaftsforschungsinstitut. Seit 2000 ist er Forschungsdirektor am Nordic Africa Institute in Uppsala/Schweden, seit 2006 sein Direktor. Zahlreiche Buchveröffentlichungen u.a. bei Brandes & Apsel.

Susanne Ogris, Mag., Dr., geboren 1968, Psychologin, Pädagogin und Beraterin. Arbeitet seit 1996 in der psychosozialen Betreuung von Überlebenden der Shoa und seit 2000 als Leiterin des Tageszentrums für SenorInnen im jüdischen Elternheim in Wien. Vorstandsmitglied des Instituts für Ethnopsychoanalyse und Kulturaustausch. Lehr- und Vortragstätigkeit zu den

DIE AUTORINNEN UND AUTOREN

Themen Nationalsozialismus und Holocaust, Traumaverarbeitung, Erinnerungsarbeit und interkultureller Dialog.

Paul Parin wurde 1916 als Sohn eines Schweizer Gutsbesitzers in Polzela (Slowenien) geboren. Er studierte Medizin in Graz, Zagreb und Zürich, wo er 1939 seine Frau, Goldy Matthèy, kennenlernte. 1944 nahmen sie mit einer Mission von Schweizer Chirurgen am jugoslawischen Befreiungskrieg teil. Nach der Ausbildung zum Neurologen und Psychoanalytiker eröffnete Parin 1952 mit seiner Frau und Fritz Morgenthaler eine Praxisgemeinschaft in Zürich. Ab 1955 unternahmen sie zu dritt längere Forschungsreisen in Westafrika. Mit ihren Untersuchungen von Stammesgesellschaften leisteten sie Pionierarbeit für den neuen Forschungszweig der Ethnopsychoanalyse. Nach der Aufgabe der Praxis 1990 wurde Parin Schriftsteller. 1997 starb seine Frau Goldy. Für sein wissenschaftliches und literarisches Werk hat er zahlreiche Ehrungen erhalten. Eine Bibliographie seiner wissenschaftlichen Veröffentlichungen findet sich in *Ethnopsychoanalyse 2: Herrschaft, Anpassung, Widerstand* (Brandes & Apsel, Frankfurt a. M. 1991).

Elisabeth Reif, Mag., Dr., geboren 1962 in Wien. Psychologin, Ethnologin und Mediatorin, Mitbegründerin des Instituts für Ethnopsychoanalyse und Kulturaustausch. Seit 1998 Mitarbeiterin bei Südwind, einer entwicklungspolitischen Bildungsorganisation mit den Schwerpunkten: interkulturelle Kommunikation und Konfliktforschung, islamischer Raum, Mittel- und Osteuropa; Herausgabe mehrerer Bücher zur Interkulturalität; Lehraufträge an der Universität Wien und an Fachhochschulen.

Beate Schnabel, lebt und arbeitet in Frankfurt a. M., Gruppenanalytikerin, Forschungsschwerpunkte: Adoleszenz, Essstörungen, Ethnopsychoanalyse.

Peter Trumpp, geboren 1947 in München, dort Medizinstudium, von 1969 bis 1979 Stadtteilarbeit in einem Armenviertel; seit 1981 dort niedergelassen als Facharzt für Allgemeinmedizin in einer Gruppenpraxis zusammen mit zwei Ärzten und zwei Psychoanalytikern. Auslandsaufenthalte in Peru und China. Mitarbeit an *Kindheit und Armut in Deutschland* (Ulm, 2000).

Sibylle Trumpp von Eicken, geboren 1946 in München, dort Studium Generale und Assistentin für ältere Germanistik, später Ausbildung zur Psychoanalytikerin für Jugendliche. Seit 1969 Stadtteilarbeit u.a. mit Sinti, arbeitet seit 1981 dort als Psychoanalytikerin. Auslandsaufenthalte in den Niederlanden, Peru und China. Veröffentlichte *Elternarbeit mit Obdachlosen* (München, 1978).

Daniel Weber ist Chefredakteur von NZZ-Folio, Zürich.

»Pedro Rosa Mendes beherrscht die seltene Kunst, wie ein Archäologe der Gegenwart die vielen Ebenen der westafrikanischen Tragödie freizulegen: diese konturlosen Kriege ohne feste Fronten und die Vorstellung eines Endes; den alltäglichen Wahnsinn des Überlebens; den Versuch der Traumatisierten, Sprache und Gehör zu finden; den Diamantenhandel und die Komplizenschaft des Westens bei diesen Plünderzügen.
All das beschreibt er in einer ebenso klaren wie poetischen Sprache, die schonungslos ist, ohne je fatalistisch zu werden. Rosa Mendes schreibt radikaler als andere – und stiftet somit an, radikaler zu denken.«

Andrea Böhm, DIE ZEIT

Pedro Rosa Mendes /
Wolf Böwig
Schwarz.Licht
Passagen durch Westafrika

*208 S., Texte von Pedro Rosa Mendes /
Fotoessay von Wolf Böwig
24,- €, Frz. Broschur im Großformat
ISBN-10: 3-86099-832-3
ISBN-13: 978-3-86099-832-8*

Besuchen Sie uns auf unserer Homepage:

www.brandes-apsel-verlag.de
E-Mail: info@brandes-apsel-verlag.de